鈴木基史の キーワード法人税法

公認会計士・税理士 鈴木基史

清文社

はしがき

　本書は法人税の実務入門書です。体系だった書籍ではありませんが、法人税法を学ぶ際のキーワードをとり上げ、その言葉を吟味することによって、原理原則を身につけていただくことを意図しています。また、単なる条文解釈にとどまらず、実際の運用面や最新の税情報も交えながら、実務で役立つ内容を心がけています。

　読者対象としては、若手税理士・会計士、会計事務所職員、経理マン、税理士試験の受験生、一般教養として税知識を得たい方などを想定しています。

　本書には2つの特長があります。まず、各記述にできるだけ根拠法令や通達の番号を盛り込みました。さらに、重要な条文は「要約条文」のかたちで掲載しました。これらを参考に、ぜひとも原典に当たるようにしてください。税知識の習得は、解説書を読むだけでは、なかなか身につきません。根拠条文を確認することで、確実に体得できるはずです。

　もう一つ、本書は法人税だけでなく、関連する他の税目のことにも触れています。特定のテーマに関して、法人税法と対比するかたちで、所得税、消費税、相続税、贈与税など、各税法ではそれぞれどのように考えているか、取り扱われているかを総合的に学ぶことが、実務に携わる上では重要なことです。

　本書では、各テーマに関して、かなり掘り下げて記述しています。最初から通読していただかなくても、関心を引くテーマを目次から選び出し、辞書代わりにお読みいただいてもかまいません。読者の皆様のご研鑽を祈念します。

　最後に、本書の出版にあたっては、清文社編集局長の冨士尾榮一郎氏および編集第一部の熊谷愛氏に大変お世話になりました。心よりお礼申し上げます。

平成27年5月

鈴木　基史

目次

総論

① 法人擬制説と法人実在説 …………………………………… 2
② 申告納税方式と賦課課税方式 ……………………………… 5
③ 更正と決定 …………………………………………………… 8
④ 修正申告 ……………………………………………………… 11
⑤ 更正の請求 …………………………………………………… 14
⑥ 確定決算主義 ………………………………………………… 18
⑦ 権利確定主義と債務確定主義 ……………………………… 22
⑧ 申告調整と決算調整 ………………………………………… 26
⑨ 所得控除と税額控除（法人税）…………………………… 29
⑩ 所得控除と税額控除（所得税）…………………………… 33
⑪ 中小法人と中小企業者 ……………………………………… 38
⑫ 非中小法人 …………………………………………………… 41
⑬ 非営利型法人 ………………………………………………… 44
⑭ 外形標準課税 ………………………………………………… 48
⑮ 留保金課税 …………………………………………………… 52
⑯ グループ法人税制 …………………………………………… 55
⑰ 実効税率 ……………………………………………………… 59
⑱ 限界税率 ……………………………………………………… 62
⑲ 適用額明細書 ………………………………………………… 67

各論

Ⅰ 損益認識基準
1 収益と益金 ……………………………………………… 72

2	費用と損金	76
3	損金経理	79
4	低廉譲渡と低額譲渡	83
5	みなし贈与とみなし譲渡	87
6	工事完成基準と工事進行基準	92
7	売上割戻しと仕入割戻し	94
8	評価益と評価損	97
9	期間損益通達	100

II 純資産
1	利益剰余金と利益積立金	102
2	利益積立金	106
3	資本金等	111

III 役員給与
1	役員給与課税の変遷	115
2	みなし役員	118
3	使用人兼務役員	121
4	定期給与と定期同額給与	123
5	業績悪化改定	126
6	事前確定届出給与	128
7	利益連動給与	131
8	過大役員給与	134
9	過大役員退職金	137

IV 交際費
1	交際費課税	139
2	交際費課税の変遷	142
3	接待飲食費	147

Ⅴ 減価償却

1. 償却あれこれ …………………………………………………… 150
2. 少額減価償却資産 ……………………………………………… 153
3. 定額法と定率法の償却率 ……………………………………… 157
4. 旧定率法と定率法 ……………………………………………… 159
5. 保証率と改定償却率 …………………………………………… 164
6. 償却可能限度額 ………………………………………………… 168
7. 法定耐用年数 …………………………………………………… 171
8. 償却超過と償却不足 …………………………………………… 173
9. 償却不足の取戻し ……………………………………………… 176
10. 普通償却と特別償却 …………………………………………… 178
11. 資本的支出と修繕費 …………………………………………… 182
12. 税務上の繰延資産 ……………………………………………… 186

Ⅵ 受取配当

1. 受取配当の益金不算入 ………………………………………… 190
2. 外国子会社配当金の益金不算入 ……………………………… 194
3. みなし配当 ……………………………………………………… 197
4. 現物分配 ………………………………………………………… 201

Ⅶ 引当金

1. 引当金 …………………………………………………………… 204
2. 貸倒損失と貸倒引当金 ………………………………………… 207
3. 賞与引当金 ……………………………………………………… 210
4. 洗替法と差額補充法 …………………………………………… 213
5. ゴルフ会員権に対する貸倒引当金の設定 …………………… 216

Ⅷ 借地権

1. 借地権課税（法人税）………………………………………… 217

2 借地権課税（所得税） ……………………………… 221
　　3 借地権課税（相続税） ……………………………… 226
　　4 相当の地代 …………………………………………… 230

IX　新会計基準
　　1 税効果会計 …………………………………………… 234
　　2 減損会計 ……………………………………………… 239
　　3 有価証券の減損処理 ………………………………… 243
　　4 デリバティブ取引とヘッジ取引 …………………… 247
　　5 リース会計 …………………………………………… 250
　　6 ストック・オプション会計 ………………………… 254
　　7 資産除去債務会計 …………………………………… 258

X　消費税
　　1 非課税と不課税 ……………………………………… 261
　　2 税込み経理と税抜き経理 …………………………… 265
　　3 仕入税額控除の95％ルール ………………………… 269
　　4 給付付き税額控除 …………………………………… 273
　　5 消費税の軽減税率 …………………………………… 276
　　6 インボイス方式 ……………………………………… 279
　　7 消費税の経過措置 …………………………………… 282

XI　その他
　　1 株式のクロス取引 …………………………………… 285
　　2 使途不明金と使途秘匿金 …………………………… 288
　　3 圧縮記帳 ……………………………………………… 291
　　4 欠損金の繰越しと繰戻し …………………………… 294
　　5 分割型分割と分社型分割 …………………………… 300
　　6 株式交換と株式移転 ………………………………… 304

索引 ……………………………………………………………………… 307

凡例

本文中の法令・通達は、下記の略号を用いています。

　　法法………法人税法
　　法令………法人税法施行令
　　法規………法人税法施行規則
　　措法………租税特別措置法
　　措令………租税特別措置法施行令
　　措規………租税特別措置法施行規則
　　通法………国税通則法
　　所法………所得税法
　　消法………消費税法
　　相法………相続税法
　　地法………地方税法
　　法基通……法人税基本通達
　　所基通……所得税基本通達
　　措通………租税特別措置法関係通達

（引用例）
　　法法34①二………法人税法第34条第1項第2号
　　法基通9-2-3………法人税基本通達第9章第2節の9-2-3

（注）　平成27年4月1日現在の法令通達によっています。

総論

総論① 法人擬制説と法人実在説

> **ポイント**
> ●法人擬制説では、法人を個人株主の集合体ととらえます。法人の利益は最終的には個人に帰属すると考えるので、法人税は個人所得税の前払いとなります。
> ●法人実在説では、法人を個人から独立した経済主体とみます。そこで、個人とは別に法人も独自の課税対象とされます。
> ●現在の税制は、両説が混在した姿となっています。

◆ 所得課税は明治20年、法人所得課税は明治32年に始まる

　わが国で"所得"に対する課税が始まったのは、明治20年（1887年）のことです。明治維新以来、わが国の租税制度は地租と酒税を中心としたものでした。租税収入のうち地租が65％、酒税は20％を占め、この2つで国家予算の大半を賄っていました。そのため、国家の発展につれて財政状況が急速に緊迫化し、明治20年3月に「所得税法」が制定されました。

　その後、明治32年に所得税法の大改正がありました。契機となったのは、明治27年に勃発した日清戦争です。戦争には勝利しましたが、その後始末と軍備拡張のため、さらなる税収確保に迫られました。この時の改正で、所得税の体系が第1種所得税（法人課税）と第3種所得税（個人課税）に区分され（第2種所得税は公社債利子に対する源泉徴収課税）、ここに事実上の「法人税法」が誕生しました。第1種の法人所得税の税率は一律25％とされ、その税収はもっぱら軍艦の建造費用に充てられたとのことです。

　なお、所得税法から切り離して、正式に法人税法が制定されたのは昭和15年のことです。

```
明治20年   所得税法の制定（所得課税が開始）
  ↓
明治32年   法人所得に対する課税が開始
  ↓
昭和15年   法人税法の制定
```

◆ 大正9年に法人実在説を導入

　ところで、法人所得課税のあり方をめぐっては、**法人擬制説**と**法人実在説**の2つの考え方があります。前者によれば、法人は個人株主の集合体であり、法人の利益は最終的には個人に帰属するので、法人税は所得税の前払いであると考えます。一方、法人も個人と同じく独立した経済主体であるというのが後者の考え方で、その場合、法人は独自の担税力を持ち、個人とは別の課税主体となります。

```
〈法人擬制説〉
    法人は個人株主の集合体 ➡ 法人税は個人所得税の前払い
〈法人実在説〉
    法人は個人から独立した経済主体 ➡ 法人自身が課税対象となる
```

　明治32年に創設された第1種所得税は、個人に対する課税を法人段階で源泉課税するためのものでした。したがって、第1種所得として源泉課税された配当金については、それを受けた個人段階では、第3種所得としての課税はされませんでした。

　ところが、大正9年にさらなる大改正が行われました。法人を独立の課税主体と認め（法人独立説すなわち**法人実在説**）、法人には法人としての課税を行い、さらに法人から受け取った配当金を個人の所得に加え、個人所得税で総合課税することとされたのです。この課税形態は、その後太平洋戦争が終わるまで続きます。

◆ 戦後のシャウプ勧告で法人擬制説に切り替わる

終戦後、昭和24年のシャウプ勧告により**法人擬制説**が導入されました。昭和25年に抜本的な税制改正が行われ、現在の法人税法の原型が誕生します。その一環として、所得に対する二重課税を調整するため、個人株主における「配当控除制度」、法人株主における「受取配当等の益金不算入制度」が設けられました。これはまさに、法人は個人株主の集合体であり、法人の利益は最終的には個人に帰属するので、法人税は所得税の前払いである、という認識のもとに構築された税体系です。

◆ 現状の税制は混沌とした姿

ただし、その後の税制改正の動きを見ると、法人税はその時代の産業政策や財政事情に応じて変遷しており、現在の法人税法は、法人擬制説だけでは説明の付かない姿となっています。また、法人が個人とは別に実在するか否かは、もともと法人の存在に関する私法上の議論であり、それを租税理論に持ち込むこと自体があまり意味のないこと、というふうに現在は考えられています。

```
大正9年    法人実在説の課税形態が始まる
              ↓
昭和24年   法人擬制説を導入（シャウプ勧告）
              ↓
その後の変遷を経て、現在の税制では両説が混在
```

総論② 申告納税方式と賦課課税方式

> **ポイント**
> - 申告納税方式は、納税者の申告により税額が確定する民主的な税制です。申告に誤りがあれば、あるいは無申告のときは、課税庁の処分により税額が確定します。
> - 賦課課税方式は地方税に多く、もっぱら課税庁の処分により税額が確定します。
> - 徴収洩れを回避するため、源泉徴収（国税）と特別徴収（地方税）の制度もあります。

◆ 税金の徴収方式には4通りある

納税額を確定し徴収する制度には、次のような種類があります。

(1) 申告納税方式

納税者が行う"申告"により納付すべき税額が確定することを原則とし、申告がない場合または申告額の計算が法律の規定に従っていないときは、税務署長等の"処分"により納税額が確定する方式をいいます（通法16①一）。この場合、納税者は法定申告期限までに、課税標準などを記載した申告書を提出し（通法17①）、そこに記載した税額を納付しなければなりません（通法34①）。国税には通常この制度が採用されており、地方税でも法人住民税、法人事業税等はこの方式によっています。

(2) 賦課課税方式

もっぱら税務署長等の"処分"により納付すべき税額が確定する方式をいいます（通法16①二）。国税でこの制度が採用されるのは、予定納税の所得税、加算税、延滞税など例外的ですが、地方税では個人住民税、個人事業税、固定資産税、不動産取得税、自動車税等に採用されています。

(3) 源泉徴収方式

利子・配当・給与など一定の所得については、その支払時に支払者（源泉徴

収義務者）が所定の方法により計算した所得税を徴収し、それを国に納付することとされています（所法181、183他）。国の徴税事務の簡素化を図るとともに、徴税の確実性を確保することができることからこの制度が設けられています。

(4) 特別徴収方式

源泉徴収に類似する制度として設けられ、徴収について便宜を有する者（特別徴収義務者）に租税を徴収させ、その徴収した者が納入する制度です。国税には特別徴収方式の税目はありませんが、地方税では、給与所得者の個人住民税、ゴルフ場利用税、軽油引取税等にこの制度が採用されています。

> **申告納税** ← 民主的な税制（自らの税金を自ら計算）
> **賦課課税** ← お上が税を徴収（地方税に多い）
> **源泉徴収** ← 徴税洩れを回避するための制度
> **特別徴収** ← 地方税版の源泉徴収制度

◆ 申告納税に関する諸規定

申告納税方式に関して、法人税法では第74条において「各事業年度終了の翌日から2か月以内に……申告書を提出しなければならない」と定めています。また、消費税法では第45条に、「課税期間の末日の翌日から2か月以内に……申告書を提出しなければならない」という規定が設けられています。

申告納税方式による国税については、納税者は法定申告期限までに「期限内申告書」（通法17②）を提出し、納付をしなければなりませんが、その後、税務署長による更正・決定があるまでは、「期限後申告書」（通法18）および「修正申告書」（通法19）を提出することができます。

> 法人税の申告納税制度では、
> ① 期末から2か月以内に確定申告
> ② 期限後申告も可能（更正・決定があるまで）
> ③ 修正申告ができる（更正・決定があるまで）

地方税法では申告納税方式に関し、たとえば第53条第1項において「法人税

に係る申告書を提出する義務がある法人は、当該申告書の申告期限までに……法人の道府県民税の申告書を提出しなければならない」と規定しています。また、同条の第21項で期限後申告、第22項には修正申告に関する規定が設けられ、国税と同じ取扱いになっています。

参考（要約条文）

通法16条（国税についての納付すべき税額の確定の方式）
1 国税の納付すべき税額の確定手続は、次のいずれかの方式によるものとする。
　一　申告納税方式　納税者の申告により確定することを原則とし、申告がない場合又は計算が法律の規定に従っていなかった場合その他税務署長の調査したところと異なる場合に限り、税務署長の処分により確定する方式をいう。
　二　賦課課税方式　もっぱら税務署長の処分により確定する方式をいう。
2 国税（前条第3項各号（注）に掲げるものを除く。）の納付すべき税額の確定が前項各号のいずれの方式によるかは、次に定めるところによる。
　一　納税義務が成立する場合に、納税者が納付すべき税額を申告すべきものとされている国税　申告納税方式
　二　前号以外の国税　賦課課税方式
　　　（注）源泉所得税など納税義務の成立と同時に納税義務が確定する税金

総論③　更正と決定

> **ポイント**
> ●申告額が誤っているとき、更正処分により納税義務が確定します。
> ●申告がないときは、決定処分により納税義務が確定します。
> ●除斥期間（5年または9年）内は、何度でも再更正ができます。

◆ 更正と決定は別物

申告納税制度の下では、たとえば法人税に関していえば、法人の事業年度が終了した時点で納税義務が成立し（通法15②三）、その法人が申告書を提出した時点で納税義務が確定します（通法16②一）。

◉納税義務

| 期末に **成立** ➡ 申告により **確定** ➡ 納税により **消滅** （？） |

その後、法人が納税をして納税義務が消滅すれば話は簡単ですが、ここで問題となるのが、法人による申告額が必ずしも正しいとは限らないという点です。そこで、法人による税額の計算が、法人税法等の規定に従っていない場合、あるいは課税庁（税務署等）による調査結果と異なる場合には、税務署長等の"処分"により納税額が確定することとされています（通法16①一）。

税務署長による処分には、更正と決定の2つがあります。"更正決定"とひとくくりの言い方をすることがありますが、両者は別物です。

| 申告額が誤っているとき | ➡ | 更正により納税義務が確定 |
| 申告がないとき | ➡ | 決定により納税義務が確定 |

◆ 申告に対して更正、無申告なら決定

まず**更正**(注)とは、法人の計算による所得金額または法人税額が誤っている場合に、それを修正する手続きをいいます（通法24）。更正では、所得や税額を

増加させる（増額更正）ことも、減少させる（減額更正）こともできます。
>（注）　納税者が行う更正の請求と区別するため、「職権更正」という用語を使うこともあります。

　一方、**決定**は法人が申告書を提出しない場合に行われます。すなわち、申告納税制度において納税義務者が申告を行わないときに、課税庁で所得金額および法人税額を調査し、その結果、納税額または還付額が生じた場合には、税務署長が金額を確定させる手続きを決定といいます（通法25）。

　なお、いったん更正や決定が行われた後、所得金額や税額が正しくないと知った場合、税務署長はさらに更正を行うことができ、この手続きを「再更正」といいます（通法26）。再更正についてさらに再更正を行うことも可能で、課税庁は除斥期間（5年または9年）内であれば、何度でも更正をすることができます。

参考（要約条文）

通法15条（納税義務の成立及び納付すべき税額の確定）
1　納税義務が成立する場合には、成立と同時に特別の手続を要しないで納付すべき税額が確定する国税を除き、国税に関する法律の定める手続により、納付すべき税額が確定されるものとする。
2　納税義務は、次の各号に定める時に成立する。
　一・二　（略）
　三　法人税　事業年度の終了時
　四以下　（略）

通法24条（更正）
　　税務署長は、納税申告書の提出があった場合において、その納税申告書に記載された課税標準等又は税額等の計算が法律の規定に従っていなかったとき、調査したところと異なるときは、申告書に係る課税標準等又は税額等を更正する。

通法25条（決定）
　　税務署長は、納税申告書を提出する義務があると認められる者が提出しなかった場合には、調査により課税標準等及び税額等を決定する。ただし、納付

税額及び還付金額が生じないときは、この限りでない。
通法26条（再更正）
　税務署長は、更正又は決定をした後、更正又は決定をした課税標準等又は税額等が過大又は過少であることを知ったときは、調査により更正する。

総論④ 修正申告

> **ポイント**
> - 申告内容に間違いがあるとき、更正・決定の前なら納税者の意思で修正ができます。
> - 修正申告は納税額が増加する場合に限ります（減少するときは更正請求）。
> - 修正申告に伴い、加算税と延滞税を納付しなければなりません。
> - 法人税の修正申告をすれば、地方税は自動的に更正処分されます。

◆ 更正・決定前なら修正申告ができる

納税申告書の内容に間違いがあったとき、納税者の意思で任意にそれを修正する手続きを**修正申告**といいます。提出が義務付けられているものではなく、納税者は課税庁による更正があるまでは、次のいずれかに該当するとき、修正申告書を提出することができます（通法19①）。

① 納付税額に不足があるとき
② 欠損金額が過大であるとき
③ 還付金額が過大であるとき
④ 申告をしなかった場合で納付すべき税額があるとき

(注1) 課税庁による更正を受けた後も、再更正を受けるまでは修正申告を行うことができます（通法19②）。また、決定に対する修正申告も可能です。
(注2) 申告後に誤りを発見し、申告期限内に当初の申告をやり直しても、それは修正申告ではありません。新たな申告により、先の申告が無効となるだけのことです。

なお、修正申告書を提出したときには、「加算税」（過少申告加算税または重加算税）と「延滞税」が、ペナルティーとしてかかります。

●**各種ペナルティー**

〈通常の修正申告・更正の場合〉
- **過少申告加算税**……正しい税額と既納付額との差額の10％
- **延滞税**………………法定納期限の翌日から完納の日までの金利（年利約３％、１年分で打切り）

〈悪質な脱税の場合〉
- **重加算税**……………正しい税額と既納付額との差額の35％
- **延滞税**………………法定納期限の翌日から完納の日までの全期間分の金利（年利約３％）

〈無申告の場合〉
- **無申告加算税**………納付税額の15％（自発的に期限後申告すれば５％）
- **延滞税**………………修正申告の場合と同じ

◆ 修正申告は納税額が増加する場合に限る

　以上のとおり、修正申告は納税額が増加（または還付額が減少）する場合に限られ、納税額が減少（または還付額が増加）する場合には、「更正の請求」の手続きによらねばなりません。なぜなら、修正申告には元の申告税額をさかのぼって確定し直す効果があるからです。つまり、納税額が増加する場合はともかくとして、減少する場合に修正申告を認めると、徴税関係が不安定となり、国等が税の徴収をできなくなる恐れがあります。そこで、当初申告の"修正"は納税額が増加する場合に限る、という制度になっています。

◆ 住民税と事業税の修正申告

　法人税の修正申告を行えば、併せて住民税と事業税の修正申告も行うことになります。その際、国税と同じように地方税でも、ペナルティーとして加算金（過少申告加算金または重加算金）と延滞金がかかります。

　なお、住民税には加算金の課税がありませんから、加算金が課せられるのは事業税に対してだけです。また、更正があることを予知してなされた修正申告でないときは、事業税の追徴税額に過少申告加算金は課されず（地法72の46①）、

不申告加算金の税率も軽減されます（地法72の46④）。

●地方税のペナルティー

| 事業税 | ➡ | 過少申告加算金（または重加算金）と延滞金 |
| 住民税 | ➡ | 延滞金のみ |

　「更正を予知してなされた」かどうかの判定については、都道府県によって取扱いが異なります。たとえば、税務署に対する修正申告の後１か月以内に事業税の修正申告書を提出すれば、その取扱いが受けられる自治体があり、あるいは、１か月以内という期間の制限のない自治体もあります。いずれにせよ、修正申告を行わずに自治体の更正を受けたときは、加算金が課せられます。

　地方税に関しては、修正申告をしなくても税務署に修正申告書を提出すれば、１～２か月後に自動的に更正がなされるしくみになっています。そこで実質的に、地方税における修正申告と更正の違いは、過少申告加算金の課税の有無（または不申告加算金の税率の違い）にあるといえます。

参考（要約条文）

通法19条（修正申告）
1　納税申告書を提出した者は、更正があるまでは、その申告に係る課税標準等又は税額等を修正する納税申告書を税務署長に提出することができる。
2　更正又は決定を受けた者は、再更正があるまでは、その更正又は決定に係る課税標準等又は税額等を修正する納税申告書を税務署長に提出することができる。
3　前２項の規定により提出する納税申告書は、修正申告書という。

総論⑤　更正の請求

> **ポイント**
> - 納税額が減少するときは修正申告ができず、還付を受けるためには更正の請求を行います。
> - 更正の請求後、課税庁による減額更正処分があって初めて還付金が生じます。
> - 法人税の更正処分があれば、地方税は自動的に更正されます。

◆ 3通りの更正請求

　総論④で説明したとおり、納税額が減少（または還付額が増加）する場合には修正申告ができないので、その代わりに**更正の請求**という制度が設けられています（通法23他）。更正の請求の根拠規定には次の3つがあり、それぞれ一定期間内に、税務署長に更正の請求書を提出することにより行います。

根拠規定	請求事由	請求期限
通常の更正の請求 （通法23①）	①　納付税額が過大な場合	法定申告期限から5年以内
	②　欠損金額が過少な場合	法定申告期限から9年以内
	③　還付金額が過少な場合	法定申告期限から5年以内
後発的事由による更正の請求 （通法23②）	①　判決等で事実関係の異なることが確定した場合	確定した日から2か月以内
	②　所得の帰属変更による更正・決定があった場合	更正・決定日から2か月以内
	③　その他やむを得ない事実が生じた場合	事実が生じた日から2か月以内
法人税法の特例(注) （法法80の2）	修正申告等に伴う更正請求の特例	修正申告等の日から2か月以内

（注）　所得税法152条・消費税法56条・相続税法32条にも、それぞれ更正請求の特例が設けられています。

◆ 更正請求後の職権更正により還付が確定

ところで、これらは納税者が税務署長に対して、減額更正すべき旨を"請求"する制度ですから、この請求があっても直ちに既往の納税債務の金額が変わるものではありません。更正の請求を受けて課税庁が調査を行い、職権更正の"処分"を行うことによって初めて還付金が生じます。そこで、税務署長は更正の請求に対しては、「更正をする旨」または「更正をすべき理由がない旨」の通知を、納税者に対して行うこととされています（通法23④）。

なお、税務署長による職権更正の除斥期間（更正できる期間）は、原則として5年とされており（通法70①）、そのままでは請求期限（5年）の間際に行う更正請求に対して、更正ができない事態が生じかねません。そこで除斥期間の特例として、更正の請求があった日から6か月間については、職権更正ができる取扱いが設けられています（通法71①三）。

●更正の請求

申告税額が減少するとき 　　　修正申告はできない　➡　更正の請求を行う **更正の請求をしても即、納税債務額は変わらない** 　　　➡　課税庁による更正処分により還付される

◆ 地方税法にも更正請求の規定がある

国税通則法の規定は地方税には適用されないため、地方税の更正の請求については別途、地方税法で規定されています。

ただし、地方税の職権更正は、法人税における所得金額や法人税額の確定を待って行われます。したがって、法人税において更正を受けるまで地方税の更正はされません。そこで、法人税の更正を理由とする地方税の更正請求を行う場合は、法人税において更正があった日から2か月以内に、法人税の更正通知書の写しを添付して行います。

なお、税務署において更正や決定を行った場合、遅滞なくその内容を都道府県に通知（さらに都道府県から市町村に通知）するしくみになっています（地法63②～④）。また、都道府県や市町村では、納税者からの請求がなくても、そ

の通知に基づき更正することになっています（地法55・72の39・321の11）。したがって、税務署に更正の請求を行いそれが認められれば、地方税に関しては更正の請求をしなくても、自動的に減額更正がなされます。このような事情から、実務では特殊なケースを除き、地方税に関する更正の請求は行いません。

参考（要約条文）

通法23条（更正の請求）

1. 納税申告書を提出した者は、次の各号のいずれかに該当する場合には、法定申告期限から5年（第2号に掲げる場合のうち法人税については9年）以内に限り、税務署長に対し、課税標準等又は税額等につき更正をすべき旨の請求をすることができる。
   一　課税標準等若しくは税額等の計算が国税に関する法律の規定に従っていなかったこと又は計算誤りがあったことにより、納付税額が過大であるとき
   二　前号に規定する理由により、純損失等の金額が過少であるとき、又は純損失等の金額の記載がなかったとき
   三　第1号に規定する理由により、還付金額が過少であるとき、又は還付金額の記載がなかったとき
2. 納税申告書を提出した者又は決定を受けた者は、次の各号のいずれかに該当する場合（当該各号に定める期間の満了日が前項に規定する期間の満了日後に到来する場合に限る。）には、当該各号に定める期間において、その該当することを理由として更正の請求をすることができる。
   一　課税標準等又は税額等の計算の基礎となった事実に関する訴えについての判決（和解その他の行為を含む。）により、その事実が異なることが確定したとき　確定した日の翌日から起算して2月以内
   二　申告をし又は決定を受けた者に帰属するものとされていた所得その他課税物件が他の者に帰属するものとする更正又は決定があったとき　更正又は決定があった日の翌日から起算して2月以内
   三　法定申告期限後に生じた前2号に類する政令で定めるやむを得ない理由があるとき　当該理由が生じた日の翌日から起算して2月以内
3. （略）

4 税務署長は、更正の請求があった場合には、請求に係る課税標準等又は税額等について調査し、更正をし、又は更正をすべき理由がない旨を請求をした者に通知する。

総論⑥　確定決算主義

> **ポイント**
> - 法人税の計算は、株主総会等で承認を受けた利益金額に基づき行わねばなりません。
> - 収益・費用の額は、一般に公正妥当な会計基準に基づいて計算します。
> - 新会計基準の登場により、税務と会計の食い違いが顕著となってきました。
> - 両者の乖離が進み、確定決算主義の廃止論も出てきていますが、当面は維持すべしというのが多数意見です。

◆ 企業利益に基づき課税所得を計算

　法人の課税所得は、確定した（株主総会等で承認を受けた）利益金額に基づき、これに税務上要求される加減算の修正を加えて計算することとされ、これを**確定決算主義**といいます。このことに関し、法人税法74条1項では、確定した決算に基づいて申告書を作成し、提出しなければならないと規定しています。また同法22条4項に、一般に公正妥当と認められる会計の基準に従って収益・費用の額を計算する、という規定も設けられています。

　これらの取扱いがあることによって、納税者側は二重帳簿（会計帳簿と所得計算用の帳簿）や2種類の決算書の作成という煩雑さから免れます。また、課税庁側でも個別に詳細な所得計算規定を定める必要がなくなります。このように双方にとって便宜なように、法人税法でこれらの定めが設けられています。

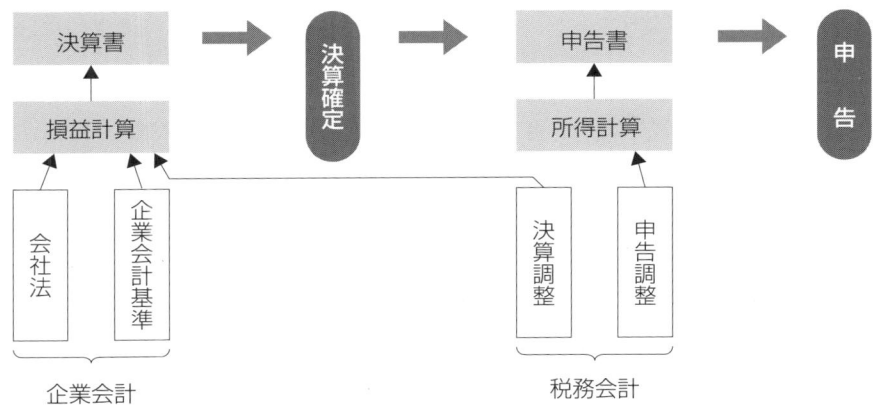

◆ 昭和22年に確定決算主義が明文化

　法人所得に対する課税は、賦課課税方式により明治32年から始まりました。その後、昭和22年に申告納税方式となりますが、その際、確定した決算に基づき申告書を作成し提出すべしとする条文が創設され、確定決算主義が法文化されました（昭和22年法法18①）。

　さらに、昭和42年度改正で法人税法22条4項（公正処理基準）の規定が創設され、以後、現在までこの制度が続いています。

◆ 現在は会計基準が会計の主役

　ところで、そもそも企業会計は、企業の財政状態や経営成績の適切な開示を目的としています（企業会計原則の一般原則1「真実性の原則」）。一方、法人税法は企業の経済活動から生じた所得に対する公平な課税を目的としています。したがって、"会計"という道具を使って企業の経済活動の成果（利益）をとらえようとする点は共通しますが、それぞれの計算規定は必然的に異なります。

　かつて、旧トライアングル体制（商法・企業会計原則・税法）のもとでは、会計原則の適用が税制によって大きな制約を受けるという状況下にありました。ところが、徐々に会計と税務の乖離が進み、平成10年度の税制改正で各種引当金の廃止と縮減が行われ、両者の不一致が明白となりました。その後、い

わゆる新会計基準の制定により、新トライアングル体制（会社法・会計基準・税法）のもとでは、会計が牽引役となり全体を動かす状況となっています。

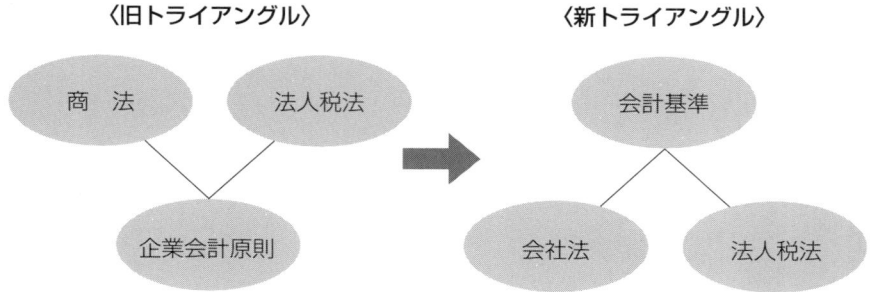

◆ 確定決算主義の見直し議論が起こる

　今や、会計基準の適用が強制される大企業では、減損処理、引当金処理、自己株式取引、組織再編等々により、多数の申告調整項目が生じるようになりました。また、それに伴う税効果会計の処理とその後の解消処理など、確定決算主義により多大な事務処理負担が生じています。

　そこで、確定決算主義の見直しが、あちらこちらで議論されるようになりました。たとえば、減価償却に関して、資産の経済的便益の費消を適切に反映する計算方法が定額法であっても、税務メリットを享受するために定率法を適用するといった、企業会計の側からみて財務諸表への悪影響を懸念する声があります。

　また、償却費のような内部取引には「損金経理要件」が課されているため、場合によっては償却による課税上の恩典を享受できない場合があります。具体的には、IFRS（国際会計基準）では定率法による償却は認められず、定額法で計算しなければなりません。今後、わが国にこの基準が本格的に導入されると、この問題が生じます。そこで、法人税法から損金経理要件の規定を削除すべし、という意見もあります。

◆当面は確定決算主義を維持

　企業会計と法人税制がますます乖離していけば、確定決算主義は事実上形骸化し、その維持が困難になると予想されます。そこで、将来的には確定決算主義の廃止を検討する時期が来るかもしれません。

　ただし、その廃止には、会社経理の複雑化（二重帳簿など）と、課税当局における徴税コストの増大の問題が付きまといます。そこで、損金経理要件の廃止と申告調整可能項目の拡大を検討しつつ、企業会計と法人税制の計算規定を可能な限り一致させるのが当面の課題、と考えるのが現時点で各界の多数意見となっています。

参考（要約条文）

法法22条（各事業年度の所得の金額の計算）
4　第2項に規定する収益の額及び前項各号に掲げる額は、一般に公正妥当と認められる会計処理の基準に従って計算されるものとする。

法法74条（確定申告）
1　法人は、事業年度終了の日の翌日から2月以内に、税務署長に対し、確定した決算に基づき次に掲げる事項を記載した申告書を提出しなければならない。
一　所得金額又は欠損金額
二　法人税額
三　第68条[注1]及び第69条[注2]の規定による控除額で法人税額の計算上控除しきれなかった金額
四　法人税額から中間納付額を控除した金額
五　中間納付額で控除しきれなかった金額
六　前各号に掲げる金額の計算の基礎その他財務省令で定める事項

（注1）　所得税額の控除
（注2）　外国税額の控除

総論⑦ 権利確定主義と債務確定主義

> **ポイント**
> ●会計上、収益は実現主義、費用は発生主義で認識します。
> ●税務上、益金は権利確定主義、損金は債務確定主義で認識します。
> ●会計では経済的側面、税務では法的側面を重視するので、両者の認識が一致しない場合があります。
> ●実現と権利確定はほぼ同じ概念ですが、発生と債務確定の認識にはかなりのギャップがあります。
> ●発生主義と債務確定主義の食い違いによる、損金不算入の申告調整項目が多くあります。

◆ 会計と税務の損益認識基準は異なる

　企業会計上、収益は「実現主義」、費用は「発生主義」で認識します。これに対し税務では、益金は**権利確定主義**、損金は**債務確定主義**により計上時期が決まります。現金主義（現金収支の時点で損益計上）を否定する点は共通しますが、会計では経済的側面、税務は法的側面を重視することから、両者の損益計上時期が一致しないケースも多々あります。

```
〈会計上〉            〈税務上〉
実現主義（収益）  ⇔  権利確定主義（益金）
発生主義（費用）  ⇔  債務確定主義（損金）
```

　結論からいうと、実現主義と権利確定主義はほぼ同じ概念と考えていいのですが、発生主義と債務確定主義については、食い違うことがよくあります。

◆ 実現と権利確定は同じ概念

　まず会計上、収益は"実現"した（客観性と確実性を備えるに至った）時点で認識することとされ、具体的には、①財貨または用役を顧客に提供し、②対

価として現金または現金等価物を受領した時点で収益計上します。"現金等価物"とは売掛金や受取手形のことですから、商品の引渡しが完了し、相手方が支払いを約束した日に、売上高を計上することになります。

一方、税務では代金を受領する権利の確定した時点で益金計上、とされています。通常、商品の引渡しと引き換えに、相手方が支払いを約束し、債権・債務の関係が成立しますから、結局のところ"権利確定"は、会計でいう実現とほぼ同じ概念と考えられます。

実現の時点 ≒ 権利確定の時点

ただし、法人税法22条2項では、「益金の額に算入すべき金額は、別段の定めがあるものを除き……収益の額とする」と規定されています。そこで、受取配当等の益金不算入（法法23①）、長期大規模工事に対する工事進行基準の適用（法法64①）などの"別段の定め"を通じて、ズレが生じる場合もあります。

◆ 発生と債務確定は別物

次に、費用と損金の認識には相当なギャップがあります。まず会計では、当期に発生した費用に「費用収益対応の原則」を適用し、当期に実現した収益と直接的または間接的な対応関係にあるものを、当期の費用として計上します。

税務でも、実現（＝権利確定）した収益との間に、直接的・個別的な対応関係を確認できる"売上原価"の期間帰属については、やはり費用収益対応の原則が適用されます。しかし、売上原価以外の費用・損失については、法人税法22条3項2号のかっこ書きで、「償却費以外の費用で期末までに債務の確定しないものを除く」（**債務確定主義**）と定められています。

◆ 発生費用のうち債務確定したものを損金算入

つまり税務では、販売費・一般管理費のように収益との直接的な対応関係の見出せない費用・損失項目については、債務として確定するまでその発生が確実とはいえず、金額も明確にならないと考えます。そこで課税の公平化の観点から、そのような項目は課税所得の計算に含めないこととしています。

⑦ 権利確定主義と債務確定主義

> 〈売上原価項目〉
>   会計・税務ともに、収益(益金)に対応するものを計上
> 〈その他の項目〉
>   会計は発生主義で計上 ← **保守主義の適用**
>   税務は発生費用のうち債務確定したものを計上 ← **税収確保の観点**

　たとえば、税務では引当金の計上は原則として認められず、中小企業における貸倒引当金（法法52①・②）など、別段の定めが設けられている、ごく一部の引当て項目しか損金算入ができません。企業会計において保守的経理の観点から、引当金の計上が奨励されているのとは対照的です。

　また、未払費用の科目について、会計上は発生主義の観点から、当期に発生している費用を追加計上するための項目とされていますが、税務の扱いは違います。たとえ発生はしていても、債務確定がなければその未払い処理は認められず、損金としての追加計上はできません。

◆ 損金不算入の申告調整項目が多い

　所得計算を行う際の申告調整項目には、①益金算入（収益ではないが益金に計上）、②益金不算入（収益であるが益金から除く）、③損金算入（費用ではないが損金に計上）、④損金不算入（費用であるが損金から除く）の４項目がありますが、現実には④の"損金不算入項目"が大半を占めています。

　交際費の損金不算入（措法61の４①・②）のように租税政策上の調整項目もありますが、たとえば〇〇引当金の損金不算入、未払〇〇費の損金不算入などは、発生主義と債務確定主義のせめぎあいから生じる不一致項目といえます。

▌参考（要約条文）

> **法法22条（各事業年度の所得の金額の計算）**
> 1　所得の金額は、益金の額から損金の額を控除した金額とする。
> 2　益金の額に算入すべき金額は、別段の定めがあるものを除き、資産の販売、有償又は無償による資産の譲渡又は役務の提供、無償による資産の譲受けその

他の取引で資本等取引以外のものに係る収益の額とする。
3　損金の額に算入すべき金額は、別段の定めがあるものを除き、次に掲げる額とする。
　一　収益に係る売上原価、完成工事原価その他これらに準ずる原価の額
　二　販売費、一般管理費その他の費用（<u>償却費以外の費用で当該事業年度終了の日までに債務の確定しないものを除く。</u>）の額
　三　損失の額で資本等取引以外の取引に係るもの

総論⑧ 申告調整と決算調整

> **ポイント**
> - 収益・益金、費用・損金の食い違いの調整は、別表4で行います（申告調整）。
> - 償却費・引当金繰入・評価損等の内部計算による費用項目は、決算書に計上しなければ損金に算入されません（決算調整）。
> - 申告調整事項には、必ず調整しなければならないもの（必須調整事項）と、調整するしないは法人の自由であるもの（任意調整事項）の2種類があります。

◆ 損益計算と所得計算

　企業会計の損益計算は「収益－費用＝利益」の算式で行いますが、法人税の課税標準（課税対象）たる所得金額は、必ずしもこの利益金額とイコールではありません。所得計算の算式は「益金－損金＝所得」です。

　両計算における収益と益金、費用と損金はほぼ同じ概念ですが、一部食い違っているものがあります。法人税法は、当期純利益がそのまま所得金額になるような決算を要求しているわけではなく、両者に食い違いがあれば、その調整を申告書（別表4）で行う（**申告調整**）ことになります。

◆ 決算調整事項は申告書で調整できない

　ただし、あらゆる項目に関して申告書での調整が認められているわけではありません。決算で計上した金額を、申告書で増減できない場合もあります。

　たとえば、固定資産の減価償却費は、会社が償却費として損金経理（費用処理）した金額のうち、税務上の償却限度額までの金額が損金として認められます。つまり、減価償却費を損金とするためには、税務上の限度額以下の金額であることと、それを損益計算書に費用として計上（**決算調整**）していることが必要です。企業会計で計上せず、申告書上の減算調整で償却費を損金に算入

することはできません。

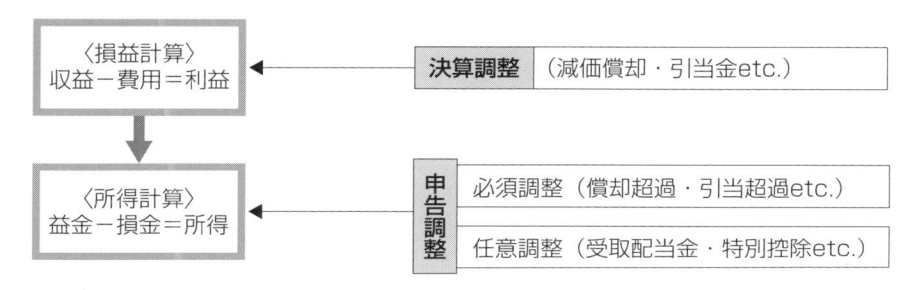

```
〈損益計算〉          決算調整 （減価償却・引当金etc.）
収益－費用＝利益  ◄──

        ▼
〈所得計算〉     申告  必須調整（償却超過・引当超過etc.）
益金－損金＝所得 ◄── 調整
                     任意調整（受取配当金・特別控除etc.）
```

主な「決算調整事項」は次のとおりです。

① 減価償却資産および繰延資産の償却費の損金算入
② 少額の減価償却資産および繰延資産の損金算入
③ 引当金繰入額および準備金積立額の損金算入
④ 資産の評価損の損金算入
⑤ 使用人兼務役員の使用人分給与の損金算入
⑥ 圧縮記帳に関する損金算入 etc.

◆申告調整事項には2種類ある

　決算調整に対して、申告書上の調整だけで片が付くのが申告調整です。「申告調整事項」は、大きく2つに分類されます。法人の意思にかかわらず必ず調整しなければならないもの（**必須調整事項**）と、調整をするかしないかは法人の自由であるもの（**任意調整事項**）の2つで、主な項目は次のとおりです。

●必須申告調整事項

① 資産の評価益の益金不算入
② 法人税・罰科金等の損金不算入
③ 法人税額から控除する所得税や外国税の損金不算入
④ 前期分および中間申告分事業税の損金算入
⑤ 償却費の限度超過額の損金不算入
⑥ 資本的支出の損金不算入

⑦	引当金の繰入限度超過額および準備金の積立限度超過額の損金不算入
⑧	定期同額給与等に該当しない役員給与の損金不算入
⑨	交際費の損金不算入
⑩	寄附金の限度超過額の損金不算入
⑪	繰越欠損金の損金算入 etc.

●**任意申告調整事項**

①	受取配当金の益金不算入
②	所得税および外国税の法人税額からの控除
③	特別償却不足額の繰越し
④	収用等による資産譲渡に対する特別控除 etc.

　必須調整事項については、もし法人がその申告調整をしなければ、税務署によって更正されます。一方、任意調整事項は確定申告書に記載があるときだけ、その調整が認められます。したがって、法人がその申告調整をしなければ更正は行われず、通常は節税面で権利放棄の状態となってしまいます。

総論⑨　所得控除と税額控除（法人税）

> **ポイント**
> ●所得計算で控除（所得控除）するか、税額計算で控除（税額控除）するか、いずれかを選択できるケースがいくつかあります。
> ●受取利息や配当金から天引きされる源泉所得税は、損金算入（所得控除）が原則ですが、損金不算入処理を条件に税額控除することもできます。
> ●同一固定資産につき特別償却（所得控除）と特別控除（税額控除）の2つの恩典が設けられていれば、いずれかの選択適用です。
> ●税額控除は免税措置ですが、特別償却は課税の繰延べにすぎません。

◆ 所得控除と税額控除のいずれかを選択適用

　法人税の計算をする際、「益金－損金＝所得」の段階で控除（**所得控除**）するか、「法人税額－税額控除額＝納付税額」で控除（**税額控除**）するか、いずれかを選択できるケースがいくつかあります。以下、2通りのケースでその損得を考えることとします。

〈所得計算〉　　益金－**損金**＝所得
　　　　　　　　　　　↑
　　　　　　　ここでマイナス（所得控除）

〈税額計算〉　　所得×税率＝**納付税額**
　　　　　　　　　　　　　　↑
　　　　　　　　　ここからマイナス（税額控除）

源泉所得税を加算するか否か

◆ 税額控除するときは損金不算入

　受取利息や配当金から源泉徴収される所得税は、法人税の前払いとして納付税額から控除できます（法法68）。この税額控除の適用を受けるとき、所得税額

は損金に算入されないので（法法40）、別表4において加算しなければなりません。

ただし、法人の所得金額を計算する際、所得税はもともと損金算入の税金ですから、税額控除の適用を受けないときは、加算する必要がありません。つまり、源泉所得税について税務上、**税額控除**と**所得控除**の2通りの処理の仕方があり、両者の税効果を比較すれば次のようになります。

受取利息・配当金 { 税額控除するとき、損金不算入（別表4で加算）
税額控除しないとき、損金算入（別表4の加算不要）

◆ 一般に税額控除が有利

たとえば、100万円の配当を受け取り、そこから20％（非上場株式）の所得税が天引きされている場合、納付税額はそれぞれ次のようになります（法人税の基本税率は23.9％）。

(注) 以下、復興特別所得税の課税問題は考慮外とします。

〈税額控除を受ける場合〉

　　　100万円 × 23.9％ = 239,000円

　　　239,000円 − 20万円（税額控除）= 39,000円 ……… ❶

〈税額控除を受けない場合〉

　　　（100万円 − 20万円（所得控除））× 23.9％ = 191,200円 ……… ❷

◆ 所得控除による税額軽減は税率分だけ

税額控除を受ける方が、差引き152,200円（❷−❶）だけ有利となりますが、それは次の理由によります。すなわち、税額控除では源泉徴収された20万円（❸）がまるまる控除されますが、所得控除（20万円の損金算入）で税額が減るのは税率分だけなので、20万円 × 23.9％ = 47,800円（❹）の税額減少にとどまります（❸−❹ = 152,200円）。

特別償却と税額控除のいずれが有利か

◆ 赤字決算は税額控除なし

　特別償却が認められる減価償却資産については、多くの場合、法人税額の特別控除の制度も設けられています。いずれも税の恩典ですから、両者を重ねて適用することは認められず、どちらかを選択適用することになります。

　その際、いずれを選ぶかの判断基準ですが、税額控除は納める税金があればこその恩典なので、赤字決算なら通常、特別償却によらざるを得ません。黒字決算の場合は、特別償却により減少する税額と、税額控除額との比較で判断することとなります。また、特別控除は、法人税に連動して住民税も減少しますが、事業税には影響しません。他方の特別償却は事業税にも波及する、という違いも考慮すべきです。

◆ 計算上は特別償却が有利

　具体的に計算すると、次のようにして比較することとなります。たとえば、平成26年度に創設された「生産性向上設備投資促進税制」では、一定の要件を満たす設備につき、即時償却（初年度に全額償却）または5％の税額控除が認められています（措法42の12の5②・⑧）。そこで、たとえば1,000万円の設備を購入したとき、即時償却（特別償却）を適用すれば、次の計算で3,211,000円だけ納税額が減少します。

　　1,000万円×32.11％（法人税等の実効税率）＝3,211,000円

　一方、**税額控除**の場合は、法人税と住民税が減少しますが、住民税は法人税額の約2割なので、特別控除の割合が5％であれば住民税を含めた控除割合は6％となり、節税額は600,000円となります。

　　1,000万円×6％（税額控除割合）＝600,000円

◆ 特別償却は免税ではない

　特別償却なら321万円の節税なのに、税額控除では60万円しか納税額が減りません。この計算だけで比較すれば、明らかに特別償却に軍配が上がります。

⑨　所得控除と税額控除（法人税）

しかし、ここでさらに考慮すべきなのが、"免税"と"課税繰延べ"の違いです。税額控除は免税、すなわち正真正銘の減税措置ですが、特別償却は課税の繰延べにすぎません。

> ・特別償却は課税の繰延べ（**税率分だけ減税**）
> ・特別控除は免税措置（**減税効果は全額**）

　特別償却で納税額が実効税率分だけ減少しても、それは国から無利息融資を受けているようなものです。初年度に全額償却してしまえば、2年目からは償却費がゼロ。節税額は全額、耐用期間を通じて取り戻されてしまいます。一方、税額控除の方は節税額が特別償却の2割弱にとどまるものの、減少した税額が将来、取り戻されることはありません。

　とはいえ、当面の減税効果は特別償却の方がはるかに勝るので、いずれを選ぶか、ここは経営者の思案のしどころです。

参考（要約条文）

法法68条（所得税額の控除）
　利子及び配当等の支払を受ける場合には、これらに課される所得税の額は、法人税の額から控除する。

法法40条（法人税額から控除する所得税額の損金不算入）
　第68条（所得税額控除）の規定の適用を受ける場合には、控除又は還付をされる金額は、損金の額に算入しない。

措法42条の12の5（生産性向上設備等を取得した場合の特別償却又は法人税額の特別控除）
2　青色申告法人が、特定期間内に生産性向上設備等の取得をして、国内の事業の用に供した場合における特別償却限度額は、当該設備等の取得価額から普通償却限度額を控除した金額とする。
8　青色申告法人が、特定期間内に生産性向上設備等の取得をして、国内の事業の用に供した場合において、第2項の規定の適用を受けないとき、税額控除限度額は当該設備等の取得価額の100分の5相当額とする。

総論⑩　所得控除と税額控除（所得税）

> **ポイント**
> - 所得税法には、14種類の所得控除と各種税額控除の制度が設けられています。
> - 所得控除による節税額は、その人の適用税率（5％～45％）によって異なります。
> - 税額控除による節税額は、所得金額に関係なく誰でも同額です。
> - 低所得者は税額控除の方が有利です。

総論⑨で、法人税の話としてこの言葉を取り上げましたが、ここでは個人所得税における2つの用語の説明です。

◆ 所得控除による減税額は各人の税率いかん

所得税を計算する際、14通りの**所得控除**が認められています。たとえば、「生命保険料控除」は多くの人が活用しており、民間の保険会社に支払う保険料につき、最高で12万円の控除ができます。ただしこれは、納める税金が12万円減る、ということではありません。この制度の適用で所得税がいくら減少するかは、その人の税率しだいです。

所得税は5％から45％の累進税率となっており、課税所得が195万円以下の人の納税額は、12万円×5％＝6,000円しか減りません。一方、4,000万円超の高額所得者にとっては、12万円×45％＝54,000円という大きな節税効果が得られます。

（注）　以下、復興特別所得税の課税は考慮外とします。

●所得控除一覧

①	基礎控除………………………	38万円
②	配偶者控除…………………	通常38万円

③	配偶者特別控除…………	最高38万円
④	扶養控除………………	通常38万円
⑤	障害者控除……………	通常27万円
⑥	寡婦（寡夫）控除………	通常27万円
⑦	勤労学生控除…………	27万円
⑧	医療費控除……………	10万円を上回る医療費支払額
⑨	社会保険料控除………	支払額の全額
⑩	小規模共済等掛金控除…	最高7万円／月
⑪	生命保険料控除………	最高12万円
⑫	地震保険料控除………	最高1万5,000円
⑬	寄附金控除……………	2,000円を上回る寄附金額
⑭	雑損控除………………	損失額×10% or 5万円を上回る災害関連支出額

◆税額控除では税率の高低が節税額に影響しない

　一方、**税額控除**の代表格は「住宅ローン控除」です。借入金の年末残高の1％相当額を税額から控除する、つまりその金額だけ納税額そのものが減少するという話です。たとえば、ローン残高が1,000万円なら1,000万円×1％＝100,000円の減税です。

　同じ"控除"という言葉を使っていても、節税効果には雲泥の差があります（とくに低所得者にとって）。所得控除と違って税額控除の方は、税率の高低が節税額に影響せず、該当する人は皆、平等に恩恵が受けられる点に特徴があります。

◆平成23年分から本格的な寄附金税額控除制度が導入

　さて、寄附に対する税の恩典として、所得控除と税額控除の2つの制度が設けられています。所得控除としての「寄附金控除」は昔からありますが、税額控除が本格的に認められたのは、平成23年分からです。それまでは、いわゆる政治献金に対する税額控除以外には、寄附金の税額控除制度は設けられていませんでした。

それが"新しい公共"という名の下、市民による草の根の寄附を促進するために、特定の公益法人・NPO法人等に対する寄附について、税額控除の制度が設けられました。現在、特定の寄附については、両制度のいずれかを選択適用でき、控除限度額はそれぞれ次の算式で計算します。

> ・所得控除額 ＝ 寄附金額－2,000円
> ・税額控除額 ＝ （寄附金額－2,000円）×40％

◆ 税率40％未満の人は税額控除が有利

さてそこで、いま10万円の寄附をしたものとして、いずれを適用するのが有利なのか、節税額のシミュレーションをしてみます。

(1) 所得税の税率が5％の人の場合

〈所得控除〉

（10万円－2,000円）×5％＝4,900円

〈税額控除〉

（10万円－2,000円）×40％＝39,200円

(2) 所得税の税率が45％の人の場合

〈所得控除〉

（10万円－2,000円）×45％＝44,100円

〈税額控除〉

（10万円－2,000円）×40％＝39,200円

最高税率の45％が適用される人にとっては、所得控除の方が有利です。要するに、税率40％の人はいずれを選択しても節税額は同じ、税率が40％未満の人は税額控除が有利、ということがこの試算で分かります。それぞれの控除に、所得制限や税額制限が設けられているので、そうならない場合もありますが、原則としてそういう話です。

◆ 住民税には税額控除制度しかない

ところで、所得税を納めるとそれに連動して住民税がかかります。その際、

住民税には寄附金に対して所得控除はなく、税額控除の制度だけが設けられています。そこで、10万円の寄附に対して住民税がいくら減るか、試算してみましょう。

住民税の寄附金税額控除の限度額は、次のように計算します。

> 税額控除額＝（寄附金額－2,000円）×10％
> 　　　　＝（ 10万円 －2,000円）×10％
> 　　　　＝9,800円

住民税の税率は、所得の多寡にかかわらず一律10％です。したがって、一定の要件を備える10万円の寄附をした人は、所得金額のいかんにかかわらず、住民税が9,800円だけ軽減されます。

◆ ふるさと納税に対して寄附金控除の適用

ついでの話として、いわゆる"ふるさと納税"の説明をしておきましょう。

個人の住民税（都道府県民税と市町村民税）は、その年の1月1日現在に居住する自治体で納めることになっています。その人が、他の自治体に寄附をしたとき、寄附金のうち2,000円を超える部分が、一定の上限まで所得税と住民税の納付額から控除されます。

その仕組みはこうです。たとえば、A市在住の人がB市に3万円の寄附をしたとき、確定申告をすれば、寄附金控除（所得控除）の適用で、次の計算により所得税の納付額が5,600円減ります（所得税の税率が20％の人とします）。

　（3万円－2,000円）×20％＝5,600円

税務署に確定申告すれば、申告書の写しがA市に送付され、A市ではこの寄附金に対する税額控除の計算をします。

（注）確定申告が不要な給与所得者などが寄附をするとき、本人に代わって寄附先の自治体が税額控除の手続きを行う「ワンストップ特例制度」も設けられています。

◆ ふるさと納税には特例による税額控除が使える

先ほど述べたように、住民税の寄附金税額控除は、次のように計算されます

（住民税の税率は一律10％）。

　　（3万円－2,000円）×10％＝2,800円

　通常の寄附の場合、税額控除はこれで終わりですが、都道府県や市町村に対する寄附には、さらに"特例分"の税額控除が、次の算式で認められます。

住民税の税額控除額（特例分）

　　　　＝（寄附金額－2,000円）×（1－10％（基本分）－所得税率（0～45％））
　　　　＝（3万円－2,000円）×（1－10％－20％）
　　　　＝19,600円

（注）　住民税額の1割（平成28年度分以後は2割）を限度とします。

◆ ふるさと納税は自治体間の税金の分捕り合戦

　3万円の寄附金に対して、所得税から5,600円、住民税から22,400円（2,800円＋19,600円）の計28,000円が控除され、結果的に2,000円だけを寄附したことになります。その際、寄附先の自治体から"お米""牛肉""カニ"などの特産品が贈られ、お取り寄せ感覚でこの制度を利用する人も増えているようです。

　結局のところ、ふるさと納税制度の本質は、B市に3万円の寄附をしたとき、A市（居住地）の税収が28,000円減る、つまりA市に入るはずの税収がB市に流れるということで、いわば自治体間の税金の"分捕り合戦"ということなのでしょう。

　東京・大阪などの大都市にとっては苦々しい制度なのですが、税収全体に占める割合が微々たるものであり、寄附文化を根付かせるという美名のもと静観している、というのが現在の状況です。

総論⑪　中小法人と中小企業者

> **ポイント**
> - 中小法人は資本金１億円以下の法人で、そのうち資本金１億円超の法人の子会社を除いたものを中小企業者といいます。
> - 中小企業者のうち、資本金3,000万円以下の法人を特定中小企業者といいます。
> - これらの用語は、中小企業に対する税の恩典に関する規定で使用されています。
> - いずれの法人を適用対象とする恩典なのか、注意を要します。
> - グループ法人税制により、資本金５億円以上の法人の100％子会社には、中小法人向け特例の一部が適用されません。

2種類の中小企業

いわゆる"中小企業"として、法人税の世界には中小法人と中小企業者の２通りの概念があります。

まず、**中小法人**とは、普通法人のうち①資本金が１億円以下の法人と②資本のない法人をいい、また、中小法人等の用語を使うときは、中小法人のほか公益法人等、協同組合等、人格のない社団等を含みます。

一方、**中小企業者**は、①資本金が１億円以下の法人（大規模法人（資本金１億円超）の子会社等を除く）と②資本のない法人で従業員数が1,000人以下の法人をいい、このほか農業協同組合等を含めて中小企業者等という用語を使っています。

　　(注)　上記①の中小企業者は、正確には資本金が１億円以下の法人のうち、次に掲げる法人以外の法人をいいます。
- 株式総数の $\frac{1}{2}$ 以上を同一の大規模法人に所有されている法人
- 株式総数の $\frac{2}{3}$ 以上を複数の大規模法人に所有されている法人

◆中小企業者は中小法人より数が絞られる

　要するに、中小法人（資本金1億円以下）から、資本金1億円超の法人の子会社を除いたものが中小企業者であり、中小企業者は中小法人よりも数が絞られます。

　なお、中小企業者のうち資本金が3,000万円以下の法人を「特定中小企業者」といい、この場合、対象法人の数はさらに減少します。

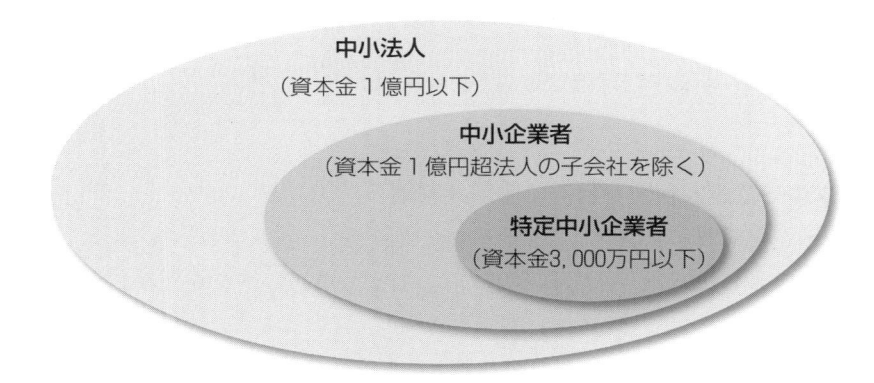

中小法人
（資本金1億円以下）

中小企業者
（資本金1億円超法人の子会社を除く）

特定中小企業者
（資本金3,000万円以下）

　このほか、次の企業のことを「中小企業基本法に定める中小企業者」と称しています。

　① 製造業で資本金3億円以下または従業員300人以下の法人
　② 卸売業で資本金1億円以下または従業員100人以下の法人
　③ サービス業で資本金5,000万円以下または従業員100人以下の法人
　④ 小売業で資本金5,000万円以下または従業員50人以下の法人

◆中小企業向け特例の適用対象者に注意

　これらの用語は、中小企業に対する税の恩典（特例）の規定で使用されていますが、いずれの法人が適用対象とされているかに注意を要します。

　たとえば、次の特例は**中小法人**を対象として設けられています。

- 法人税の軽減税率（15％）
- 同族会社における留保金課税の不適用

⑪　中小法人と中小企業者

- 欠損金の繰戻し還付制度の適用
- 貸倒引当金の設定
- 交際費課税における非課税枠（年800万円）の設定 etc.

一方、次の特例は**中小企業者**を適用対象としています。

- 30万円未満の少額減価償却資産の即時償却
- 機械装置等の30％特別償却
- 試験研究費に対する税額控除額の割増し etc.

◆ グループ法人税制で特例の適用が制限

　なお、平成22年度改正で「グループ法人税制」が導入され、"資本金５億円以上の法人の100％子会社"については、特別な取扱いがなされるようになりました。

　すなわち、大会社の子会社は単独の中小零細企業と異なり、資金調達能力等に対する政策的配慮の必要性が乏しいこと、また、大会社が事業部門を中小法人に分社化した場合と一社集中の場合とで、税負担が大きく異なることは適当でないと考えられます。そこでこうした法人は、たとえ資本金が１億円以下であっても、15％軽減税率など「中小法人」向け特例の一部が適用されません。

総論⑫　非中小法人

> **ポイント**
> - グループ法人税制の適用により、資本金５億円以上の法人の100％子会社は大企業並みに課税することとし、特別な取扱いが設けられています。
> - その特別の取扱いを受ける、資本金１億円以下で中小法人に該当しない法人を非中小法人といいます。
> - 非中小法人には、中小法人向け特例の一部が適用されません。

◆ 2種類の中小企業

　いわゆる"中小企業"として、法人税制には中小法人と中小企業者の２通りの概念があるということを、**総論⑪**で説明しました。簡単に復習すると次のとおりです。

　「中小法人」は①資本金が１億円以下の法人と②資本のない法人、「中小企業者」はⅰ資本金１億円以下の法人（資本金１億円超の法人の子会社を除く）とⅱ資本のない法人で従業員が1,000人以下の法人をいいます。

　要するに、中小法人（資本金１億円以下）から、資本金１億円超の法人の子会社を除いたものが中小企業者であり、中小企業者は中小法人よりも数が絞られます。これらの用語は法人税の軽減税率（15％）など、中小企業に対する税の恩典を規定する条文において使用されています。

　（注）　もっぱら、中小法人は法人税法、中小企業者は租税特別措置法で登場する用語です。

◆ 非中小法人は法人税申告書における用語

　さて、ここからが今回のキーワードである**非中小法人**の説明です。まず、この言葉は法令には規定がなく、法人税申告書にのみ登場します。別表１の上部に次のような記載があり、同表の記載要領で次のように書かれています。

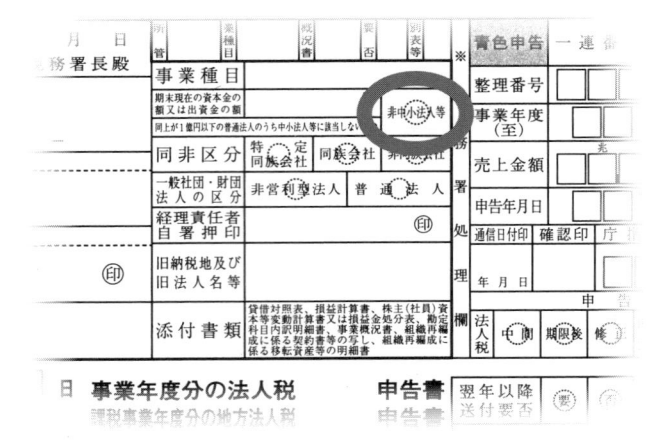

●記載要領

　当期末における資本金の額が１億円以下である普通法人が、次のいずれかの法人に該当する場合には、「非中小法人等」を○で囲んで表示します。
(1) 次のいずれかの法人（以下「大法人」といいます。）との間にこれらの大法人による完全支配関係がある法人
　① 資本金の額が５億円以上である法人
　②・③ （略）
(2) 当該普通法人との間に完全支配関係がある全ての大法人が有する株式の全部をいずれか一の大法人が有するものとみなしたときにその一の大法人による完全支配関係があることとなる法人

中小法人
（資本金１億円以下）

中小企業者
（資本金１億円超法人の子会社を除く）

非中小法人
（資本金５億円以上の法人の
100％子会社である中小法人）

◆ 非中小法人には中小法人向け特例の適用なし

　別表1にこの欄が設けられたのは、平成22年度以降です。この年の改正で「グループ法人税制」が導入され、そのことに関連してこの用語が生まれました。

　グループ法人税制には、"資本金5億円以上の法人の100％子会社"について、特別な取扱いが設けられています。すなわち、大会社の子会社は大企業並みに課税することとし、たとえ資本金が1億円以下であっても、そういう会社には軽減税率（15％）、交際費の800万円非課税枠、貸倒引当金の設定など「中小法人」向けの特例の一部を適用しないこととしています。

◆ 非中小法人は資本金が1億円以下で中小法人ではない法人

　要するに、資本金が1億円以下の法人で、中小法人に該当しない法人が**非中小法人**です。また、平成23年度の改正で、100％グループ内の複数の大法人により発行済株式の全部を保有されている法人も非中小法人に加えられ、上記の記載要領の(2)はそのことの説明です。

　最後に、今回の説明をまとめます。

---

① 資本金が1億円以下の会社は**「中小法人」**
　➡ 軽減税率（15％）など法人税法上の恩典を利用できる。

② 中小法人のうち資本金1億円超法人の子会社を除いた会社が**「中小企業者」**
　➡ 機械装置等の初年度特別償却など租税特別措置法上の恩典を利用できる。

③ 中小法人のうち資本金5億円以上の法人の100％子会社が**「非中小法人」**
　➡ 軽減税率など中小法人向け特例の一部が利用できない。

総論⑬　非営利型法人

> **ポイント**
> ●公益法人改革により、民法上の公益法人は、公益社団・財団法人と一般社団・財団法人に分離されました。
> ●一般社団・財団法人のうち、非営利を徹底あるいは共益的活動を目的とする法人を非営利型法人といいます。
> ●税務上、公益社団・財団法人と非営利型法人には税の恩典が与えられています。
> ●非営利型法人に該当しない一般社団・財団法人は、普通法人として課税されます。

◆ 社団法人・財団法人に対する公益法人改革

　いわゆる公益法人には、学校法人、宗教法人、社会福祉法人など種々のものがあります。そのうち、旧民法34条（平成20年に削除）の規定に基づき設立された社団法人と財団法人を対象として、平成20年12月に大きな制度改革が行われました。

旧民法34条（公益法人）
　　学術、技芸、慈善、祭祀、宗教その他の公益に関する社団又は財団であって、営利を目的としないものは、主務官庁の許可を得て法人とすることができる。

（注1）　制度改革に伴ってこの条文は廃止され、新たに公益法人制度改革に関連する法律が制定されました。
（注2）　社団は"人"の集まりで会員の会費により運営し、財団は"財産"の集まりで基本財産の運用益によって運営されます。

◆ 許可主義から準則主義へ

　旧民法34条は明治29年に制定されたもので、100余年ぶりの見直しでした。大きく変わったのは、従来、主務官庁から公益性が認められたものだけが法人

格を得ることができた（許可主義）ものが、「一般社団・財団法人法」の要件を満たせば登記のみで設立が可能（準則主義）とされ、さらに「公益認定法」に定める基準を満たすものが、公益社団法人または公益財団法人となることができるという、法人の設立と公益性の認定を分離する制度が採り入れられた点です。

　この制度改革により、従来からある法人で平成20年12月1日に存在するもの（約24,000法人）は「特例民法法人」とされ、平成25年11月30日までの5年間（移行期間）で、「公益社団・財団法人」または「一般社団・財団法人」のいずれかに移行しなければならず、期限までに手続きをしなければ、解散したものとみなすこととされました。

▶ 公益目的事業比率が50％以上であること

　新法では公益目的事業として23事業を定め、公益社団・財団法人の認定を受けるためには、それらの事業に要する費用が全事業費の50％以上を占めること、理事等の関係者に特別の利益を与えないことなど、いくつもの条件を満たさなければなりません。

　そこで、この条件を満たすことのできない法人は、公益社団・財団法人への道をあきらめて、一般社団・財団法人に移行、普通法人に転換、あるいは解散のいずれかを選択しました。

●公益法人改革

社団・財団法人 ➡ 特例民法法人 ➡ ➡ 公益社団・財団法人
　　　　　　　　　　　　　　　　➡ 一般社団・財団法人
　　　　　　　　　　　　　　　　➡ 普通法人
　　　　　　　　　　　　　　　　➡ 解散

▶ 税務上は一般社団・財団法人を2分類

　さて、以上は法律上の話ですが、課税問題を考えるとき、その続きの話が出てきます。移行後の公益法人を税務上どう取り扱うかです。

　結論として、公益社団・財団法人は従来どおり（場合によっては従来以上

に）税の恩典が受けられることになりました。ところが、一般社団・財団法人についてはそうはいかず、非営利性が徹底された法人（❶）、または、共益的活動を目的とする法人（❷）については、収益事業（法令5：物品販売業等の34事業）にのみ課税、それ以外の法人は普通法人として全所得に課税することとされました。

◆ 共益法人が非営利型法人の代表例

ここでようやく今回のキーワードの登場です。一般社団・財団法人のうち、上記❶または❷に該当する法人のことを**非営利型法人**といいます（法法2九の二）。

改正前の公益法人の中には、公益目的事業比率が50％以上という条件を満たしていないものがかなりあって、それは互助会、厚生会など特定の会員で組織され福利厚生や親睦を目的とした団体です。公益法人は、不特定多数の者の利益増進に寄与するものでなければならず、これらの共益法人に公益性の認定が下る可能性はまずありません。そこでこうした法人の大半は、一般社団・財団法人に移行しました。

● 公益法人に対する課税

公益社団法人・公益財団法人	←	**収益事業のみ課税** （税率19％（所得800万円以下は15％））
一般社団法人・一般財団法人		
┌ 非営利型法人	←	**収益事業のみ課税** （税率23.9％（所得800万円以下は15％））
└ その他の法人	←	**全所得課税** （税率23.9％（所得800万円以下は15％））

◆ 共益法人の多くは収益事業課税

移行後に課税形態がどうなるかは、別途考えることになります。すなわち、非営利性の徹底、あるいは共益活動がメインという要件を満たす組織には、収益事業にのみ課税されます。一方、それらの要件を満たさない組織は、法律上

は一般社団・財団法人となっていても、税務上は普通法人として扱い、株式会社等と同様に課税されています。

参考（要約条文）

法法2条（定義）

　九の二　非営利型法人　一般社団法人又は一般財団法人のうち、次に掲げるものをいう。

　　イ　事業により利益を得ること又はその得た利益を分配することを目的としない法人であって、事業を運営するための組織が適正であるものとして政令で定めるもの

　　ロ　会員から受け入れる会費により会員に共通する利益を図るための事業を行う法人であって、事業を運営するための組織が適正であるものとして政令で定めるもの

総論⑭　外形標準課税

> **ポイント**
> - 法人事業税は、資本金1億円以下なら所得課税、1億円超の場合は外形標準課税とされています。
> - 外形標準課税は、所得割、付加価値割、資本割の3つからなります。
> - 平成26・27年度改正で税率が変更され、向こう3年間で、所得割の税率は低下し、付加価値割と資本割の税率は上昇していきます。
> - 赤字企業も課税対象となる付加価値割と資本割の税率が、改正年度に5割増、翌年度には倍増と大幅に引き上げられました。
> - 中小法人に対する外形標準課税の適用問題が、今後の税制改正の焦点となります。

◆ 平成15年度に外形標準課税が導入

　会社に法人税が課されると、それに連動して都道府県に「事業税」を納めることになります。事業税の課税標準は従来（中小企業は今でも）、法人税と同じく"所得金額"とされていました。そうすると赤字企業には、法人税だけでなく事業税もかかりません。

　事業税はもともと、法人税や住民税のような"所得課税"の税金ではありません。自治体から受ける行政サービスの対価として納める"応益課税"の税金です。所得がゼロの法人も応分の経費負担をすべし。その考え方から平成15年度改正で、法人事業税に所得以外の外形基準による課税が導入されました。これにより自治体は、税収が景気の影響を受けず、安定的な行政サービスを提供できるようになります。

◆ 資本金1億円超なら外形標準課税

　現在、法人事業税は資本金1億円を境に、1億円以下の中小法人には従来どおりの所得課税、1億円超の大法人には**外形標準課税**がなされます（地法72の

2①)。

　現行の外形標準課税は、所得割、付加価値割、資本割の３つからなります（地法72の12一）。

●**外形標準課税**

> **事業税額＝所得割額＋付加価値割額＋資本割額**
> 所得割：所得金額×税率
> 付加価値割：（報酬給与額＋純支払利子＋純支払賃借料±単年度損益）×税率
> 資本割：資本金等の額×税率

　支払利子と支払賃借料は、それぞれ受取利子、受取賃借料を控除した純額（マイナスのときは０）とします。

　単年度損益は、法人税の課税標準となる所得金額（繰越欠損金控除前）で、単年度損益が欠損で付加価値額がマイナスとなるときは０とし、翌期以降に繰り越して控除することはできません。

　資本割は、原則として資本金等の額を課税標準とし、一定の持株会社については、総資産に占める子会社株式の割合に相当する額を控除する特例措置が設けられています。

◆ 平成26・27年度改正で税率変更

　それぞれの課税標準に対する税率は、次のとおりです（地法72の24の７）。

		平成26年度	平成27年度	平成28年度
所得割	年400万円以下の所得	3.8%	3.1%	2.5%
	年400万円超800万円以下の所得	5.5%	4.6%	3.7%
	年800万円超の所得	7.2%	6.0%	4.8%
付加価値割		0.48%	0.72%	0.96%
資本割		0.2%	0.3%	0.4%

◆ 付加価値割と資本割の税率が上昇

　上掲の税率表において、向こう3年間で、所得割の税率は低下し、付加価値割と資本割の税率は上昇します。これは、平成27年度の改正で法人の実効税率を、数年内に20％台まで引き下げる方針が打ち出されたことによります。税率引下げによる税収減の財源として、外形標準課税がやり玉にあがりました。

　赤字企業も課税対象となる外形基準の付加価値割と資本割の税率が、改正年度に5割増、翌年度には倍増と大幅に引き上げられたのです。これによって、たとえば資本金が100億円の赤字会社では、それだけで資本割の納税額が2,000万円から4,000万円に跳ね上がります。総務省では、赤字企業において年間の事業税支払額が平均1,600万円増加し、黒字企業では所得課税が軽減されるため平均700万円の減少となると試算しています。

　現在のところ、外形標準課税の対象となるのは、資本金1億円超の大企業だけです。しかし、27年度税制改正大綱には、将来的な課題として、適用対象法人のあり方を慎重に検討すると記されています。もしも外形標準課税の対象が中小法人にまで広がったら、どういうことになるのでしょうか。

◆ 外形標準課税の対象企業は2万4千社だけ

　国税庁の統計資料（平成25年度）によれば、申告法人数は全国で260万社、そのうち外形標準課税の対象となる資本金1億円超の大法人は2万4千社（1％）、資本金1億円以下の中小法人が257万社（99％）です。また、申告法人全体のうち利益計上法人は3割強で、7割近い180万社が赤字法人です。

　この状況下で、中小法人に外形標準課税が適用されると、おそらく莫大な税収となるでしょう。資本割については、資本金1,000万円の会社で1,000万円×0.4％＝4万円と大した金額ではありません。しかし、付加価値割はかなりの税負担となります。たとえば役員を含め従業員5名の会社で、年間5,000万円の給与を支払っているとしましょう。そうするとそれだけで、付加価値割は5,000万円×0.96％＝48万円に上ります。さらに銀行借入れの支払利息、あるいは事務所家賃に対する付加価値割も考慮すれば、大変な金額となります。

◆ 適用対象の拡大は慎重に検討

　日本商工会議所の試算によれば、中小企業に外形標準課税がなされると、納税額が1社あたり平均160万円。全国257万社の総額は、単純計算で数兆円となります。そうなれば地方の財政は大いに潤います。しかし、資金繰りに窮しているところに160万円もの税負担が覆いかぶされば、中小・零細企業はどんどん倒産していくことでしょう。

　外形標準課税の適用対象の拡大については、くれぐれも"慎重に"検討していただくことを祈ります。

総論⑮　留保金課税

> **ポイント**
> - 会社に留保した一定額以上の所得には、通常の法人税のほかに特別な法人税が追加課税されます。
> - 留保金課税の適用対象は、特定同族会社（1グループだけで50％超の株式を所有）ですが、資本金1億円以下の中小特定同族会社（資本金5億円以上の法人の100％子会社を除く）は除外されています。
> - かつては過酷な税制として問題視されていましたが、現在は適用対象が絞られたため、あまり話題に上らなくなりました。

◆ 同族会社に対する追加課税制度

　株主の上位3グループで50％超の株式を保有している会社を「同族会社」といいます。現実には、中堅・中小企業のほとんどがこれにあたります。しかも、上位3グループといわず、代表者の一族（あるいは代表者一家）だけで全株式を所有しているケースが一般的です。

　この同族会社のうちの「特定同族会社」（1グループだけで50％超の株式を所有）には、追加課税（**留保金課税**）が行われます。なお、平成19年度改正で、資本金1億円以下の中小特定同族会社（資本金5億円以上の法人の100％子会社を除く）は、留保金課税の適用対象から除外されました。

◆ 一定額以上の留保金に特別課税

　会社から配当を受けると個人には所得税がかかります。そこでこの課税を避けるため、同族会社では利益を配当に回さず会社に留保する傾向があります。ところが、これでは配当を行う場合と比べて課税の公平が保てません。そのため会社に留保した一定額以上の所得に対して、通常の法人税のほかに、特別の法人税が課されることになっています（法法67）。

◼ 留保金額から一定額を控除して課税

留保金課税の計算は、次の順序で行います。

◉ 留保金課税

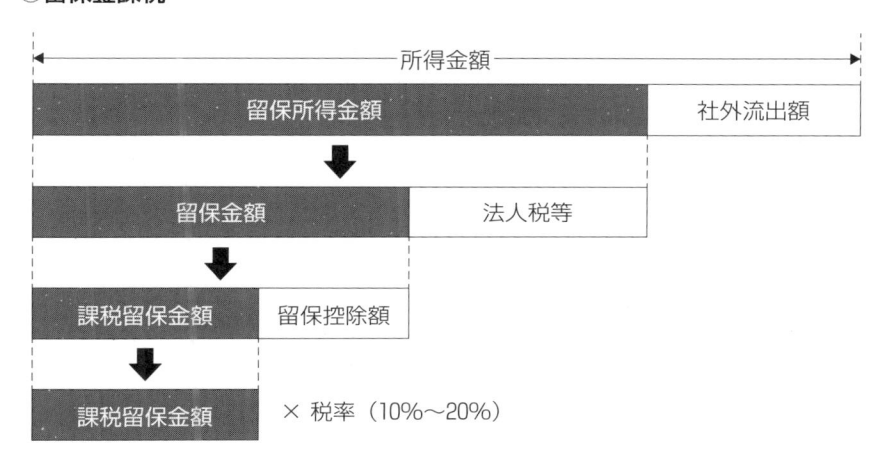

```
┌─────────────── 所得金額 ───────────────┐
│   留保所得金額          │  社外流出額  │
          ▼
│      留保金額       │    法人税等     │
          ▼
│ 課税留保金額 │ 留保控除額 │
          ▼
│ 課税留保金額 │  × 税率（10%〜20%）
```

(1) 留保金額の計算

$$\text{留保所得金額}^{(注1)} - \text{法人税、地方法人税及び住民税額} = \textbf{留保金額}$$

（注1） 所得金額のうち留保した金額（別表4の㊼・②）をいいます。

(2) 課税留保金額の計算

$$\text{留保金額} - \text{留保控除額}^{(注2)} = \textbf{課税留保金額}$$

（注2） 次の3つの基準で計算した金額のうち最も多い金額です。
① 所得基準額………所得等の金額 $\times \dfrac{40}{100}$
② 定額基準額………2,000万円 $\times \dfrac{\text{当期の月数}}{12}$
③ 積立金基準額………期末資本金額 $\times \dfrac{25}{100}$ － 期末利益積立金額

(3) 留保金課税額の計算

$$\text{課税留保金額} \times \text{税率}^{(注3)} = \textbf{法人税額}$$

（注3） 留保金課税の税率は、次のように3段階で定められています。

課税留保金額	税率
3,000万円以下の金額	10%
3,000万円超1億円以下の金額	15%
1億円超の金額	20%

◆ 大正12年から平成19年まで続いた過酷な税制

　留保金課税は、大正12年から行われるようになりました。契機となったのは大正9年の改正で、法人から受ける配当金を総合課税するようになったことです。この改正で、高額所得者は超過累進による総合課税を免れるため、一族の所有する全財産を出資して同族保全会社を設立し、利益があっても配当をしないようになりました。そこで、留保所得に対して5％ないし20％の税率で、累進課税することとされたのが始まりです。

　いうならば、個人の側から徴収する所得税を、法人に身代わり負担させるための税制です。大正12年以降、徐々に税率が引き上げられ、昭和24年にシャウプ勧告による抜本的改正があるまで、過酷な税制として維持されます。

　シャウプ勧告後も、税率を引き下げさまざまな改正を経て、悪名高き留保金課税は続きますが、ようやく平成19年度改正で、中小法人への課税はなくなりました。特定同族会社に該当するのは、ほとんどが中小企業です。そこでこの改正により、事実上、留保金課税制度は廃止されたも同然で、今では、実務上あまり話題に上らなくなりました。

総論⑯　グループ法人税制

> **ポイント**
> - グループ経営向けの税制として、完全支配関係（100％出資関係）にある企業に強制適用されます。
> - グループ内取引による譲渡損益は、再売却時まで計上が繰り延べられます。
> - グループ内の寄附はなかったものとされます（寄附側は損金不算入、受領側は益金不算入）。
> - グループ内の配当はなかったものとされます（全額益金不算入）。
> - 中小企業特例の一部（15％軽減税率など）が不適用とされます。

◆ 加速化するグループ経営に合わせた税制

　平成22年度の改正で**グループ法人税制**が創設されました。企業のグループ経営向けの税制としては、すでに「連結納税制度」（平成14年度に創設）が設けられていました。しかし、この税制は法人の任意選択で、課税面と事務処理面での負担が大きいため、採用企業数がなかなか伸びない状況が続いていました（適用は平成22年度当時で約900グループ、現在約1,400グループ）。

　他方、この数年間で関連会社を100％子会社化し、あるいは純粋持株会社の下に事業子会社を並べ、グループ全体で経営資源の有効活用や新規分野への迅速な展開を図る、本格的なグループ経営の動きが加速化しています。

　こうした経済実態に合わせて、連結納税制度を選択しないグループには、新たな税制が平成22年10月1日から強制適用されています。

◆ グループ内の取引から損益は生じない

　この税制では、資本の一体性に着目して、グループ内での資産譲渡はなかったものとされ、売却損益は次の譲渡時まで繰り延べられます。また、グループ内の寄附を単なる資金移動とみて、支出側は全額損金不算入、受取り側は全額

益金不算入とします。さらに、100％子会社からの配当を、親会社が間接的に営む事業からの資金移動とみて、受取り額の全額を益金不算入扱いする、といった取扱いがなされます。

> **グループ法人税制が適用されると**
> - グループ内取引による譲渡損益の繰延べ
> - グループ内の寄附 ➡ 寄附側：損金不算入、受領側：益金不算入
> - グループ内の配当 ➡ 全額益金不算入（負債利子控除をしない）
> - 中小企業特例の一部（15％軽減税率など）が不適用

◆ 適用対象は100％企業グループ

ところで、このグループ法人税制は大企業向けの話で中小企業には関係ない、と判断する向きがありますが、それは早計です。中小企業にも適用されるケースが、2つ考えられます。

まず、この税制の適用対象は"完全支配関係"にある企業で、条文では「一の者が発行済株式の全部を所有する関係」と規定しており、ここで一の者には外国法人や個人も含まれます。つまり、親会社・子会社の関係以外に、同一の個人が100％所有する会社、いわゆる兄弟会社も適用対象とされます。

さらに、法人税法でいう"個人"には同族関係者（6親等内の親族等）も含まれますから、親子や兄弟を一の者とみて、それぞれが別々の会社を経営している場合であっても、それらの会社がグループ企業となり、この税制が適用される可能性があります。

● **グループ法人税制の適用対象**

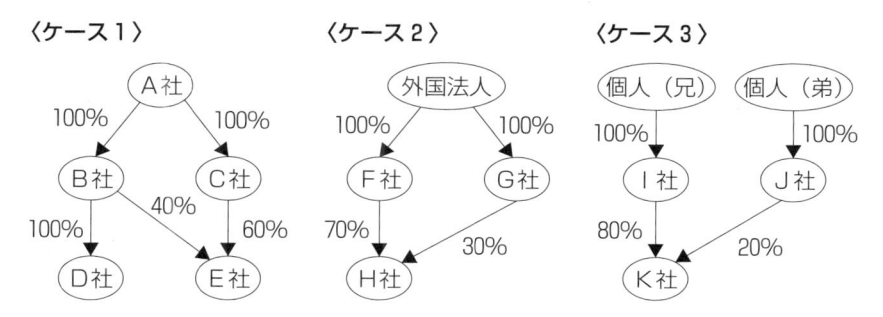

〈ケース１〉
A社 →100%→ B社、A社 →100%→ C社
B社 →100%→ D社
B社 →40%→ E社、C社 →60%→ E社

〈ケース２〉
外国法人 →100%→ F社、外国法人 →100%→ G社
F社 →70%→ H社、G社 →30%→ H社

〈ケース３〉
個人（兄）→100%→ I社、個人（弟）→100%→ J社
I社 →80%→ K社、J社 →20%→ K社

　この場合、A社～E社、F社～H社、I社～K社はそれぞれ完全支配関係にあり、すべてグループ法人税制の適用対象となります。

◆ 売却先からの情報が途絶えたときどうする？

　グループ法人税制では、たとえばグループ内でA社がB社に土地を売ったとき、その時点では売却損益を計上できません。A社における損益の計上は、B社がその土地を他に売却するまでお預けです。

　ということは、A社はB社がいつその土地を売るか、ずっと追跡し続けなければなりません。親子・兄弟仲良くの状態が続けばいいのですが、そうでないとき、つまりB社からの情報提供が途絶えたとき、A社はどうすればいいのか……B社からの通知制度が設けられているとはいえ、実務的に難しい問題をはらんでいます。

◆ 中小企業でも大企業の100％子会社は税負担が増加

　さらにもう一つ、中小企業でグループ法人税制が問題となるのは、大企業の子会社においてです。中小企業（資本金１億円以下）には、税金面でいろいろな特例が設けられていますが、この改正で大企業（資本金５億円以上）の100％子会社については、単独の中小零細企業と異なり資金調達能力等に対する政策的配慮の必要性が乏しいこと、また、大企業が事業部門を中小企業に分社化した場合と一社集中の場合とで、税負担が大きく異なることは適当でないとの判断から、次の６つの特例を適用しないこととしています。

⑯　グループ法人税制の適用対象

① 15％の軽減税率
② 留保金課税の不適用措置
③ 貸倒引当金の設定
④ 交際費課税における年800万円の非課税措置
⑤ 欠損金の繰戻し還付制度
⑥ 青色欠損金の繰越控除制限をしない措置

総論⑰　実効税率

> **ポイント**
> - 法人税等の表面税率は34.03％ですが、実効税率は32.11％です。
> - 法人税・住民税と違い事業税は損金算入されるため、納税額がその分減少します。
> - 当期分の事業税は翌期に損金算入されるため、減少するのは翌期分の納税額です。
> - 毎年の所得に大きな変動がなければ、順送りで翌期に損金算入され、毎年の税負担は実効税率分に軽減されます。

◆ 日本の実効税率は高い

　新聞などで、「海外と比較して日本の実効税率は高い」という記事をよく目にします。わが国の**実効税率**は約32％（平成27年度改正後）ですが、諸外国では英国24％、フランス33％、ドイツ30％、中国25％、韓国24％、シンガポール17％、台湾17％、香港16.5％といった具合です。

　高いか低いかの議論はさておき、この実効税率の"実効"とは何を意味するのか、そのことを正確に理解している人は案外少ないようです。

◆ 表面税率は34％

　わが国で現在、法人税・住民税・事業税の3つの税金を積み上げた税率は約34％です。

（注）　住民税には地方法人税を含み、事業税には地方法人特別税を含んでいます。

●表面税率の計算

　　　法人税　　　　　住民税　　　　　事業税
　100×23.9％＋（100×23.9％）×17.3％＋100×6％＝**34.03％**

　法人税の基本税率は23.9％、住民税と事業税の標準税率は、それぞれ17.3％

と6％となっています。法人税と事業税は所得に、住民税は法人税額に対してこれらの税率をかけて計算します。3つの税率を単純に合計したこの税率は、いわば「表面税率」です。

◆ 実効税率は32％

さてそれでは、たとえば100の所得をあげたとき、現実に34の税金を納めることになるかといえば、さにあらず。税負担は32ですみ、これが**実効税率**です。32％は次の計算で求まります。

●実効税率の計算

$$実効税率 = \frac{法人税率 + (法人税率 \times 住民税率) + 事業税率}{1 + 事業税率}$$

$$= \frac{23.9\% + (23.9\% \times 17.3\%) + 6\%}{1 + 6\%}$$

$$= 32.11\%$$

◆ 事業税は損金算入される

ここで表面税率と実効税率の違いは、「事業税」に対する特殊な取扱いからきています。法人税や住民税が所得課税の税金であるのに対し、事業税は都道府県から受ける行政サービスに対する"応益課税"の税金で、いわば場所代（賃借料）のようなものです。そこで、法人税や住民税と違って、事業税には経費性があり損金扱いされます。ただし、計算技術上、課税されるその期の所得計算で損金算入はできないので、翌期において損金に算入します。したがって、翌期における納税額がその分減少し、それによって税率が32％に引き下げられるということです。

先の実効税率の計算式は分かりにくいので、これをアレンジすると次のようになります。たとえば、事業税を差し引く前の所得を100とすれば、事業税を控除した後の課税所得は、事業税の税率が6％なので100÷（1＋0.06）＝94.34となります。この数字を基に3つの税金を積み上げると、次のように

32.11％が求まります。

$$\underbrace{94.34\times23.9\%}_{\text{法人税}}+\underbrace{(94.34\times23.9\%)\times17.3\%}_{\text{住民税}}+\underbrace{94.34\times6\%}_{\text{事業税}}=\textbf{32.11\%}$$

　毎年の所得に大きな変動がなければ、順送りで事業税が翌期に損金算入され、そこで実際の税負担割合は約32％に軽減されるというしくみです。

◆翌期の税負担が軽減

　なお、会社の税負担を実効税率で論じる際、気をつけなければならないのは、毎年の所得計上額に波がある場合です。たとえば、不動産の売却などで例年と比べて大きな所得を計上した年、税金納付の資金繰りを実効税率の32％で計算するのは間違いです。

　期末から2か月後に納付すべき当期分の税金は、あくまで表面税率の34％分が必要です。34％で納める税金のうち事業税相当額が翌期の損金に算入され、翌期の納税額がその分軽減される、ということですから誤解なさいませんように。

参考（要約条文）

法法66条（各事業年度の所得に対する法人税の税率）
1　普通法人等に対して課する法人税の額は、所得金額に100分の23.9の税率を乗じた金額とする。

総論⑱　限界税率

> **ポイント**
> ●課税価格の増減に伴って変化する税額を計算する際、その増減部分に適用する税率を限界税率といいます。
> ●所得税・相続税・贈与税など累進税率の税額計算で、この税率がよく使われます。
> ●限界税率を念頭におけば、節税額や増税額が即座に計算できます。

◆ 中小法人には軽減税率の適用

　法人税の「基本税率」は23.9％ですから、たとえば所得が1,000万円増加すれば、納める法人税は239万円増加します。大企業の計算はそれでいいのですが、資本金1億円以下の中小法人の場合、年800万円以下の所得には15％の「軽減税率」が適用されるため、そのような単純な計算とはなりません。

　たとえば、税務調査で中小法人の所得金額が100万円増加したとき、法人税額はいくら増加するでしょうか。100万円×15％＝150,000円なのか、それとも100万円×23.9％＝239,000円か。答えは、その法人の所得がいくらなのかで違ってきます。

　増加後の所得金額が800万円以下なら、100万円×15％＝150,000円です。しかし、増加前の元々の所得が800万円以上であったなら、100万円×23.9％＝239,000円となります。

◆ 節税対策などの税額計算で限界税率を使用

　このように、所得が増加（減少）したときに、税額がいくら増加（減少）するかを弾く際、その計算で使用する税率を**限界税率**といいます。この議論は、法人よりもむしろ個人の税額計算において重要です。税金対策、節税対策などの話でこの限界税率を使えば、求める税額を簡単に計算できます。

　所得税や相続税、贈与税の税率は、所得や財産の金額に応じた累進税率と

なっています。たとえば、所得税の税率は次のとおりです（所法89①）。

●**所得税の税率**

所得金額	税率
195万円以下の金額	5％
195万円を超え330万円以下の金額	10％
330万円を超え695万円以下の金額	20％
695万円を超え900万円以下の金額	23％
900万円を超え1,800万円以下の金額	33％
1,800万円を超え4,000万円以下の金額	40％
4,000万円を超える金額	45％

◆ **超過累進税率の計算は面倒なので速算表を利用**

　一定額を超えれば、その超える部分にはより高い税率を適用し、このような税率構造を「超過累進税率」と呼びます。

　たとえば、所得金額が500万円のとき、所得税額は次のように計算します。

```
500万円 ─┐
         │  170万円×20％＝340,000円
330万円 ─┤
         │  135万円×10％＝135,000円
195万円 ─┤
         │
         │  195万円× 5％＝ 97,500円
      0 ─┘       計    572,500円
```

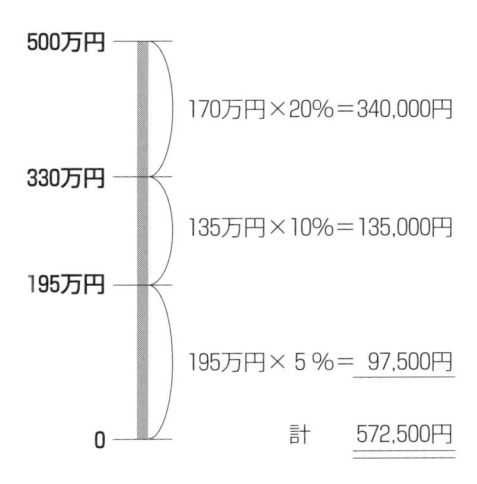

　ただし、このような計算は非常に煩わしく、実務では次の"速算表"を使い、簡単な計算で済ませます。

●所得税の速算表

所得金額	税率	控除額
195万円以下	5%	—
330万円以下	10%	97,500円
695万円以下	20%	427,500円
900万円以下	23%	636,000円
1,800万円以下	33%	1,536,000円
4,000万円以下	40%	2,796,000円
4,000万円超	45%	4,796,000円

（注）　所得500万円のときの税額計算
　　　　500万円×20%－427,500円＝572,500円

◆ 限界税率とそれ以下の税率との差額を控除する

　速算表を使う計算は、いったん500万円の全額に20%の税率（これが限界税率）を適用し、ただしそのままでは5％、10%の適用部分の税額が過大となるので、それを控除するスタイルになっています。つまり、控除額427,500円は「20%－5％」および「20%－10%」に対する税額（下図のあみ掛け部分）ということです。

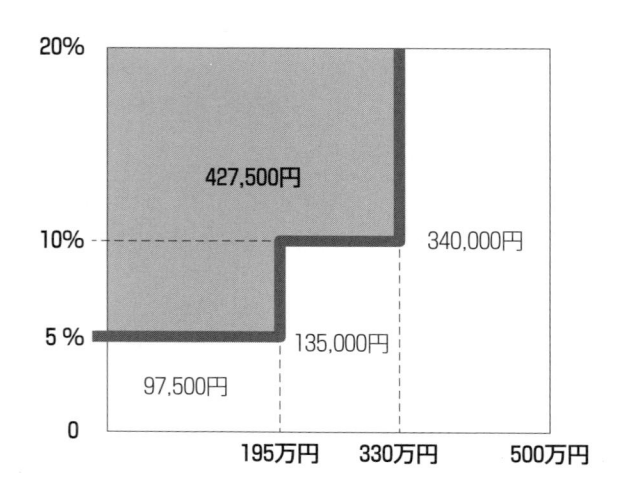

◆限界税率を使えば節税額と増税額を即座に計算できる

さて、ここで質問です。所得500万円の人が、節税対策で所得金額を100万円圧縮できたとき、この人の所得税はいくら減るでしょうか。

正攻法でいけば、次の計算でしょう。

●節税額の計算（その１）

① 対策前の税金
　　500万円×20％－427,500円＝572,500円
② 対策後の税金
　　400万円×20％－427,500円＝372,500円
　　　①－②＝200,000円

しかし、**限界税率**を考慮に入れれば、このように回りくどい計算は不要です。下図をご覧ください。

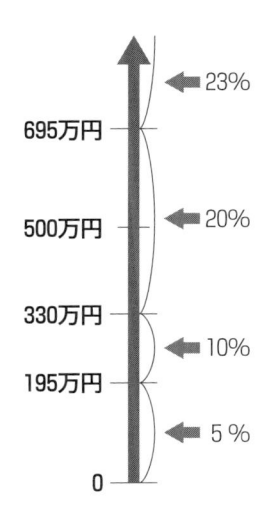

```
          ↑
          │ ← 23%
  695万円 ┤
          │
          │ ← 20%
  500万円 ┤
          │
  330万円 ┤
          │ ← 10%
  195万円 ┤
          │ ← 5%
       0  ┘
```

この図で分かるように、この人の所得に適用される税率は、500万円を挟んでその前後、330万円から695万円部分は『20％』です。ということは、所得が500万円から100万円だけ減少したとき、それによる税額の減少額は、20％相当額の20万円と計算できます。

⑱　限界税率

●節税額の計算(その2)

100万円×20%=200,000円

　同様に、500万円の所得が100万円増加したときに増加する税金は、やはり20%相当額の20万円となります。このように限界税率を念頭におけば、節税額や増税額が即座に計算できます。

総論⑲　適用額明細書

> **ポイント**
> ●税負担を軽減する特別措置を受けるときは、適用額明細書を提出しなければなりません。
> ●提出内容を取りまとめ、国会で特別措置の見直し議論が行われます。
> ●実務では、国税庁が公表する手引書に基づいて作成します。
> ●添付洩れや記載ミスがあれば速やかに是正しなければなりません。

▶ 税負担を軽減する各種の特別措置

　租税特別措置法には、法人税の負担を軽減ないし免除する措置があれこれ設けられています。たとえば、軽減税率（15％）や少額減価償却資産（30万円未満）の即時損金算入などの中小企業優遇税制は、資本金1億円以下の中小企業がこぞって利用しています。

　あるいは、試験研究費の税額控除、生産性向上設備の特別償却または税額控除、太陽光・風力発電設備の即時償却、雇用者数や給与支給額が増加した場合の税額控除などは、大企業において利用頻度の高い特別措置となっています。

▶ 租特透明化法で特別措置を見直す

　特別償却や税額控除、準備金、圧縮記帳など特定の政策目的で税負担の軽減等を行う"政策税制措置"の中には、現在はほとんど利用されていないもの、特定の業種にのみ偏った減税措置なども含まれています。そこで、平成22年3月に「租税特別措置の適用状況の透明化等に関する法律」（租特透明化法）が制定され、次のような見直しを行うこととされました。

●租特透明化法の要旨

①	合理性、有効性および相当性のすべてが認められる措置のみを存続させる。
②	期限の定めのない措置については、適用状況や政策評価等を踏まえて存続の必

要性を判断し、課税の公平原則を逸脱しないと明確に認められるものは本則化を検討する。
③　政策税制措置を新設または拡充する場合は、スクラップ・アンド・ビルドを基本とし、費用対効果の見通しと検証可能性に留意しつつ緊急性を厳格に判断して、原則として3年以下の期限を付す。

◆ 効果的な見直しのための適用額明細書

　以上の見直しを効果的に行うため、平成23年4月1日以後に終了する事業年度から、特別措置の適用を受ける法人は、**適用額明細書**を申告書に添付することが義務付けられました。提出内容を税務当局が取りまとめて、毎年1月からの通常国会に報告し、そこで特別措置の見直しの議論が行われます。

　現在公表されている最新の適用実態調査の結果報告は、平成25年4月期～平成26年3月期の決算法人を対象としたものです。この報告によると、中小企業の軽減税率の適用が最も多く、件数で74万社、適用対象となった所得金額は総額で2兆7,112万円、1社平均で約360万円となっています。

（注）　25.5％（改正前）の税率が15％に軽減されていますから、減税額は約2,840億円です。
　　　2兆7,112万円×（25.5％－15％）＝2,847億円

　参考までに大口の適用項目を掲げれば、次のとおりです（金額：億円）。

	措置名	適用件数	適用金額
1	中小企業の軽減税率	744,488	27,112
2	試験研究費の税額控除	12,703	6,240
3	太陽光・風力発電設備等の特別償却	10,125	5,525
4	中小企業の貸倒引当金の特例	8,745	4,440
5	特定資産の買換え特例	1,199	3,641
6	中小企業者の機械等の特別償却	27,847	2,642
7	中小企業者の少額減価償却資産（30万円未満）の即時損金算入	459,729	2,613

◆ 手引書を参照して適用額明細書を作成

　ところで、実務的に悩ましいのは、税額計算を行う際にどの箇所が租税特別措置法によるものなのか、いちいち調べなければならないことです。各種の税額軽減措置について、法人税法上のものか、あるいは措置法によるものなのか、それまであまり気にせず計算を行っていました。しかし今や、措置法上の軽減措置を受けるときは、根拠条文や適用額を記載した**適用額明細書**を申告書に添付しないと、その適用が受けられません。

　となると、適用している措置法がすべて分かっていなければならず、これはかなり煩わしい話となります。ただしご安心ください。国税庁から「適用額明細書の記載の手引」が公表されています（国税庁ホームページに掲載）。その目次を見れば、租税特別措置法が適用されている申告書別表が列挙され、それぞれごとに別表の記入例と「この箇所の数字をここに書き写す」といった指示が付されています。そこで、この手引書があればさほど労力を要することなく、適用額明細書を作成することができます。

◆ 添付洩れや記載ミスは速やかに是正

　適用額明細書の提出を要するのは、税額または所得金額を減少させる取扱いに限られますが、この書類の添付がなかった場合、または添付があっても虚偽の記載があった場合には、各種の特別措置の適用が受けられません。

　ただし、添付洩れや記載ミスがあったとしても故意でなければ、税務署からの指摘を受けた後、改めて正しいものを提出すれば特別措置が受けられる、という救済規定も設けられています。そこで、添付洩れや適用額の記載誤り等に気付いたときは、できるだけ速やかに提出または誤りのない書類を再提出することが肝要です。

各 論

I 損益認識基準

1 収益と益金

> **ポイント**
> - 収益は実現主義、益金は権利確定主義で認識します。
> - 実現とは、客観性と確実性を備えるに至った時点（商品を引き渡して対価を受領した時点）をいいます。
> - 商品の引渡しにより債権・債務の関係が成立するので、実現と権利確定は通常、ほぼ同じ概念と考えられます。
> - 無償譲渡による収益（売却益）は、費用（寄附金）と相殺されるので、会計では通常、認識しません。
> - 税務では無償譲渡を、時価による譲渡とみなして益金を認識します。

◆ 会計は実現主義、税務は権利確定主義で認識

　損益計算上、**収益**は「実現主義」で認識しますが、所得計算で**益金**は「権利確定主義」により計上時期が決まります。現金主義（現金収支のあった時点で計上）を否定する点は共通していますが、会計では経済的側面、税務は法的側面を重視することから、両者の計上時期が一致しない場合があります。

〈会計上〉　　　　　〈税務上〉
収益（実現主義）　⇔　益金（権利確定主義）

　まず、会計上、収益は"実現"した（客観性と確実性を備えるに至った）時点で認識することとされ、具体的には、①財貨または用役を顧客に提供し、②対価として現金または現金等価物を受領した時点で計上します。"現金等価物"とは売掛金や受取手形のことですから、商品の引渡しが完了し、相手方が支払いを約した日に、売上高を計上することとなります。

一方、税務では代金受領の権利が確定した時点で、益金を計上することとされています。普通の取引では、商品の引渡しと引き換えに、相手方が支払いを約束し債権・債務の関係が成立しますから、通常、"権利確定"は会計でいう実現とほぼ同じ概念と考えられます。

実現の時点 ≒ 権利確定の時点

◆ 無償譲渡の取引で処理が異なる

ところで、益金の具体例として、数種類のものが法人税法22条2項に示されています。その中に一つ、会計の観点からは首をかしげたくなるものが含まれており、「無償による資産の譲渡」で益金が生じる、と定められています。

たとえば、簿価1,000万円の土地を1,000万円で売却したとき、会計では次のように処理します。

●会計上の仕訳

(借)現　　　金　1,000万円	(貸)土　　　地　1,000万円

交換取引で1,000万円の土地が1,000万円の現金に代わるだけのことですから、会計上は当然のごとく、このような処理になります。しかし、法人税法ではそうはいきません。その土地の売却時の時価が5,000万円であれば、次の仕訳を要求します。

●税務上の仕訳

(借)現　　　金　1,000万円	(貸)土　　　地　1,000万円
寄　附　金　4,000万円	土地売却益　4,000万円

◆ 時価で売ったものと見る

この取引では、時価と簿価の差額4,000万円相当額が、"無償"で相手方の手に渡っています。そこで、本来なら5,000万円で売って売却益が4,000万円生じるはずで、その生じるはずの売却益を益金として計上すべし、という取扱いに

なっているのです。

要するに、まず5,000万円で売って5,000万円の入金があり、次に、その5,000万円のうち4,000万円を相手方にバック（寄附）したという見方です。

◉税務仕訳のアレンジ

（借）現　　　　金	5,000万円	（貸）土　　　　地	1,000万円
		土地売却益	4,000万円
寄　附　金	4,000万円	現　　　　金	4,000万円

　会計の目で税務上の仕訳を見ると、借方の寄附金（費用）は貸方の売却益（収益）と同額ですから、結果的に損益は生じません。この仕訳を行っても、損益計算書の貸借が4,000万円ずつ水膨れするだけのことで、会計上は意味のある処理とは思えません。しかし、税務はこの仕訳に執着を示します。

◆ 生じるはずの収益を益金として計上

　税務上、貸方の売却益は益金ですが、借方の寄附金は損金になるとは限りません。寄附金は、一定限度額までしか損金の額に算入されず（法法37）、そうなると会計のように、貸借が同額で水膨れという話では済みません。場合によっては課税所得が生じます。

売却益　➡　全額益金算入
寄附金　➡　一部損金不算入

　法人税法におけるこのような取扱いは、課税対象となる法人（営利法人）は利益追求集団である、という発想からきています。自らの利益を最優先する営利法人が、みすみす自分にとって損となる行動を取るはずがない、と色眼鏡で見ているのです。

　経済的合理性の観点から、本来生じるはずの収益を益金として計上すべしということから、「無償による資産の譲渡」で益金が生じる取扱いになっている点に、ご留意ください。

参考（要約条文）

法法22条（各事業年度の所得の金額の計算）

2 　益金の額に算入すべき金額は、別段の定めがあるものを除き、資産の販売、有償又は<u>無償による資産の譲渡</u>又は役務の提供、無償による資産の譲受けその他の取引で資本等取引以外のものに係る収益の額とする。

2 費用と損金

> **ポイント**
> ●費用は発生主義、損金は債務確定主義で認識します。
> ●当期の発生費用のうち当期収益に対応するものが、当期費用として損益計算書に計上されます（費用収益対応の原則）。
> ●税務上、売上原価以外の費用項目について、償却費を除き期末時点で債務の確定しないものは損金に算入されません（債務確定主義）。
> ●別段の定めを除き、引当金繰入額は損金不算入です。また、未払い処理による費用の追加計上も、債務確定がなければ認められません。

◆ 言葉として費用と損金を使い分ける

　ビジネスマンの会話の中で、「○○は費用になる」「○○は損金で落ちる」というセリフが出てくることがあります。その際、税と会計に関する詳しい知識を持ち合わせない人が、その場の雰囲気あるいは話の流れで、"費用"と"損金"の2つの言葉を吟味することなく、何気なしに使っているケースが多々見受けられます。

　営業マンなどがそういうセリフを口にするのは、無理からぬことと思いますが、経理部門で混乱した用語の会話がなされるとなると、困ったことです。少なくとも経理の仕事に携わっている人には、この2つの言葉を明確に使い分けていただきたいと思います。

```
    〈会計上〉            〈税務上〉
  費用（発生主義） ⇔ 損金（債務確定主義）
```

◆ 費用は発生主義で認識

　まず、**費用**とは「収益−費用＝利益」の損益計算において控除する項目です。「発生主義」に基づき当期に発生した費用を、当期の損益計算に計上することになります。ただし、当期に発生した費用が、そのまま当期の費用になるとは限りません。「費用収益対応の原則」に基づき、当期に実現した収益に対

応するものだけが、当期費用として損益計算書に計上されます。

●費用の認識

当期の発生費用	→ 当期収益に対応するもの ➡ **当期費用**
	→ 将来収益に対応するもの ➡ **資産計上（将来費用）**

　以上は会計理論のイロハの話ですが、ここでひとつ問題となるのは、費用が"発生"するとは、どういう状態をいうのかということです。企業会計原則には、「費用および収益は、……発生した期間に正しく割り当てられるように処理しなければならない」と記されていますが、発生の概念自体に関する記述はありません。
　一般に発生主義は、現金収支で費用と収益を認識し計上する現金主義に対して、財の経済価値の費消または創造によって、費用および収益を認識することを要求する基準であると説明されます。

◆ 損金は債務確定主義で認識

　一方、**損金**は「益金－損金＝所得」の所得計算で控除する項目です。損金の概念については、法人税法22条3項において「別段の定めがあるものを除き、売上原価、販売費、一般管理費等の費用の額をいう」と定義されています。原則として会計上の費用をベースとしますが、役員給与の損金不算入（法法34①）、減価償却超過額の損金不算入（法法31①）、繰越欠損金の損金算入（法法57①）など、第22条以外の条文で規定されているものは、別途に取り扱うという内容です。

●損金の認識

当期費用	→ 売上原価 ← 当期売上高に対応するもの
	→ その他の費用 ← 債務確定主義

「別段の定め」あり

　第22条3項2号のかっこ書きで、「償却費以外の費用で期末までに債務の確定しないものを除く」と定められ、これを「**債務確定主義**」といいます。この

規定により税務では、引当金の計上は原則として認められず、中小企業における貸倒引当金（法法52①・②）など、別段の定めが設けられている、ごく一部の引当て項目にしか損金性は認められません。

また、未払費用の科目について、会計上は発生主義の観点から、当期に発生している費用を追加計上するための項目とされていますが、税務の扱いは違います。たとえ発生はしていても、債務確定がなければその未払い処理は認められず、損金としての追加計上はできません。

◆ 会計の話で損金という言葉を使わない

費用は発生主義、損金は債務確定主義で認識します。税務は会計をベースに成り立っていますが、費用＝損金ということではなく、両者は認識原則を異にする別個の概念です。

会計の話をしているときに「損金で落ちる」というセリフを耳にすると、目くじら立てるほどのことではないにせよ、私には違和感があります。そこでは「費用になる」と言うべきです。費用よりも損金という言葉を使う方がハイレベルなどと思わず、会計をテーマとした話なら"費用"、税務の話をするときは"損金"と、言葉を使い分けましょう。

一般の人は、そもそも会計の話なのか税務の話なのか、区別がつかないためそういう会話になるとしても、少なくとも経理部門の人の会話には混同がないことを祈ります。

▍参考（要約条文）

> **法法22条（各事業年度の所得の金額の計算）**
> 3　損金の額に算入すべき金額は、別段の定めがあるものを除き、次に掲げる額とする。
> 　一　収益に係る売上原価、完成工事原価その他これらに準ずる原価の額
> 　二　販売費、一般管理費その他の費用（償却費以外の費用で当該事業年度終了の日までに債務の確定しないものを除く。）の額
> 　三　損失の額で資本等取引以外の取引に係るもの

3 損金経理

> **ポイント**
> - 損金経理とは仕訳の話ではなく、損益計算書に費用として計上することをいいます。
> - 仕訳で費用処理をしても、その後資産に振り替えて、貸借対照表に計上すれば仮払経理です。
> - 償却費、引当金繰入、評価損など支払いを伴わない計算上の費用項目は、損金経理を条件に損金算入が認められます（損金経理要件）。

◆ 損金経理は仕訳の話ではない

　法人税法では、**損金経理**を「確定した決算において費用又は損失として経理すること」（法法2二十五）と規定しています。会計用語の"費用処理"と言い換えてもいいのですが、初心者の中には"経理"という言葉にとらわれて、これを仕訳上の話と誤解している人がいます。

　たとえば、中間分の法人税等100万円を予定納税する際、概算納付なのでとりあえず「仮払金」勘定で計上し、その後、決算で年間税額が250万円と計算され、差引き確定分の150万円を未払い計上するとき、次のように仕訳することになります。

予定納税時：(借) 仮　払　金　100万円	(貸) 現　　　　金	100万円
決　算　時：(借) 法 人 税 等　250万円	(貸) 仮　払　金	100万円
	未払法人税等	150万円

　ここで、予定納税額の100万円は損金経理したことになります。仕訳で、借方が資産計上であり費用処理ではないのに、なぜ損金経理なのか。それは、損益計算書に費用として計上することこそが損金経理だからです。

◆ 損益計算書の借方に計上するのが損金経理

　日常の仕訳段階でどういう処理をしていようが、関係ありません。決算で最終的にどこに計上したか、貸借対照表、損益計算書あるいは株主資本等変動計算書の、いずれにその金額を計上したかです。端的に表現すると、損益計算書の借方に計上することが「損金経理」です。そういう意味では、法人税法の規定は「費用又は損失として計上すること」とした方が、誤解がなくていいのかもしれません。

　損金経理に対して「仮払経理」という言葉がありますが、これも仕訳の話ではありません。予定納税の時点で仮払金に計上したとしても、最終的に費用に振り替えたのであれば、損金経理したことになります。予定納税額が仮払経理になるのは、それを貸借対照表の借方に残した場合です。

```
損金経理 ← 損益計算書に費用として計上
仮払経理 ← 貸借対照表に資産として計上
```

◆ 貸借対照表に計上すれば仮払経理

　中間時点で、前年納税額の2分の1の金額をとりあえず納めたものの、通期で赤字だったので全額が翌期に還付されるとき、あるいは業績不振で最終納税額が減少し、予定納税額の一部が戻る場合には、未収入金の科目で資産として残すでしょう。仮払経理とは、このようなケースをいいます。

```
予定納税時：（借）仮　払　金　×××　（貸）現　　　金　×××
決　算　時：（借）未 収 入 金　×××　（貸）仮　払　金　×××
```

　法人税は利益の分配として納める税金ですから、所得金額を計算する際、損金として落とせません（法法38①）。そこで法人税を納めたときは、それを別表4で加算するかといえば、そうとは限りません。納税すれば即加算ではなく、納税額を損金経理したときは加算、ということです。先の例でいうと、翌期に還付される税金を、当期の損益計算書で費用に計上していれば、それは損金不算入なので加算しなければなりません。一方、資産として貸借対照表に計上し

ているのであれば、加算は不要です。

```
損金不算入の金額 → 損益計算書に計上 ⇒ 別表4で加算
              → 貸借対照表に計上 ⇒ 加算は不要
```

◆ 支払ったペナルティーを損金経理すれば加算

　この話を、別の例でもう少し説明しましょう。税務調査を受けて修正申告することになり、本税と共に過少申告加算税や延滞税を支払った場合です。これらのペナルティーは、"社会正義"の観点から損金不算入とされています（法法55③）。

　では、ペナルティーを支払えば、支払額は必ず別表4で加算かといえば、さにあらず。加算するのは、支払額を損金経理した場合だけです。たとえば、前期末に計上した未払法人税等（負債）が残っているので、それを取り崩して支払ったときは、費用計上していないので加算は不要です。加減算は仕訳に基づいて考える、これが間違いのない申告調整を行うポイントです。

```
ペナルティーの支払い → 費用計上          ⇒ 別表4で加算
                  → 資産計上・負債取崩し ⇒ 加算は不要
```

◆ 損金経理しないと損金扱いされないものがある

　最後に、**損金経理要件**の説明をします。ご存知のように、税務と会計の食い違いは、別表4で調整します。ただし、償却費、引当金繰入、評価損などは、別表4の「申告調整」以前に、決算でしかるべく処理を行う「決算調整」が要求されます。これらは支払いを伴わない計算上の費用項目なので、損益計算書に費用として計上すること、つまり「損金経理」を条件に損金算入が認められ、そのことを損金経理要件といいます。

　たとえば、減価償却費が損金となるためには、税法限度額以下で、かつ損金経理した金額でなければなりません（法法31①）。そこで、限度額が100万円であっても70万円しか費用計上していなければ、差引き30万円の償却不足額は切

り捨てられます。別表4における減算は認められません。

◉**減価償却費**

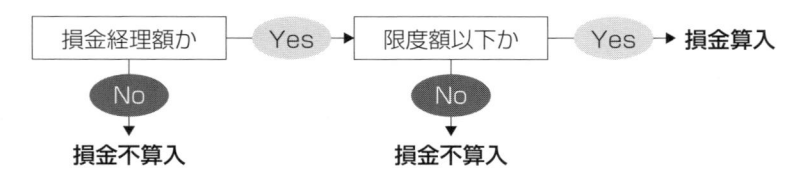

```
損金経理額か ─Yes→ 限度額以下か ─Yes→ 損金算入
    │No                │No
    ↓                  ↓
  損金不算入          損金不算入
```

　償却費のような、支払いを伴わない計算上の費用項目を損金扱いしたいのなら、そのことを会社側が意思表示すべし、というのが損金経理要件です。つまり、損益計算書に償却費として計上することで初めて、損金算入の土俵に上ることができるということです。

参考（要約条文）

法法2条（定義）
　二十五　損金経理　法人が確定した決算において費用又は損失として経理することをいう。

4 低廉譲渡と低額譲渡

> **ポイント**
> ●時価より低い金額での譲渡を、低廉譲渡（法人税）または低額譲渡（所得税）といいます。
> ●法人税法上、低廉譲渡で売主と買主の双方に課税関係が生じます（売主は無償譲渡部分の売却益計上、買主は無償取得部分の受贈益計上）。
> ●所得税法にはみなし課税の規定はなく、低額譲渡を行ったとき、売主の所得税は対価に対してのみかかります。買主には無償取得部分に対して贈与税が課税されます。

◆ 法人税は売主と買主の双方に課税

　時価より低い金額で資産を譲渡することを、**低廉譲渡**または**低額譲渡**といいます。2通りの呼び方をするのは、法人税（低廉譲渡）と所得税（低額譲渡）で取扱いが異なるためです。

　まず、法人税法では**低廉譲渡**を行ったとき、売主と買主の双方に課税関係が生ずることとされています。たとえば、次のケースで双方の処理を考えます。

[設　例]
　赤字の子会社を支援するため、親会社が所有する時価5,000万円（簿価1,000万円）の土地を、子会社に簿価で譲渡し、子会社がこれを第三者に時価で譲渡して売却益を計上しました。
[仕　訳]
〈親会社〉
売却時：（借）現　金　預　金　　1,000万円　（貸）土　　　　　地　　1,000万円
　　　　　　　　寄　　附　　金　　4,000万円　　　　土　地　売　却　益　4,000万円
〈子会社〉
購入時：（借）土　　　　　地　　5,000万円　（貸）現　金　預　金　　1,000万円
　　　　　　　　　　　　　　　　　　　　　　　　　　受　　贈　　益　　4,000万円

転売時：（借）現　金　預　金　　5,000万円　（貸）土　　　　　地　　5,000万円

◆ 法人税は時価で売ったものとして課税

　子会社は、時価5,000万円のものを1,000万円で取得したことによって、差引き4,000万円の経済的利益を受けており、これを収益（受贈益）として計上することになります。

　一方、親会社では、子会社との身内間の取引なので利益が生じていませんが、相手が第三者であれば、値上り益を含んだ土地を譲渡すれば当然利益が実現するはずで、その実現するはずの利益を、収益（売却益）として計上しなければなりません。

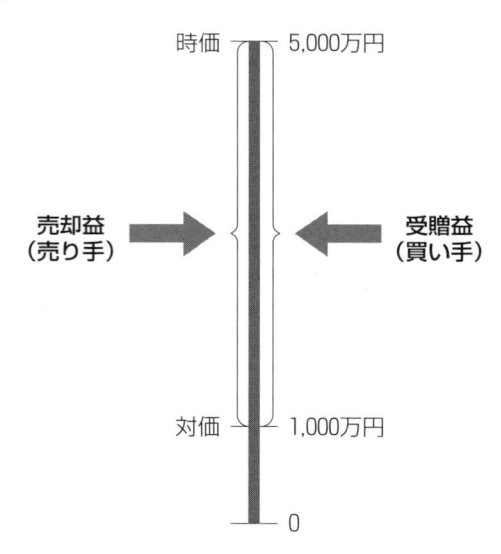

```
時価   5,000万円
売却益          受贈益
（売り手）→   ←（買い手）

対価   1,000万円
         0
```

◆ 寄附金は一定額だけ損金算入

　その際、親会社の仕訳で計上される「寄附金」は、第三者相手の取引なら当然手にしたはずの4,000万円の経済的利益を放棄し、それを子会社に寄附したことを意味します。ところで、土地売却益はもちろん益金扱いですが、寄附金はそのまま損金とはなりません。

　法人税法では寄附金の損金性に制限を加えており（法法37）、場合によっては

全額が損金不算入とされます。その結果、低廉譲渡を行ったときは、購入側では益金として受贈益が計上され、さらに売却側には「みなし譲渡」扱いで、時価と譲渡金額との差額につき益金が追加計上され、双方に税負担が生じます。

●低廉譲渡（法人課税）

〈譲渡側〉　　　　　　　　〈譲受側〉
売却益 ➡ 全額益金算入　　受贈益 ➡ 全額益金算入
寄附金 ➡ 一部損金不算入

法人税法でこのような取扱いを設けているのは、法人税の課税対象が営利法人および収益事業だからです。株式会社等の組織は常に経済的に合理的な行動をとり、他の者の犠牲になるような事態は想定されていません。そこで、低廉譲渡のような不自然な取引に対して、みなし課税の取扱いが設けられているのです。

◆ 所得税はもらったお金にだけ課税

以上に対し、所得税法にみなし課税の規定はありません。所得税は契約上の売買代金にしか課税が及ばず、たとえば、親が子供に自分の土地を時価以下の価額で譲渡（**低額譲渡**）を行ったとき、仮に0円で譲渡すれば、譲渡した側に所得税はかかりません。

所得税が課税対象とする個人は、常に経済的合理性を持つとは限らず、経済的に不合理な行動をとる局面も多々考えられます。むしろ、親子の間で金儲けを考える方が異常です。そこで、法人税の課税形態とは根本的に異なり、そういう扱いになっているのです。

ただし、個人の場合には、0円での譲渡（すなわち贈与）あるいは時価を下回る価額による譲渡があれば、別途「贈与税」の課税が行われます。つまり、贈与者に所得税はかからないものの、受贈者には時価相当額あるいは時価と対価との差額に対して、贈与税が課されます。これは、法人間の取引における受贈益の益金算入に相当する取扱いといえます。

● **低額譲渡（個人課税）**

〈譲渡側〉	〈譲受側〉
売却益 ➡ **対価により計算**	受贈益 ➡ **贈与税を課税**

参考（要約条文）

法法22条（各事業年度の所得の金額の計算）
2　益金の額に算入すべき金額は、別段の定めがあるものを除き、資産の販売、有償又は<u>無償による資産の譲渡</u>又は役務の提供、<u>無償による資産の譲受け</u>その
　　　　　　（譲渡側の売却益）　　　　　　　　　　（譲受側の受贈益）
他の取引で資本等取引以外のものに係る収益の額とする。

5 みなし贈与とみなし譲渡

> **ポイント**
> - 個人が著しく低い対価で財産を譲り受けたとき、時価との差額に対して贈与税がかかります。
> - 相続税法上、著しく低いかどうかの判定基準は設けられていません。
> - 個人が著しく低い対価で法人に譲渡したとき、時価で譲渡したものとして所得税がかかります。
> - 所得税法上、対価が時価の2分の1未満であれば著しく低いと判定されます。
> - 個人から法人への低額譲渡のとき、売主（個人）にはみなし譲渡課税、買主（法人）には受贈益課税がなされます。

◆ 対価が著しく低いときは贈与税の課税

　時価が3,000万円する土地を、うんと安く2,000万円で買えたなら……ラッキーではありますが、買い手が個人なら、ここで贈与税のことを考える必要があります。相続税法7条に、著しく低い対価で財産を譲り受けたとき、時価との差額を譲渡者からの贈与とみなすという規定があり、この取扱いを**みなし贈与**といいます。

●個人間取引

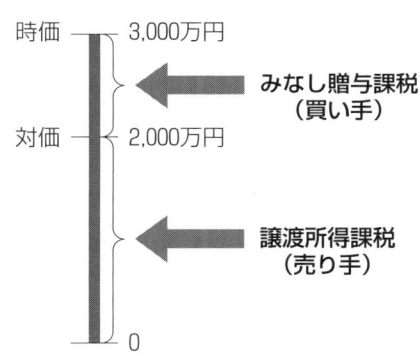

時価　—— 3,000万円
　　　　　　　　　← みなし贈与課税（買い手）
対価　—— 2,000万円
　　　　　　　　　← 譲渡所得課税（売り手）
　　　　　　0

3,000万円のものが2,000万円で手に入るという幸運な話は、通常、親子など親族間の取引から生じます。親子の情が絡まってそうなったという税務署の見立てに対して、いやそうじゃないと反論できなければ、差額の1,000万円は贈与となる可能性が大です。

◆ 第三者間取引にも適用があるか

　条文では「親族間取引において」とは書かれていませんが、第三者間の取引では通常、そういう"うまい"話は出てきません。もしあれば、何か裏があるのではと勘繰るのが普通です。そういう話が舞い込むとすれば、売り手側に今すぐお金がほしい事情があって売り急いでいる、といった場合でしょう。

　そういう場合にも、みなし贈与の課税があるかといえば、そこまで過酷な運用はなされないのでは、と思います（思いたいです）。とはいえ、みなし贈与は親族間に限るという定めはどこにもなく、理屈の上では課税対象とされる可能性も捨てきれません。

　そこで、もし第三者間の取引で"著しく"低い対価が登場したときは、その金額で取引することになった事情や経緯などを説明できるよう、準備しておくべきでしょう。場合によっては、売り手に税務署への説明の協力を仰ぐ、という局面も生じます。

◆ 著しく低いかどうかの画一的な基準はない

　ところで、3,000万円に対して2,000万円は、常識的に考えて著しく低いといえそうですが、この"著しく低い"に関して明確な判断基準はありません。8掛けまではOKとか、半値以下でなければ大丈夫、などと希望的観測を述べる人もいますが、条文はもとより通達などでも、そのようなことは何も書かれていません。通達では、不特定多数の者の競争原理が働く公開の市場で財産を取得したような場合、その価額が通常と比べて著しく低くても、課税上弊害がなければみなし贈与の課税はしない、とだけ書かれています。

　そもそも何をもって時価と見るかが問題となりますが、土地に関していえば、固定資産税評価額は低すぎるし、相続税評価額（路線価評価）でも否認の

可能性が無きにしも非ずです。実務的に無難なやり方としては、路線価が公示価格の8掛けで設定されていることから、相続税評価額を0.8で割り戻した金額で取引する、というのが多いようです。

◆ 対価が著しく低いときは譲渡所得税の課税

次に、第二のキーワードは**みなし譲渡**です。これは、所得税法59条に規定する、著しく低い対価で法人に譲渡したときは、時価で譲渡したものとみなす、という取扱いです。

みなし贈与と違い、この場合の"著しく低い"については、施行令169条で「時価の2分の1未満」と明確に規定されています。そもそも、時価がいくらなのかが問題ではありますが、実務的には上述した「相続税評価額÷0.8」を時価と見て、その金額の2分の1未満で取引すると、譲渡所得税の負担が膨らむと覚悟すべきでしょう。

ただし、みなし譲渡の課税は、売り先が法人の場合だけです。個人に対して売るときにはみなし課税はなく、実際に授受したお金にしか課税されません。たとえば、親が子供に時価3,000万円の土地を1,000万円で売ったとしても、親に対する譲渡所得税は1,000万円に対してしかかかりません。ところが、法人相手に売ったときは3,000万円で売ったものとみなす、となるわけです。

◆ 個人対法人の取引には過酷な課税

売却先が法人か個人かで、税負担がかくも異なるのは釈然としません。そこで代替措置として設けられているのが、先に説明した「みなし贈与」です。親が支払う譲渡所得税は1,000万円に対してだけ、その代わり子供が残り2,000万円に対して贈与税を納める、個人間ではこのような税制になっています。

ついでの話ですが、法人が時価より安く買った場合には、法人税法に「時価で取得したものとみなす」という取扱いがあります（法法22②）。ということは、個人が法人に時価の2分の1未満の対価で売ったとき、売り主にはみなし譲渡で3,000万円に対する譲渡所得税がかかり、さらに購入した法人側にも2,000万円の"受贈益"に対する法人税の課税がなされます。

●個人対法人取引

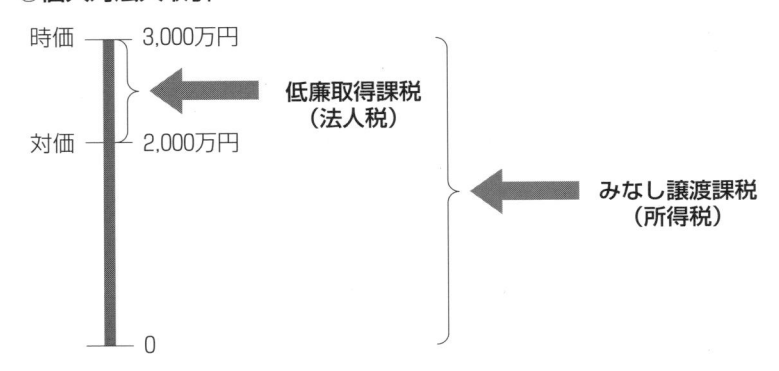

```
時価 ─── 3,000万円 ←── 低廉取得課税
                      （法人税）
対価 ─── 2,000万円
                  ←── みなし譲渡課税
                      （所得税）
      ─── 0
```

つまり、個人どうしなら課税価額は、2人合わせて3,000万円（1,000万円(売り主)＋2,000万円(買い主)）どまりですが、個人対法人のときは、両者合わせて5,000万円（3,000万円(売り主)＋2,000万円(買い主)）に上るという、すさまじい事態となってしまいます。

参考（要約条文）

相法 7 条（贈与又は遺贈により取得したものとみなす場合）

著しく低い価額の対価で財産の譲渡を受けた場合においては、譲渡を受けた者が、対価と時価との差額に相当する金額を譲渡した者から贈与により取得したものとみなす。

所法59条（贈与等の場合の譲渡所得等の特例）

次に掲げる事由により譲渡所得の基因となる資産の移転があった場合には、その時における価額(注)に相当する金額により、資産の譲渡があったものとみなす。

一　（略）　←　法人に対する贈与等の規定

二　著しく低い価額の対価として政令で定める額による譲渡（法人に対するものに限る。）

　　　　　　　　　　　　　　　　　　　　　　　　　　　(注)　時価のこと

所令169条（時価による譲渡とみなす低額譲渡の範囲）

法第59条第1項第2号に規定する政令で定める額は、譲渡時における価額の2分の1に満たない金額とする。

法法22条（各事業年度の所得の金額の計算）
2　益金の額に算入すべき金額は、別段の定めがあるものを除き、資産の販売、有償又は無償による資産の譲渡又は役務の提供、<u>無償による資産の譲受け</u>その他の取引で資本等取引以外のものに係る収益の額とする。

6 工事完成基準と工事進行基準

> **ポイント**
> ●会計上、工事契約には原則として工事進行基準が適用されます。
> ●税務上は、原則として工事完成基準(または部分完成基準)が適用され、長期大規模工事には工事進行基準が適用されます。
> ●長期大規模以外の工事にも、工事進行基準の適用が認められます。

◆ 会計上は工事進行基準が原則

　建設業や造船業など請負による"工事契約"の経理処理には、次の2つの方法があります。

① **工事完成基準**……工事が完成しそれを相手方に引き渡した時点で工事収益を計上するやり方(実現基準の適用)

② **工事進行基準**……工事原価の総額や工事進捗率の見積りに基づき当期の工事収益を計上するやり方(発生基準の適用)

　いずれを適用するか、企業会計と税務で取扱いが異なります。まず会計上は、原則として工事進行基準です。工事の進捗部分について成果の確実性が認められる場合、つまり工事収益と工事原価の総額、決算日における工事進捗率を信頼できる水準で見積ることができるときは「工事進行基準」、そうでないときは「工事完成基準」の適用とされています(企業会計基準第15号「工事契約に関する会計基準」)。

◆ 税務上は原則として工事完成基準

　一方、法人税法では"長期大規模工事"を除き、原則として**工事完成基準**が適用されます(法基通2-1-5)。建設工事等の引渡しの日がいつであるかについては、たとえば作業の完了日、目的物の搬入日、検収の完了日、使用収益の開始日など、工事の種類や性質、契約内容などに応じて合理的な基準を定め、継続的にその基準で収益計上を行うこととされています(法基通2-1-6)。

なお、同一の契約で多数の工事を請け負った場合に、部分的な引渡しで代金をもらうことになっているときは、**部分完成基準**で処理しなければなりません（法基通 2-1-9）。これは税務固有の収益計上基準ですが、たとえば、建売住宅10戸の建設を請け負い、1戸が完成し引き渡すつど代金を受け取ることになっている場合などがこれにあたります。

◆ 長期大規模工事には工事進行基準

　工事期間が1年以上で、かつ、請負金額が10億円以上の長期請負工事には、税務上も**工事進行基準**を適用すべきこととされています（法法64①）。税務上も企業会計と同様、各期間の企業業績を適切に表わすこのやり方が正しいという考え方もあるのですが、小規模の工事にまでこの基準を適用すると、事務負担が著しく増大します。

　そこで、請負金額が10億円未満の工事には、原則どおり工事完成基準を適用しますが、選択により工事進行基準の適用も認めています（法法64②）。選択は工事ごとにできますが、いったん選択した工事には継続適用が要求されます。

7 売上割戻しと仕入割戻し

> **ポイント**
> ●妥当な算定基準があれば、金銭で支払う売上割戻し（リベート）は損金算入されます。
> ●物品交付や旅行・観劇招待によるリベートの支払いは、相手方での益金計上がないので、原則として交際費扱いされます。
> ●事業用資産や少額物品によるリベートの支払いは、交際費扱いされません。
> ●算定基準を明示していれば、販売日（購入日）に損金（益金）計上されます。
> ●算定基準の明示がなければ、通知日に損金（益金）計上されます。
> ●売上割戻しに関しては、例外的な取扱いがいくつか設けられています。

◆ 税務で問題になる売上控除項目は売上割戻し

　売上高の修正項目には、売上値引、売上戻り、売上割戻し、売上割引の4つがあります。損益計算書上、売上値引以下の3つは売上高から控除、売上割引は実質が金利なので営業外費用とされています（財務諸表規則72①、同ガイドライン72-1、72-1-2）。

　税務上、損金性をめぐってとくに問題となるのは**売上割戻し**です。一定期間に多額または大量の取引をした得意先に対する売上代金の返戻（へんれい）（いわゆるリベート）は交際費と紛らわしく、交際費課税の通達などで、両者の区別に関してさまざまな取扱いが設けられています。

◆ 益金計上に対応して売上割戻しを損金算入

　まず、売上高や売掛金の回収高に比例して得意先に金銭で支払う売上割戻しは、損金に算入されます。たとえ売上高等に比例しないものでも、得意先の営業地域の特殊事情や協力度合いなどを考慮して支払えば、同様に扱われます（措通61の4(1)-3）。

なお、金銭ではなく物品の交付や、旅行・観劇の招待などで支払うときは、原則として交際費扱いされますが、それは次の理由からです。そもそもリベートが損金に算入されるのは、相手方で益金の計上があるからです。片方で益金算入（すなわち納税）がある、そこで相手方には、その分の損金算入（節税）が認められるという理屈です。

現金で受け取れば、不正経理がない限り収益計上につながります。ところが、旅行・観劇の招待を受けるのは個人ですから、会社での収益計上は考えられません。となると、損金だけ発生して益金の計上はなく、国家の税収を考えたときそれでは困るわけです。

◆ 物品で渡すリベートの損金算入

そのような事情から、金銭以外のリベートは交際費課税に委ねていますが、例外的に、売上割戻しと同一の基準で「事業用資産」や「少額物品」を渡す場合は、交際費扱いされません（措通61の4⑴-4）。

- **事業用資産**……得意先で棚卸資産として販売し、または固定資産として使用することが明らかな物品
- **少額物品**………購入単価が3,000円以下の物品

◆ 売上・仕入割戻しの計上時期

金銭と物品のいずれにせよ、リベートを受け取った側では、それを**仕入割戻し**として収益に計上しなければなりません（措通61の4⑴-3（注））。一方が損金、他方は益金ですが、それぞれの計上時期は、売上高や売上数量に基づく計算基準を相手方に明示しているかどうかで、次のように取り扱われます。

	売上割戻し	仕入割戻し
算定基準を相手方に明示している場合	原則：販売日 例外：通知日または支払日	購入日
算定基準を相手方に明示していない場合	通知日または支払日	通知日

| 特例的処理による場合 | 未払計上日
（申告期限までに相手方に
通知することが条件） | ― |

◆ 両者で矛盾した取扱い

　それぞれ、「債務確定主義」（売上割戻し）と「権利確定主義」（仕入割戻し）が適用されます。期末時点で、債権・債務の関係が成立しているかどうかです。まず、基本契約書などで算定基準が明示されていれば、仕入側はリベートの受取り額を計算できます。そこで、当期の売上高（仕入高）に対応させて、当期分の割戻し額を未払い（未収）計上することになります。

　一方、算定基準の明示がなければ、仕入側は受取り額を計算できず、期末時点では債権・債務の関係が成立しません。確定するのは翌期の通知時点ですから、翌期に費用または収益を計上することになります。

　原理原則は以上のとおりで、仕入割戻しはまさにそのような取扱いになっています。ところが、売上割戻しには追加で、次の３つの取扱いが設けられています。

　① 算定基準が明示されていても、通知日または支払日としてもよい。
　② 算定基準の明示がないとき、通知日に代えて支払日でもいい。
　③ 申告期限までに相手方に通知すれば未払い計上を認める。

　これらの取扱いをどう考えるかですが、まず③の取扱いは、納税者へのリップ・サービスからきています。一方、①と②は、納税者の選択で損金算入（節税）時期を遅らせるのなら、それはOKというものです。仕入割戻しの益金算入時期を、原則どおり権利確定の時期としながら、損金算入時期の方は例外を認めるということで、一見矛盾していますが、"税収確保"というちゃっかりした視点でこれをとらまえれば、実に分かりやすい取扱いではあります。

8 評価益と評価損

> **ポイント**
> - 税務では原則として、評価益は益金不算入、評価損は損金不算入とされます。
> - 更生手続きや民事再生手続きによる評価換えは認められます。
> - 災害による損傷など一定の事実が生じたときは、損金経理を条件に評価損の損金算入が認められます。
> - 公平な課税の観点から、実務上は評価損を否認されるケースが多々あります。

◆ 評価益は益金不算入

　会社法や企業会計原則と同様に税法でも、取得原価主義に基づく経理を要求し、原則として時価主義を認めません（法法25①）。そこで、会社が保有資産の評価換えをして帳簿価額を引き上げても、次のような場合を除き、その引上げ額（**評価益**）は益金とされません（法法25②・③）。

　① 会社更生法に基づく更生手続きの開始決定による評価換え
　② 民事再生法に基づく再生計画の認可決定による評価換え

◆ 損金経理を条件に評価損が認められる

　税務上は、評価益が益金に算入されないだけでなく、**評価損**も原則として損金不算入です（法法33①）。ただし、棚卸資産、有価証券、固定資産等の資産に次のような事実が生じたとき、あるいは、更生手続きや民事再生手続きの開始で評価換えをする必要が生じたときは、損金経理を条件に評価損を損金に算入することができます（法法33②〜④、法令68①）。

(a) 棚卸資産
　① 災害により著しく損傷したこと
　② 著しく陳腐化したこと

(注) たとえば季節商品で売れ残ったもの、新製品の発売により販売が困難になったものなど（法基通9－1－4）。
　③　破損、型崩れ、棚ざらし、品質変化などで通常の方法では販売できなくなったこと（法基通9－1－5）

(b) 有価証券
　①　上場有価証券の時価が帳簿価額のおおむね50％以下となり、かつ、近い将来に回復する見込みがないこと（法基通9－1－7）
　②　上場有価証券以外の有価証券につき、会社の資産状態が著しく悪化したため、その実質価額が著しく低下したこと
(注) 破産宣告、更生手続きまたは民事再生手続きの開始決定などがあった場合や、1株あたりの純資産価額が取得時のおおむね50％以下になったときは、資産状態が著しく悪化したものとされます（法基通9－1－9）。

(c) 固定資産
　①　災害により著しく損傷したこと
　②　1年以上にわたり遊休状態にあること
　③　本来の用途に使用できないため転用されたこと
　④　所在場所の状況が著しく変化したこと
(注) 固定資産の価額の低下が次のような事実に基づくときは、評価損の計上は認められません（法基通9－1－17）。
- 過度の使用や修理が不十分なため損傷したこと
- 償却不足額が生じていること
- 取得時の事情などで取得価額が同種資産と比べて高いこと
- 機械装置が製造方法の急速な進歩で旧式化していること

◆ 実務で評価損の計上は困難

　企業会計では、保守的経理の一環として、評価減が推奨される傾向にあります。ところが、税法では"貸倒損失"の場合と同様、公平な課税の観点から**評価損**の計上を否認されるケースが多々あります。

　そこで実務では、各社とも評価損の計上には大変慎重です。たとえば、季節商品が売れ残りこれを評価減するとして、いくらまで評価を落とすか、つまり

"時価"（販売可能価額）をいくらとみるかは、実務的にきわめて難しい問題です。

この場合、期末までに見切り販売をすることで、評価損ではなく売却損（実現損失）として計上し、税務署とのトラブルを回避するのが無難、と考える会社も少なくありません。

参考（要約条文）

法法25条（資産の評価益の益金不算入等）
1　資産の評価換えをし帳簿価額を増額した部分の金額は、益金の額に算入しない。

法法33条（資産の評価損の損金不算入等）
1　資産の評価換えをし帳簿価額を減額した部分の金額は、損金の額に算入しない。
2　災害による著しい損傷により資産の価額が帳簿価額を下回ることとなったことその他の政令で定める事実が生じた場合において、損金経理によりその帳簿価額を減額したときは、当該資産の帳簿価額と事業年度終了時における価額との差額は、前項の規定にかかわらず、損金の額に算入する。

9 期間損益通達

> **ポイント**
> ●次の事項に関し、実務を考慮して税法独特の取扱いが設けられています。
> ① 決算締切日の繰上げ
> ② 短期の前払費用
> ③ 消耗品等
> ④ 前期損益修正

◆ 期間損益計算に関する特例あれこれ

税務では実務を考慮して、**損益の期間帰属**に関し、次のような独特の取扱いが設けられています。

(1) 決算締切日の繰上げ（法基通 2−6−1）

商慣習その他相当の理由があれば、継続して事業年度終了の日以前おおむね10日以内の日を決算締切日とし、その日以降の損益を翌期に繰り延べることができます。実務ではたとえば、売上げを毎月20日ないし25日の時点で締め切って、その金額で相手方に請求書を送付し、決算でもそれを当期の売上高とする慣行があります。この取扱いは、そうした事情を考慮したものです。

(2) 短期の前払費用（法基通 2−2−14）

1年以内に役務提供を受ける前払費用については、**継続適用を条件として、支払時点で損金に算入する処理が認められます**。毎期順送りで計上され、また、金額的重要性も少ない費用項目については、事務処理の簡便化の観点から、課税上の弊害が生じない範囲内で費用計上の基準を緩和しようとするものです。なお、この取扱いは長期前払費用には適用されません。

(3) 消耗品等（法基通 2−2−15）

未使用の消耗品などは本来、期末に貯蔵品として在庫に計上すべきです。しかし、毎期の購入量がおおむね一定で、経常的に消費する「事務用消耗品、作

業用消耗品、包装材料、広告宣伝用印刷物、見本品等」については、継続適用を条件として、取得日に全額を損金算入する処理が認められます。なお、製造費用としての性質を有するものは、製造原価となるので、期末在庫に見合う部分の金額は、期間費用ではなく資産計上されます。

(4) 前期損益修正（法基通2-2-16）

　前期以前に収益計上した売上高等について、その後、契約の解除または取消し、値引き、返品などの事実が生じたため、収益の額を修正することとなったとき、過年度に遡及して課税関係を修正することはしません。契約解除等による損失の額はそれらの事実が生じた事業年度の損金に算入されます。つまり、法律上は契約の解除や取消し等があった場合、既往にさかのぼってその契約が効力を失うことになりますが、税務上は発生の原因が何であるかを問わず、当期において生じたものを当期の損益として認識することとしています。

Ⅱ 純資産

1 利益剰余金と利益積立金

> **ポイント**
> - 資本と利益は、次の理由で区別されねばなりません。
>   - 会計上：資本の食いつぶしや利益の隠ぺいを避けるため
>   - 税務上：所得に課税し元手には課税しないため
> - 利益積立金は課税済みの留保所得で、次の3種類があります。
>   - 利益剰余金（B/S計上額）
>   - 税務否認項目（償却超過・引当金繰入超過 etc.）
>   - 税金関連項目（納税充当金・未納法人税等）
> - 別表4の所得計算の過程で追加的に発生する資産・負債（利益積立金）を計上するための表が別表5(1)です。

▶ 会計・税務ともに資本と利益の区別は重要

　資本を利益として処理すると資本の食いつぶしとなり、また、利益を資本として処理すれば利益の隠ぺいとなります。そこで、企業会計原則では元手としての「資本金」および「資本剰余金」と、その運用によって得られる「利益剰余金」を混同してはならない、と定めています（一般原則・三）。

　税務上も、課税所得を計算する前提として、正確な期間損益計算が求められます。所得課税の観点から、元手に対する課税は認められません。そこで、企業会計と同様に資本と利益の峻別が要求され、「資本金等」と「利益積立金」の区分が重要な課題となります。

```
〈会計上〉                    〈税務上〉
資本の食いつぶし・利益の      所得に課税する（元手への
隠ぺいを避けるため            課税を避ける）ため
            ⬇        ⬇
          資本と利益を区別
```

　資本金等は、株主から払い込まれた資本で、企業会計上の資本金と資本剰余金を合わせたものと基本的に同じです。ただし、資本剰余金はマイナス数値を認めず、資本剰余金の残高がマイナスとなるときは、それを利益剰余金で補填することになっています。一方、資本金等はマイナス数値を認めており、企業会計よりも税務のほうが、資本と利益の峻別をより厳格に行っているといえます。

```
              マイナスの資本金額
                  ⬇    ⬇
〈会計上〉                〈税務上〉
利益と相殺する            相殺を認めない
                         （マイナスのまま計上）
```

◆ 利益積立金は利益剰余金より範囲が広い

　利益積立金は、"課税済みの留保所得"と定義されます。所得を源泉とし、そこから税金を納めた残りで、そのうち留保したもの、ということになります。当期の留保額だけでなく、過去に留保した累積額も含めた金額で、具体的には、貸借対照表の純資産の部に計上されている**利益剰余金**（利益準備金、○○積立金、繰越利益剰余金）のほか、「税務否認項目」と「税金関連項目」も利益積立金に含まれます。

```
              ┌ 利益剰余金（B/S 計上額）
利益積立金  ─┤ 税務否認項目（償却超過・引当金繰入超過 etc.）
              └ 税金関連項目（納税充当金・未納法人税等）
```

◆ 減価償却超過額は所得計算で加算

　税務否認項目（税務と会計の食い違い項目）のうち、資金の流出を伴わない留保項目（減価償却超過額、引当金繰入限度超過額など）は、利益積立金となります。

　たとえば、500万円で購入した機械に対して、税務上の償却限度額が100万円なのに損益計算書で150万円の減価償却費を計上すれば、差引き50万円は損金不算入なので別表4で加算し、当期純利益と比べて所得金額がその分増加します。

```
会計上　150万円　← 費用
税務上　100万円　← 損金
差引　　 50万円　← 損金不算入
```

◆ 償却超過があれば税務上の純資産が増加

　以上はフロー計算の話ですが、その話はストック計算、つまり機械勘定の残高の計算に跳ね返ります。会計上は、取得価額500万円から150万円を償却したので、償却後の簿価は差引き350万円です。ところが、税務上は100万円しか償却が認められないため、簿価は差引き400万円となり、ストックの計算でも50万円の差が生じます。

	会計上	税務上	差引
減価償却費	150万円	100万円	50万円
機械の簿価	350万円	400万円	△50万円

　この50万円に関して、会計上は費用化され、すでに資産性を失っているので簿外となっています。ところが税務の取扱いでは、損金算入が認められずなお資産性を有しているので、その50万円は資産として残留し、税務上の純資産を構成します。そこで、税務上の貸借対照表（すなわち別表5(1)）にそれを計上することにより、同額だけ税務上の純資産が増加することとなります。

会計 B/S	
資　産	純資産
350万円	350万円

税務 B/S	
資　産	純資産
400万円	400万円

◆ 所得には財産的裏付けが必要

　そもそも、法人税のような所得課税の税金では、財産の裏付けがなければ納税ができないため、当期中に増加した純資産を課税対象とします（純資産増加説）。所得金額は当期純利益に一定の調整（加算と減算）を加えて計算しますが、スタートの当期純利益は貸借対照表の純資産の部に計上されるので、その金額には純資産（資産－負債）の裏付けがあります。

　そこで、所得金額に財産的な裏付けをもたせるためには、別表4の調整項目にも、一部のもの（社外流出項目）を除き、純資産の裏付けがなければなりません。つまり、別表4の所得計算の過程で追加的に発生した資産と負債、いいかえれば、会計上の貸借対照表では簿外となっている資産と負債（すなわち利益積立金）を計上するための表が、別表5(1)ということです。

2 利益積立金

> **ポイント**
> - 政令で12項目の利益積立金が定められています。
> - 利益積立金は課税済みの留保所得なので、次の算式で計算されます。
>   利益積立金額＝留保所得金額－法人税及び住民税額－株主配当額
> - 別表４留保欄の加減算の金額が、利益積立金の当期増減額となります。

Ⅱ－**1**において、利益剰余金との違いの視点から**利益積立金**のことを説明しました。ここでは、税法の条文に即しもう少し掘り下げて、この用語を解説します。

◆ 12項目の利益積立金

法人税法２条18号において、利益積立金は次のように定義されています。

　　「**法人の所得の金額で留保している金額として政令で定める金額**」

さらに、法人税法施行令９条では、具体的に12項目の利益積立金を掲げています。７つの増加項目（プラスの利益積立金）と５つの減少項目（マイナスの利益積立金）からなり、その内容を要約すれば次のとおりです。

●利益積立金の要約表

プラス項目	マイナス項目
① 留保所得金額 　所得金額（社外流出の加算項目を除く） 　　＋ 受取配当等の益金不算入額 　　＋ 外国子会社配当等の益金不算入額 　　＋ 受贈益の益金不算入額 　　＋ 還付金の益金不算入額 　　＋ 繰越欠損金の損金算入額 ② 組織再編に伴う利益積立金の引継額	① 欠損金額 ② 法人税、地方法人税及び住民税額 ③ 剰余金の配当額（みなし配当を含む） ④ 組織再編に伴う利益積立金の引渡額

◆ 別表4の留保欄で当期増加額を計算

　利益積立金とは"課税済みの留保所得"のことですから、組織再編税制（合併・会社分割など）の話を除けば、留保所得金額から法人税等を控除し、さらに株主への配当額も差し引いた金額となります。

> 留保所得金額－法人税、地方法人税及び住民税額－株主配当額＝**利益積立金額**

　利益積立金の概念を理解する際、法人税申告書の別表4（P.109参照）を念頭に置けば分りやすいと思います。別表4では、まず「総額欄」で所得金額を計算し、次に「社外流出」項目を除外して留保所得金額を求めており、上掲の要約表における"留保所得金額"の計算は、別表4の「留保欄」の計算と結果的に同じです。

　まず、スタートの"所得金額"は、総額欄で求めた所得金額から社外流出欄の加算項目を除外した金額とされています（法人税法施行令9条1項1号で「当該金額のうち留保していない金額を減算した金額」と規定）。また、所得金額にプラスする「受取配当等」以下の5項目は、いずれも別表4の減算欄の社外流出項目です。これらは総額欄の計算で減算して課税所得金額から控除しますが、社外流出欄に記載されるので、留保欄の計算では最終の所得金額に含まれています。

　上掲の要約表でこれらを所得金額に加算しているのは、次のような計算を行うためです。

●留保所得金額の計算

[別表4]

	総額	留保	社外流出
当期利益	1,000	1,000	0
加　算	600	400	Ⓑ　200
減　算	△300	△200	Ⓒ △100
所得金額	Ⓐ 1,300	1,200	100

留保欄の所得金額（ 1,200 ）が当期の利益積立金増加額ですが、この金額は次のように計算されます。

　Ⓐ － Ⓑ ＋ Ⓒ ＝ 1,300 － 200 ＋ 100 ＝ 1,200

　条文では、総額欄の所得金額（Ⓐ）からスタートして、この1,200を求めることとされています。そこで、Ⓑの金額はⒶに含まれているので控除し、Ⓒの金額はⒶから除かれているため加える計算となります。

◆ 法人税・住民税納付額はマイナスの利益積立金

　所得金額の計算で欠損金額が生じたとき、それは利益積立金額の減少につながります。そこで、上掲の要約表ではこれをマイナスの利益積立金として掲げています。また、利益積立金は"課税済み"の留保所得を意味するので、法人税・住民税として納付する金額は利益積立金から除外されます。別表5(1)（P.110参照）の下欄において「未納法人税等」をマイナス計上しているのは、そうした理由からです。

　なお、事業税など損金に算入される税金は、所得金額を構成しないため利益積立金には含まれません。ただし、確定分の事業税を未払い計上したとき、それは損金不算入ですから、「納税充当金」（別表5(1)の27欄）として利益積立金額に計上されます。

　法人税や住民税と同じく、剰余金の配当額も利益積立金額から控除されます。自己株式の取得などで生ずるみなし配当も含めて、上掲の要約表ではマイナスの利益積立金として掲げられています。

参考（法人税申告書）

●別表4

所得の金額の計算に関する明細書（簡易様式）

事業年度： ・ ・ ／ ・ ・
法人名：

別表四（簡易様式）

区　　分		総　額 ①	処　　分	
			留　保 ②	社外流出 ③
当期利益又は当期欠損の額	1	円	円	配当 円 / その他
加算	損金経理をした法人税及び地方法人税（附帯税を除く。）	2			
	損金経理をした道府県民税（利子割額を除く。）及び市町村民税	3			
	損金経理をした道府県民税利子割額	4			
	損金経理をした納税充当金	5			
	損金経理をした附帯税（利子税を除く。）、加算金、延滞金（延納分を除く。）及び過怠税	6			その他
	減価償却の償却超過額	7			
	役員給与の損金不算入額	8			その他
	交際費等の損金不算入額	9			その他
		10			
	小　　計	11			
減算	減価償却超過額の当期認容額	12			
	納税充当金から支出した事業税等の金額	13			
	受取配当等の益金不算入額（別表八（一）「15」又は「31」）	14			※
	外国子会社から受ける剰余金の配当等の益金不算入額（別表八（二）「13」）	15			※
	受贈益の益金不算入額	16			※
	適格現物分配に係る益金不算入額	17			※
	法人税等の中間納付額及び過誤納に係る還付金額	18			
	所得税額等及び欠損金の繰戻しによる還付金額等	19			※
		20			
	小　　計	21			外※
仮　　計 (1)+(11)−(21)		22			外※
関連者等に係る支払利子等の損金不算入額（別表十七（二の二）「25」）		23			その他
超過利子額の損金算入額（別表十七（二の三）「10」）		24	△		※ △
仮　　計 （22）から（24）までの計		25			外※
寄附金の損金不算入額（別表十四（二）「24」又は「40」）		26			その他
法人税額から控除される所得税額及び復興特別所得税額（別表六（一）「6の③」＋復興特別法人税申告書別表二「6の③」）		29			その他
税額控除の対象となる外国法人税の額（別表六（二の二）「7」）		30			その他
合　　計 (25)+(26)+(30)+(31)		33			外※
契約者配当の益金算入額（別表九（一）「13」）		34			
非適格合併又は残余財産の全部分配等による移転資産の譲渡利益額又は譲渡損失額		36			※
差　引　計 (34)+(35)+(37)		37			外※
欠損金又は災害損失金等の当期控除額（別表七（一）「4の計」＋別表七（二）「9」若しくは「21」又は別表七（三）「10」）		38	△		※ △
総　　計 (38)+(39)		39			外※
新鉱床探鉱費又は海外新鉱床探鉱費の特別控除額（別表十（四）「40」）		40	△		※ △
残余財産の確定の日の属する事業年度に係る事業税の損金算入額		46	△	△	
所得金額又は欠損金額		47			外※

2 利益積立金

109

●別表5(1)

利益積立金額及び資本金等の額の計算に関する明細書

| 事業年度 | ： ． | 法人名 | |

別表五(一)

Ⅰ 利益積立金額の計算に関する明細書

区　　　分		期首現在利益積立金額 ①	当期の増減		差引翌期首現在利益積立金額 ①-②+③ ④
			減 ②	増 ③	
利　益　準　備　金	1	円	円	円	円
積　立　金	2				
	3				
	4				
	5				
	6				
	7				
	8				
	9				
	10				
	11				
	12				
	13				
	14				
	15				
	16				
	17				
	18				
	19				
	20				
	21				
	22				
	23				
	24				
	25				
繰越損益金(損は赤)	26				
納　税　充　当　金	27				
未納法人税等 (退職年金等積立金に対するものを除く。)	未納法人税及び未納地方法人税 (附帯税を除く。)	28	△	△	中間 △ 確定 △	△
	未納道府県民税 (均等割額及び利子割額を含む。)	29	△	△	中間 △ 確定 △	△
	未納市町村民税 (均等割額を含む。)	30	△	△	中間 △ 確定 △	△
差　引　合　計　額	31				

Ⅱ 資本金等の額の計算に関する明細書

区　　　分		期首現在資本金等の額 ①	当期の増減		差引翌期首現在資本金等の額 ①-②+③ ④
			減 ②	増 ③	
資　本　金　又　は　出　資　金	32	円	円	円	円
資　本　準　備　金	33				
	34				
	35				
差　引　合　計　額	36				

3 資本金等

> **ポイント**
> - 資本金等は株主から出資を受けた金額をいい、具体例は政令で定められています。
> - 資本金等の"等"は、かつては資本積立金という用語で呼ばれていましたが、現在は両者を包含した概念で規定されています。
> - マイナスの資本金額は、会計上は利益と相殺されますが、税務ではマイナスのまま計上します。
> - 組織再編や自己株式の買取りの際、資本金等と利益積立金の間で入り繰りが生じることがあり、その調整は別表5(1)で行います。

Ⅱ-2において、税務上の純資産のうち利益積立金を採り上げました。今回のキーワードは、もう一つの純資産である**資本金等**です。

◆ 株主から払い込まれた元手が資本金等

法人税法2条16号において、資本金等は次のように定義されています。

「**法人が株主から出資を受けた金額として政令で定める金額**」

さらに、法人税法施行令8条において、具体的にその内容を次のように定めています。

プラス項目	マイナス項目
① 資本金 ② 株式払込剰余金、自己株式処分差益 ③ 協同組合等の加入金 ④ 組織再編に伴う払込資本(合併差益、会社分割差益、株式交換差益、株式移転差益 etc.) ⑤ 減資差益	① 準備金の資本組入れ ② 組織再編に伴う払出資本 ③ 減資差損 ④ 自己株式取得の対価(みなし配当を除く)

資本金等の額は、株主が実際に拠出した金額の合計額です。したがって、金銭の払込みや払戻しのない無償の増減資では、資本金等の額は変化しません。資本金の額に増減があればその分、資本金等の額が増減することとなり、たとえば、無償増資で資本金が増加すれば、同額だけ資本金等の額が減少します。
　資本金等の"等"は、かつては資本積立金という用語で呼ばれていました。しかし、会社法の導入を契機に、平成18年度の改正で資本金と資本積立金を包含した概念を用いることとされ、資本積立金という用語は法人税法の条文から消滅しました。

◆ マイナスの資本金等もある

　資本金等は、企業会計上の資本金と資本剰余金を合わせたものと基本的に同じです。ただし、資本剰余金はマイナス数値を認めず、資本剰余金の残高がマイナスとなるときは、それを利益剰余金で補填することになっています。一方、資本金等はマイナス数値を認めており、企業会計よりも税務のほうが、資本と利益の峻別をより厳格に行っているといえます。

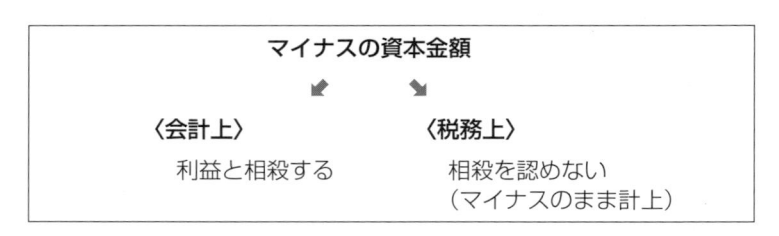

```
            マイナスの資本金額
              ↙       ↘
         〈会計上〉      〈税務上〉
        利益と相殺する    相殺を認めない
                     （マイナスのまま計上）
```

　そこで、税務上と会計上の取扱いの相違によって、会計上の利益剰余金項目が税務上は資本金等の"等"となることがあり、その場合、別表5⑴（P.110参照）において資本金等と利益積立金の間で入り繰りが生じます。

◆ 無償減資の処理は税務と会計で食い違う

　たとえば、3,000万円の無償減資を行い、同額を欠損金の補填に充てるケースを考えます。この取引を企業会計では、次のように処理します。

●会計仕訳

| （借）資　本　金　　3,000万円 | （貸）繰越利益剰余金　　3,000万円 |

（注）　欠損補填のための無償減資は、会社法上、減資と剰余金の配当の組み合わせで行うので、正確な仕訳は次のようになります。

| 減資：（借）資　本　金　　3,000万円 | （貸）資本剰余金　　3,000万円 |
| 配当：（借）資本剰余金　　3,000万円 | （貸）繰越利益剰余金　　3,000万円 |

ところが、税務上は金銭で払戻しをしない限り、資本金等の額は減少しません。無償減資は資本金等の内部振替、つまり"資本金"から"等"への振替えにすぎず、税務上は次のように処理することになります。

●税務仕訳

| （借）資　本　金　　3,000万円 | （貸）資本金等　　3,000万円 |

貸方科目が税務と会計で違っています。そこで税務上、利益積立金と資本金等の額に3,000万円の入り繰りが生じます。つまり、会計上は資本金から利益剰余金に振り替えても、無償減資である限り、税務上は資本から利益への振替えとはなりません。そこで、会計上の純資産の状況を税務上の姿に直すため、税務貸借対照表（別表5(1)）において、プラスの資本金等とマイナスの利益積立金を両建てで計上することになります。

●別表5(1)

I 利益積立金額の計算に関する明細書				
区　　分	期首現在高	当期の増減		期末現在高
^	^	減	増	^
資本金等の額		② 30,000,000		△ 30,000,000
繰越損益金	×××		① 30,000,000	×××

II 資本金等の額の計算に関する明細書				
区　　分	期首現在高	当期の増減		期末現在高
^	^	減	増	^
資　本　金	×××	③ 30,000,000		×××
減資差益			④ 30,000,000	30,000,000

① 「繰越損益金」の残高を会計上の「繰越利益剰余金」と一致させるため増加欄に計上
② 減資で欠損金を補填しても税務上その補填はないものとされ、同額を減少欄に計上
　➡ **利益積立金残高の総額は変わらない。**
③ 減資により資本金額が減少
④ 税務上この取引（無償減資）は資本金等の内部振替なので、同額を増加欄に計上
　➡ **資本金等の残高の総額は変わらない。**

Ⅲ 役員給与

1 役員給与課税の変遷

> **ポイント**
> ●旧商法の下では、利益処分で賞与を支給していたので、税務上、役員賞与は損金不算入とされていました。
> ●会社法と企業会計が役員賞与を費用扱いすることになったため、平成18年度改正で、税務上の扱いが大きく変わりました。
> ●現在、役員給与は次の3つを除き損金不算入とされます。
>   - 定期同額給与
>   - 事前確定届出給与
>   - 一定の利益連動給与

◆ 定款または株主総会の決議に基づき支給

会社法では、**役員給与**について次のように規定しています。

会社法361条（取締役の報酬等）
　取締役の報酬、賞与その他の職務執行の対価として受ける財産上の利益についての次に掲げる事項は、定款に定めていないときは、株主総会の決議によって定める。
一　報酬等のうち額が確定しているものは、その額
二　報酬等のうち額が確定していないものは、その具体的な算定方法
三　報酬等のうち金銭でないものは、その具体的な内容

　賞与も含めて、取締役等に支給する給与は、定款または株主総会の決議で支給限度額を定め、その範囲内で取締役会等の協議により個別に支給することとされています。

同条には、次の3通りの支給形態が定められています。
① 確定報酬（金額の確定しているもの）……通常の報酬・賞与
② 不確定報酬（金額の確定していないもの）……業績連動型報酬
③ 非金銭報酬（金銭以外で支給するもの）……社宅の無償（低額）貸与 etc.

◆旧商法の下では賞与を利益処分で支給

現行法は上記のとおりですが、会社法制定前の旧商法では、次のように規定されていました。

旧商法269条（取締役の報酬）
　取締役が受くべき報酬に付ての左に掲ぐる事項は定款に定めざりしときは株主総会の決議を以て定む
一　報酬中額が確定したるものは其の額
二　報酬中額が確定せざるものには其の具体的なる算定の方法
三　報酬中金銭に非ざるものは其の具体的なる内容

冒頭の文言が、会社法の「取締役の報酬、賞与その他の……」に対して、旧商法では「取締役が受くべき報酬に付いての……」となっています。つまり、旧商法の時代は、役員給与の中に"賞与"が含まれるかどうかが不明確でした。

肯定、否定の両説がありましたが、実務では争いを避けるため、一般に消極説（賞与は第269条に含まれない）が採用され、役員賞与は利益処分案の承認手続き（旧商法283①）を経て支給されていました。

つまり、株主から経営を委任されている役員への賞与は、使用人に対するもの（給料の一部）と違って成功報酬であるから、利益処分により支給すべしと実務では解釈し、これを受けて税務上も、役員賞与に経費性はなく損金不算入とされていました（平成18年度改正前の法法35①）。

◉旧商法下の取扱い

使用人賞与：労働の対価	➡ 費用性あり	➡	損金算入
役　員　賞　与：成功報酬	➡ 費用性なし（利益処分）	➡	損金不算入

◆ 現在は法律上・会計上ともに費用扱い

しかし、会社法の下では株主配当や役員賞与の支給が、利益の処分とは切り離して、決算の確定手続きと無関係に行えるようになりました。役員に対する賞与は、会社法361条の報酬規定に明文化され、利益の処分として支給決議をとる事態は想定されていません。

また、会計上も平成16年3月に公表された企業会計基準委員会の実務対応報告13号「役員賞与の会計処理に関する当面の取扱い」において、役員賞与は発生時の"費用"として処理することとされました。

◆ 税務上も両者を区別しない

もはや、役員の報酬と賞与の区別は意味を持たなくなり、法人税法上、役員賞与をことさら役員報酬と区別して、損金算入の可否を論じる根拠がなくなってしまいました。そこで平成18年度の改正において、役員給与に関する規定が大幅に組み替えられました。役員賞与を損金不算入とする規定を削除し、賞与も含めた**役員給与**に関して、損金算入の認められる3つのケースが示され（法法34①）、現在に至っています。

●現行の取扱い

- 役員給与（賞与を含む）は、原則として損金不算入
- ただし、次の3つは損金算入を認める。
  ① 定期同額給与　② 事前確定届出給与　③ 一定の利益連動給与

参考（要約条文）

法法34条（役員給与の損金不算入）

1　役員に対して支給する給与のうち次に掲げる給与のいずれにも該当しないものは、損金の額に算入しない。
　一　（略）← 定期同額給与の定め
　二　（略）← 事前確定届出給与の定め
　三　（略）← 利益連動給与の定め

2 みなし役員

> **ポイント**
> ●税務上、次の人は役員とみなされます。
> ｛使用人以外の相談役・顧問等で、実質的に経営に従事している人
> 　使用人のうち一定の持株基準を満たし、かつ、経営に従事している人
> ●持株基準には50％・10％・5％の3つがあり、すべてを満たす人が該当します。
> ●みなし役員には、定期同額給与等の取扱いが適用されます。

◆法律上の役員以外の者を役員とみなす

　株式会社では、一般に役員とは取締役と監査役をいいます（法法2二十五）。ところが、それ以外にも役員扱いされる者がいて、これを**みなし役員**と称します。法人税法では、次の2通りのケースで、この用語を使っています（法令7一、法基通9-2-1）。

●みなし役員

(1) 使用人以外の経営従事者
(2) 使用人中、一定の持株基準を満たす経営従事者

(1)…使用人以外の相談役や顧問などで実質的に経営に従事している者
(2)…同族会社（法法2十：上位3株主グループで50％超の持ち株を有する会社）の使用人のうち、次の3つの持株基準をすべて満たし、かつ、会社の経営に従事している者
　① 50％基準……本人が同族会社判定上の同族グループに含まれていること
　② 10％基準……本人の株主グループの持株割合が10％を超えていること
　③ 5％基準……本人自身の持株割合が5％を超えていること

◆ 相談役等でも経営を支配していれば役員扱い

　上記の(1)は、役員が退任後も経営に目を光らせているような場合です。オーナー経営者が息子に事業を承継したものの、後継者はまだ若いので何かと経営にくちばしをはさんでくるようなケースが典型です。この場合、取締役ではなく"相談役"といった肩書であっても、実質上経営を支配していますから、その者に対する給与は税務上、「定期同額給与」や「事前確定届出給与」に該当しなければ、損金に算入されません。

　なお、"経営に従事している"とは、単なる日常的事務を行うのではなく、取引先・金融・人事など会社の主要な業務執行に関する意思決定に参画しているかどうかで判断されます。

◆ 役員とみなされる使用人もいる

　次に、上記(2)の**みなし役員**の規定を考えるとき、この取扱いを受けるケースが実務では珍しくありません。まず、中堅・中小以下の規模の会社では、同族会社がほとんどです。しかも、3グループといわず代表者とその家族だけで、ほぼ全株式を所有しているケースが大半を占めます。

　ということは、オーナー一族の人は3つの持株基準のうち、50％基準と10％基準は当然に満たし、みなし役員の扱いを回避できるかどうかは、5％基準いかんです。その本人の持ち株が5％を超えるかどうかですが、その判定の際、配偶者の持ち株を含めてカウントする（夫婦は一心同体の扱い！）ことになっています。

◆ 中小企業で社長の妻はみなし役員？

　通常、代表者（社長）の妻は3つの持株基準をすべて満たしてしまいます。そこで、その人が会社の経営に従事しているならみなし役員に該当し、定期同額給与等の窮屈な扱いを受け、一般使用人のようにボーナスを損金で支給することは困難になります。

　ワンマン経営で社長の一存で経営方針が決まる、ということなら妻が役員とみなされることはないでしょうが、夫婦相和し何事も妻に相談をかけてという

状況の場合、みなし役員規定の出番となりかねません。

◆ **みなし役員には賞与を支給しない**

　ところで、みなし役員の扱いを受けると損（！）かといえば、ものごと考えようで、必ずしもそうではありません。役員給与が損金不算入となるのは困るけれど、役員とみなされること自体は、節税面でさほどつらい話ではありません。なぜなら、みなし役員の扱いを受けても、その人にボーナスは支払わない、その分を12等分して月々の報酬に上乗せ支給するようにすれば、損金不算入とはなりません。「過大役員給与」の損金不算入扱いにさえ気をつければ、とくに不利となることとはならないでしょう。

参考（要約条文）

法法2条（定義）
　十五　役員　法人の取締役、執行役(注1)、会計参与、監査役、理事、監事及び清算人並びにこれら以外の者で法人の経営に従事している者のうち政令で定めるものをいう。

法令7条（役員の範囲）
　法第2条第15号に規定する政令で定める者は、次に掲げる者とする。
　一　法人の使用人以外の者でその法人の経営に従事しているもの
　二　同族会社の使用人のうち、第71条第1項第5号イからハまでに掲げる要件(注2)のすべてを満たしている者で、その会社の経営に従事しているもの

　　　　　　　（注1）　委員会設置会社における役員のこと。執行役員
　　　　　　　　　　　（会社が任意に設ける職制）のことではない。
　　　　　　　（注2）　50％・10％・5％の持株基準

3 使用人兼務役員

> **ポイント**
> - 使用人の肩書を持つ役員で、現実にその仕事をしている人には、特別の取扱いがあります。
> - 使用人兼務役員に支給する賞与のうち、使用人分は損金に算入されます。
> - 次の役員は使用人兼務役員に該当しません。
>   - 社長、副社長、代表取締役、専務、常務、監査役
>   - 3つの持株基準（50%・10%・5%）をすべて満たす人

◆ 役員でも使用人扱いされる人がいる

法人税法には、**使用人兼務役員**という取扱いがあります。これは役員のうち、部長、課長などの肩書を持ち、現実に使用人としての仕事をしている人をいい（法法34⑤）、たとえば取締役○○部長、取締役○○支店長、取締役○○工場長といった肩書きの人です。

使用人兼務が認められれば、その人に支給した賞与の一部が損金に算入されます。たとえば、取締役営業部長の人にボーナスを300万円支払ったとして、そのうち200万円が営業部長職に対するものなら、それは損金扱いです（残り100万円は取締役分なので損金不算入）。

●使用人兼務役員の取扱い

取締役営業部長の賞与 （総額300万円）	取締役分	100万円	→	**損金不算入**
	営業部長分	200万円	→	**損金算入**

◆ 肩書や持株割合に注意

ただし、たとえ使用人の肩書を持ちその仕事をしていても、次のような役員は使用人兼務役員になれません（法令71①）。

- 社長、副社長、代表取締役、専務、常務、監査役
- 3つの持株基準（50%基準・10%基準・5％基準）をすべて満たす者

　社長、副社長や代表取締役はもとより、専務取締役や常務取締役も肩書上は、常に経営に専念する人ですから、使用人の立場が入り込む余地はない、と税法は考えます。また、監査役はもともと会社法で使用人兼務を禁止されていますから（会社法335②）、これまたダメです。

　なお、3つの持株基準は、みなし役員の判定の際の基準とまったく同じです（Ⅲ－**2**参照）。

　使用人兼務役員に該当すれば、その者に支給する使用人分の給与については、法人税法34条1項に定める「定期同額給与」等の取扱いを受けることはなく、賞与も一般の使用人と同じように損金算入することができます。

4 定期給与と定期同額給与

> **ポイント**
> ●所定の時期に所定の金額で支給する役員給与は、損金に算入されます。
> ●次のケースは、定期同額給与に準ずるものとされます。
> 　　┌期首から3か月経過日までの改定
> 　　│臨時改定
> 　　│業績悪化改定
> 　　└継続的に供与される経済的利益で供与額が毎月おおむね一定のもの
> ●期首から3か月経過後の増額（減額）改定に関する取扱いも定められています。

▶ 所定の時期に所定の金額で支給すれば損金算入

　給与のうち、支給時期が1か月以下の一定の期間ごとであるものを**定期給与**といいます。そして定期給与のうち、一事業年度中の各支給時期の支給額が同額のものが**定期同額給与**です（法法34①一）。

給与
定期給与
（一定時期に支給）
定期同額給与
（各支給額が同額）

　一事業年度中ずっと同額の場合のほか、次のようなケースも、定期同額給与に準ずるものとして認められています（法令69①）。

① 3か月経過日までの改定……期首から3か月目までに改定された場合で、改定前後の支給額がそれぞれ同額のもの
② 臨時改定……役員の職制上の地位の変更、職務内容の重大な変更等による改定で、改定前後の支給額がそれぞれ同額のもの
③ 業績悪化改定……経営状況の著しい悪化等により減額改定された場合で、改定前後の支給額がそれぞれ同額のもの
④ 継続的に供与される経済的利益で供与額が毎月おおむね一定のもの

◆ 期中改定にかかる損金不算入額の算定

期中に支給額の改定があったとき、次のような取扱いが設けられています（国税庁「役員給与に関するQ＆A」平成20年12月）。

① 期首から3か月経過後に増額改定されたとき、改定後の支給額が期末まで同額であれば、それまでの定期同額給与とは別個の定期給与が上乗せされたものとみて、上乗せ支給された部分だけが損金不算入とされます。

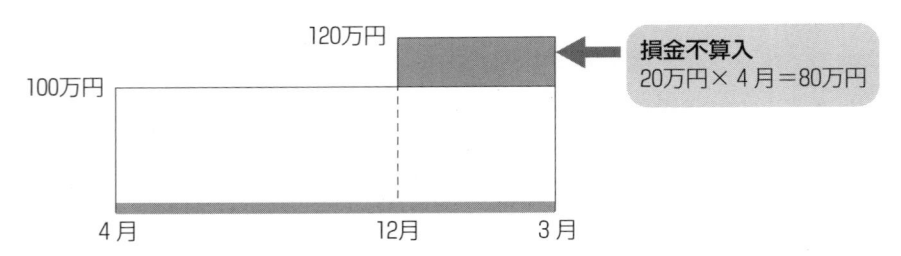

120万円
100万円

損金不算入
20万円×4月＝80万円

4月　　　12月　　　3月

② 業績悪化改定以外の理由で、期首から3か月経過後に減額改定されたとき、改定後の支給額が期末まで同額であれば、本来の定期同額給与は減額後の金額であり、改定前はそれに上乗せで支給していたものとみて、減額改定前の上乗せ部分だけが損金不算入とされます。

```
100万円 ┌─────────────┐
        │░░░░░░░░░░░░░│                    損金不算入
        │             │←──────────────    30万円×7月=210万円
        │             │70万円
        │             │
        │             │
        └─────────────┘
        4月      11月   3月
```

③ やむを得ない事情で役員の分掌変更があったとき（たとえば社長の急死で専務から昇格等）、新たな役員就任に伴う増額改定が期首から3か月経過後にあったとしても、すべて定期同額給与として取り扱われます。

④ 不祥事などで役員給与を一定期間のみ減額する場合、その処分が社会通念上相当であるときは、減額された期間においても引き続き同額の定期給与が支給されているものとして取り扱われます。

参考（要約条文）

法法34条（役員給与の損金不算入）

1 役員に対して支給する給与のうち次に掲げる給与のいずれにも該当しないものは、損金の額に算入しない。

一 支給時期が1月以下の一定の期間ごとである給与（定期給与という。）で当該事業年度の各支給時期における支給額が同額であるものその他これに準ずるものとして政令で定める給与（定期同額給与という。）

二 （略）← 事前確定届出給与の定め

三 （略）← 利益連動給与の定め

5　業績悪化改定

> **ポイント**
> ●一時的な資金繰り悪化や業績目標未達では、業績悪化改定とはされません。
> ●財務諸表数値の著しい悪化や倒産の危機に瀕するような事態でないと、減額改定は認められません。
> ●第三者の利害関係者（株主、債権者、取引先等）との関係上、役員給与を減額せざるを得ない場合は、減額改定できます。

◆一時的な資金繰りの都合などは該当せず

　経営状況が著しく悪化した場合には、期首から3か月経過後であっても、減額改定が認められます（法令69①一ハ）。ただし、一時的な資金繰りの都合や単に業績目標値に達しなかった場合などは、この取扱いは受けられません（法基通9-2-13）。

　つまり、財務諸表数値の著しい悪化や倒産の危機に瀕するといった事態でないと、この改定は認めないということです。しかし、平成20年秋に勃発した"リーマン・ショック"により、業績が急激に悪化する企業が続出しました。そこでこれを契機に、次のように緩やかな取扱いが設けられました（国税庁「役員給与に関するQ＆A」平成20年12月）。

◆リーマン・ショックを契機に新しい取扱い

　すなわち、経営状況の悪化に伴って、第三者である利害関係者（株主、債権者、取引先など）との関係上、役員給与を減額せざるを得ない事情が生じていれば、これも**業績悪化改定**の事由に加え、具体例として次の3つのケースがQ＆Aに示されています。

●業績悪化改定の具体例

① 株主との関係上、業績や財務状況の悪化に対する経営責任を取るため、役員給与を減額せざるを得ない場合
② 取引銀行との間で行われる借入金の返済条件変更の協議において、役員給与を減額せざるを得ない場合
③ 業績や財務状況・資金繰りの悪化により、取引先等の利害関係者の信用を維持・確保する必要上、経営改善を図るための計画が策定され、これに役員給与の減額が盛り込まれた場合

　上記3つ以外の場合でも、経営状況の悪化に伴い、第三者である利害関係者との関係上、役員給与の減額をせざるを得ない事情があるときは、業績悪化改定として「定期同額給与」と認められます。いずれの場合も、税務調査等に備えて、"やむを得ず役員給与の額を減額した"ことに関する客観的な事情を、具体的に説明できる資料を整えておく必要があります。

6 事前確定届出給与

> **ポイント**
> - あらかじめ確定している金額を所定時期に支給する支給額は、損金に算入されます。
> - 適用を受けるためには、事前に所定事項を税務署に届け出なければなりません。
> - 届出期限は、株主総会後1か月または期首から4か月のいずれか早い時期です。
> - 取扱いがかなり窮屈で、現実には適用困難な制度です。

◆ 役員賞与も損金になる？

　定期同額基準（Ⅲ-4参照）によれば、役員に賞与を支給すれば損金不算入となってしまいます。しかし、それでは不合理な場合があるので、月々の報酬額に上乗せ支給した部分も損金となるよう、**事前確定届出給与**の取扱いが設けられています。

　すなわち、あらかじめ確定している金額を所定の時期に支給する場合には、その支給額も損金扱いされます（法法34①二）。具体的には、年俸制の役員報酬の一部をボーナスとして年2回または四半期ごとに支払う場合、あるいは、非常勤役員に対する報酬を月以下の単位でなく年俸として一括で支払う場合など、"定期同額"の要件を満たさないときも、損金算入が可能です。

◆ 事前の届出が必要

　この取扱いの適用を受けるためには、所定の事項を事前に所轄税務署に届け出なければなりません。届出の期限は、役員給与に関する決議を行う株主総会の日から1か月、または会計期間開始後4か月を経過する日のいずれか早い時期とされています（法令69②）。

　（注）　同族会社以外の法人における、定期給与を支給しない役員に対する年俸等の支給に

ついては、税務署への届出は不要です（法法34①二かっこ書き）。

なお、定期同額給与で改定が認められる次の２通りのケースにおいて、事前確定届出給与についても届出の変更が認められます（法令69③）。

① 臨時改定……役員の職制上の地位の変更、職務内容の重大な変更等による改定があったとき
② 業績悪化改定……経営状況の著しい悪化等により減額改定されたとき

この場合、それぞれの事由が生じた時点から１か月以内に変更届出を行わねばなりません。

◆ 事前確定届出給与は適用が困難

さて、実務上この制度を考えるとき、これは極めて窮屈な取扱いです。たとえば３月決算の会社で、６月25日に株主総会が開催されたとします。その会社が、その年の冬と翌年の夏に支給する役員賞与を損金に算入したいということであれば、７月25日までに支給日と支給額を税務署に届け出なければなりません。

つまり、半年ないし１年前の時点で支給額を決定し、その決定どおりに支給しなければなりません。たとえば、100万円の届出に対して120万円支給したとき、その120万円は全額が損金不算入です。超過部分の20万円だけが損金不算入ではありません。また、資金繰りが悪化し70万円しか支給できないときも、支給額の70万円は全額が損金不算入となります。

さらに過酷な取扱いとして、届出どおりの支給かどうかは職務執行期間の全体で判定することになっています。たとえば、冬季賞与は事前の定めどおりに支給されていても、翌年の夏季賞与が事前の定めと異なる金額で支給されていれば、先の冬季賞与も事前確定届出給与に該当せず、損金に算入されません。これは、裁判で確定した取扱いとなっています（東京高裁平成25年３月14日判決）。

参考（要約条文）

法法34条（役員給与の損金不算入）

1　役員に対して支給する給与のうち次に掲げる給与のいずれにも該当しないものは、損金の額に算入しない。

　一　（略）← 定期同額給与の定め

　二　所定の時期に確定額を支給する旨の定めに基づいて支給する給与（定期同額給与及び利益連動給与を除くものとし、定期給与を支給しない役員に対して支給する給与（同族会社に該当しない法人が支給するものに限る。）以外の給与にあっては所轄税務署長に届出をしている場合に限る。）

　三　（略）← 利益連動給与の定め

7 利益連動給与

> **ポイント**
> - 会社法の業績連動報酬規定に対応し、税務上も一定要件を満たす利益連動給与の損金算入を認めています。
> - 同族会社には適用されません。
> - 損金算入要件のハードルが非常に高いため、現実に適用しているのは上場企業のうちごく一部の会社だけです。

◆ 会社法で業績連動報酬を規定

　近年、使用人に対する給与の支給方法が、年功序列の廃止、成果主義の導入に切り替わりつつあります。役員給与についても、固定的な報酬と賞与という組み合わせから、固定の基本報酬、短期的な業績連動報酬、中長期的なストック・オプションの3本立ての形態に移行してきています。この実情に合わせて、会社法では、取締役に対する金額の確定しない報酬（いわゆる業績連動報酬）の支給が認められています（会社法361①二）。

　税務では従来、利益に連動して算定される給与は賞与扱いし、損金算入を認めていませんでした。しかし、平成18年度の改正において、**利益連動給与**で一定の要件を満たすものにつき、損金算入を認めることとしました。

◆ 法人税法の利益連動給与は要件が厳しい

　ただし、損金算入を認める要件はハードルが非常に高く、次のすべてを満たすものでなければなりません（法法34①三、法令69⑥～⑩）。

●利益連動給与の要件

①	同族会社で支給されるものでないこと
②	業務執行役員（取締役または執行役）に対して支給するものであること
③	算定方法が有価証券報告書に記載される利益の指標を基礎とした客観的なもの

であり、その方法がすべての業務執行役員に一律適用されていること
④ 支給額の上限が確定していること
⑤ 支給額が期首から３か月以内に、報酬委員会等による適正な手続きを経て決定されていること
⑥ ⑤の手続き終了後、遅滞なく有価証券報告書でその内容が開示されていること
⑦ 有価証券報告書に記載される利益指標数値の確定後、１か月以内に支給または支給見込みであること
⑧ 損金経理していること

◆ 上場企業のうちごく一部の企業で採用

　そもそも、同族会社での支給はダメです。適用対象は結局のところ、上場会社のうち委員会設置会社など、客観性・透明性の高いごく一部の企業に限られます。中小企業に対する適用は考えられていません。

　前期に計上した利益額に連動して当期の報酬額を決定するということなら、税務上も何ら問題はありません。しかし、当期の利益の出具合に応じて当期の報酬額を決めるという、会社法の業績連動型報酬の発想は、税務上、適正かつ公平な課税という観点から、そのままに受け入れることはできません。とはいえ、実務ならびに時代の要請をむげにもできず、そこでこのように形だけの税制が設けられています。

参考（要約条文）

法法34条（役員給与の損金不算入）
1　役員に対して支給する給与のうち次に掲げる給与のいずれにも該当しないものは、損金の額に算入しない。
　一　（略）←定期同額給与の定め
　二　（略）←事前確定届出給与の定め
　三　同族会社に該当しない法人がその業務執行役員に対して支給する利益連動給与で次に掲げる要件を満たすもの（業務執行役員の全てに利益連動給与を支給する場合に限る。）

イ　算定方法が、当該事業年度の利益に関する指標（有価証券報告書に記載されるものに限る。）を基礎とした客観的なもの（次に掲げる要件を満たすものに限る。）であること。
　(1)　確定額を限度としているものであり、かつ、他の業務執行役員に対する算定方法と同様のものであること。
　(2)　政令で定める日までに、報酬委員会が決定をしていることその他これに準ずる適正な手続として政令で定める手続を経ていること。
　(3)　その内容が、(2)の決定又は手続の終了の日以後遅滞なく、有価証券報告書に記載されていることその他財務省令で定める方法により開示されていること。
ロ　その他政令で定める要件

8 過大役員給与

> **ポイント**
> - 定期同額給与等に該当しても、過大な支給額は損金不算入です。
> - 支給額が過大かどうかは、形式基準と実質基準で判断します。
> - 実務上とくに問題となるのは、その役員の働きぶりと会社の収益力の2つの判定要素です。
> - 不正計算（事実の隠ぺいや仮装経理）で支給する役員給与も損金不算入とされます。
> - 役員の親族使用人に対する過大給与を損金不算入とする取扱いも設けられています。

◆ 過大役員給与は形式基準と実質基準で判断

　使用人と違って役員の給与は、"お手盛り"になる危険性があります。そこで会社法では、役員給与の額を定款や株主総会の決議で決めることとしていますが（会社法361・379・387）、同族会社などでは、現実にその規定が有効に機能しているとは認めがたい状況です。

　そこで法人税法では、支給額が次の「形式基準額」または「実質基準額」を超えるときは、不相当に高額とみて損金扱いしないことにしています（法法34②、法令70一）。

●役員給与の過大判定

(a) 形式基準額
　　定款や株主総会決議で給与の限度額を定めている場合のその額
(b) 実質基準額
　　次のことを考慮して、職務執行の対価として相当と認められる額
　　① その役員の職務の内容
　　② その会社の収益の状況
　　③ 使用人に対する給料の支給状況

> ④　事業規模が類似する同業他社における支給状況

◆ 名目的な役員の給与は否認

　過大な役員給与の判定で、実務上とくに問題となるのは、上記の実質基準のうちの①と②です。つまり、"その役員の働きぶり"と"会社の儲かり具合"の判定要素です。

　ケースバイケースで判断しますが、実際には働いていない「名目的な役員」に対する給与は、不相当に高額であるとして否認された裁判例が数多くあります。また、赤字会社で高額の役員給与を支給している場合も問題です。とくに、その給与が高額ゆえに赤字決算になっているということなら、損金不算入の扱いを受ける可能性が高いでしょう。

◆ 不正計算で支給する役員給与は損金不算入

　その他、不正計算による役員給与の支出に歯止めをかけるため、事実の隠ぺいや仮装経理により支給する役員給与も損金に算入されません（法法34③）。

　たとえば、税務調査で売上げ除外が発覚したとき、そのお金が代表者のポケットに入っていたということなら、それは役員給与と認定されます。

（借）役員給与　×××	（貸）売　上　×××

　その際、除外の金額が毎月一定額であれば「定期同額給与」となり、本来の給与額に上乗せした金額が過大でない限り、損金扱いされてしまいます。そうなると、売上げ（益金）と相殺され、結果的に課税関係は生ぜず、これでは懲らしめになりません。そこで、こうした場合の支給は損金不算入とされます。

◆ 身内の使用人への過大給与は損金不算入

　また、役員の親族である使用人に対する過大給与を、損金不算入とする取扱いもあります（法法36）。

　かつては、役員の親族であっても"みなし役員"に該当しない限り、否認されない時代もありました。しかし、いまでは条文上、給料・賞与・退職金のい

ずれも、過大な支給額は損金不算入とされています。

> ### 参考（要約条文）
>
> **法法34条（役員給与の損金不算入）**
> 2　役員に対して支給する給与のうち不相当に高額な部分の金額として政令で定める金額は、損金の額に算入しない。
> 3　事実を隠蔽し又は仮装して経理をすることにより役員に対して支給する給与は、損金の額に算入しない。
>
> **法法36条（過大な使用人給与の損金不算入）**
> 　役員と特殊の関係のある使用人に対して支給する給与のうち不相当に高額な部分の金額は、損金の額に算入しない。
>
> **法令70条（過大な役員給与の額）**
> 1　法第34条第2項に規定する政令で定める金額は、次に掲げる金額の合計額とする。
> 　一　次に掲げる金額のうちいずれか多い金額
> 　　イ　役員給与（退職給与以外のものをいう。）の額が、職務の内容、法人の収益及び使用人に対する支給状況、同種の事業を営む法人で事業規模が類似するものの支給状況等に照らし、当該役員の職務に対する対価として相当であると認められる金額を超える部分の金額
> 　　ロ　定款の規定又は株主総会の決議により役員給与として支給する限度額を定めている法人が支給した給与額（使用人兼務役員に対して支給する給与のうち、他の使用人に対する支給状況等に照らし相当と認められる金額を除く。）が当該限度額を超える部分の金額

9 過大役員退職金

> **ポイント**
> - 役員退職金のうち過大な支給額は損金不算入です。
> - 支給額が過大かどうかは、功績倍率いかんです。
> - 中小企業では、功績倍率が3倍を超えると否認されているようです。
> - 分掌変更などで支給する退職金が損金扱いされる場合があります。

◆ 功績倍率は最高3倍程度まで

役員退職金についても、不相当に高額と認められる金額は損金に算入されません。不相当に高額かどうかは、その役員の在任期間、退職の事情、同業他社との比較などで判断されます（法法34②、法令70二）。

実務的に役員退職金の支給額は、次の算式で計算することが多いようです。

　　　　　役員退職金支給額＝最終報酬月額×在任年数×功績倍率

報酬月額は、「過大な役員報酬」（法令70一）の規定でチェックされます。また、在任年数も客観的な数値ですから、結局のところ役員退職金が過大かどうかは「功績倍率」いかんです。

税務上、事業規模が類似する同業他社の平均的な支給倍率が、一応妥当な功績倍率とされています。功績倍率をめぐる裁判例などから判断すると、具体的に、中小企業では通常、『3倍』程度までに抑えておかないと否認されているようです。

◆ 基準作りがトラブル回避のポイント

税務署とのトラブルを回避するためには、役員退職金に関する規程または内規を整備しておくべきです。税務では何事によらず、一定のルールに従って規則的、画一的に処理することが肝要です。たとえば、役員の地位に応じて功績倍率を、次のように定めている会社もあります。

● **功績倍率の定め（例）**

> 代表取締役……3.0倍、専務取締役……2.5倍、常務取締役……2.0倍、取締役……1.5倍、監査役……1.5倍

もちろん、形式だけ整え中身が伴わないのはダメ。規程を作るだけでなく、実際にその規程どおり運用することが大切です。

◆ 分掌変更などで支給する退職金も損金算入

役員の分掌変更や、改選による再任などで退職金を支給する場合があります。役員としての地位や職務内容が激変し、実質的に退職したも同然（みなし退職）と認められる次のような事実があれば、税務上も退職金として取り扱われます（法基通9－2－32）。

① 常勤役員が非常勤役員になったこと
　　（注）　非常勤でも、代表権のある人や経営上主要な地位を占めている場合はダメ
② 取締役が監査役になったこと
　　（注）　監査役でも、経営上主要な地位を占めている人や、使用人兼務役員の判定の際の持株基準（50％・10％・5％基準）をすべて満たす場合はダメ
③ 分掌変更などで報酬が半分以下になったこと
　　（注）　分掌変更後も、経営上主要な地位を占めている場合はダメ

中小企業では会社の節税目的で、このみなし退職の取扱いを悪用しようとする向きもあります。その動きを規制するため、いずれのケースも注書の要件が付されていることにご留意ください。なお、このような事実がないのに退職金を支払うと、役員賞与として全額が損金不算入の扱いを受けます。

▌参考（要約条文）

法令70条（過大な役員給与の額）
1　法第34条第2項に規定する政令で定める金額は、次に掲げる金額とする。
　二　退職給与の額が、法人の業務に従事した期間、退職の事情、同種の事業を営む法人で事業規模が類似するものの支給状況等に照らし、退職した役員に対する退職給与として相当であると認められる金額を超える部分の金額

Ⅳ 交際費

1 交際費課税

> **ポイント**
> - 接待、供応、慰安、贈答等による交際費は、原則として損金不算入です。
> - 交際費課税の立法趣旨は、冗費の節約と資本の蓄積にあります。
> - 交際費課税の適用範囲は、日常用語以上に広く解釈されます。
> - 福利厚生も、度を過ごせば交際費扱いされます。

◆ 交際費に税金がかかる？

　経理業務に携わっていると、**交際費課税**という言葉をよく耳にします。交際費でお金を使えばそこに法人税がかかるという意味ですが、考えてみればこれはおかしな話です。

　法人税は儲けに対してかかる税金、つまり入ったお金から使ったお金を差し引いた残りにかかる税金です。使ったお金自体に税金がかかるとは、消費税でもあるまいし……妙な話だと疑問がわいて当然です。

　実はこういうことです。交際費課税の大義名分は"冗費の節約"と"資本の蓄積"の2つ、つまり、無駄遣いをやめてそのお金を会社に残そうということですが、その観点から原則として、交際費を損金扱いしないこととしています。

　となると、交際費でお金を使えば、販売促進費や広告宣伝費など損金になる使い方をした場合と比べて、その分だけ所得が膨らみます。そして膨らんだ部分には法人税がかかる、これが交際費課税の正体です。

●交際費課税

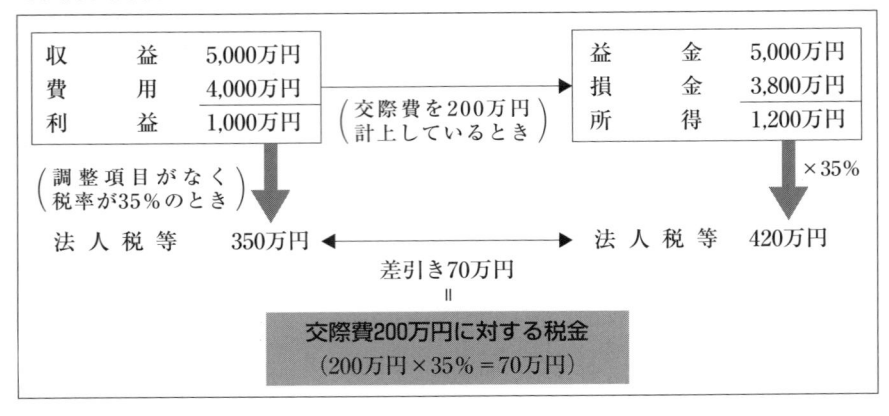

収　　益	5,000万円
費　　用	4,000万円
利　　益	1,000万円

（交際費を200万円計上しているとき）→

益　　金	5,000万円
損　　金	3,800万円
所　　得	1,200万円

（調整項目がなく税率が35％のとき）

×35％

法　人　税　等　　350万円　←→　法　人　税　等　　420万円

差引き70万円
＝
交際費200万円に対する税金
（200万円×35％＝70万円）

◆ 接待、供応、慰安、贈答等に対して交際費課税

税法では、交際費について次のように規定しています（措法61の4④）。

措法61条の4（交際費等の損金不算入）

4　交際費等とは、交際費、接待費、機密費その他の費用で、得意先、仕入先その他事業に関係のある者等に対する接待、供応、慰安、贈答その他これらに類する行為のために支出するもの（次に掲げる費用を除く。）をいう。
一　専ら従業員の慰安のために行われる運動会、演芸会、旅行等のために通常要する費用
二　飲食その他これに類する行為のために要する費用で、政令で定める金額(注)以下の費用
三　前2号に掲げる費用のほか政令で定める費用

　　　　　　　　　　　　　　　　　　　（注）　1人あたり5,000円以下

◆ 交際費課税の適用範囲は広く解釈

　交際費課税に関する税法の条文や通達では、常に「交際費等は……」という具合に"等"の付いた用語が使われます。これは一般用語の交際費の概念より広い範囲のものを、課税対象にするということです。
　たとえば、一般に"接待交際"といえば社外の者に対する行為をさし、社内

で従業員どうしが飲食をすれば"福利厚生"だと通常は考えます。ところが、税務では交際費の範囲を広くとらえるのと裏腹に、「福利厚生費」は極めて狭く解釈します。

　従業員全員が機会均等にその恩恵に浴するのが福利厚生であって、会議などに伴う飲食ならまだしも、単に一部の者だけ集まって飲食をしたという場合、これは交際費課税に取り込まれてしまいます。

　あるいは、取引先を接待する際の送迎のタクシー代も問題です。一般には「旅費交通費」と認識しますが、これも接待交際に関連する支出であることから交際費等にあたります。

◆ 度を過ごせば福利厚生も交際費扱い

　交際費課税の扱いでもう一つ特徴的なことは、法令や通達で"通常要する費用"という表現が随所にみられる点です。たとえば、忘年会や新年会の費用を会社が負担する場合、これは従業員の慰安のための費用です。そこで原則として福利厚生費になりますが、その際に、通常要する費用かどうかが問題となります。

　別の通達で"通常要する額"という表現がありますから、この通常要する費用というのは単に金額基準の話ではありません。社会通念上、会社は従業員に対して福利厚生でどの程度のことをするものかという、費用としての範囲の問題です。具体的には、忘年会で二次会以降の費用を会社が負担すれば、これは通常の福利厚生の範囲を超えるとみて、交際費等に含められます。

2 交際費課税の変遷

> **ポイント**
> - 昭和29年の創設後、徐々に課税が強化され、昭和57年度改正で大企業は100％課税となりました。
> - 中小企業も平成6年度から課税強化され、平成10年からの4年間が、交際費課税の最も厳しい時代でした。
> - 平成14年度から課税緩和に向かい、18年度改正で5,000円以下飲食費を交際費から除外する措置が講ぜられました。
> - 平成25年度改正で中小企業の交際費課税は、事実上なくなりました。
> - 平成26年度改正で大企業も緩和され、飲食費の50％相当額は損金算入できることになりました。

◆ 昭和29年度改正で創設

　この税制は、昭和29年度の改正で租税特別措置法において、臨時措置として設けられました。昭和29年2月に起きた「造船疑獄」事件に端を発し、当初は資本金5,000万円以上の法人（当時の超大企業）を対象とした、課税ベースの小さな制度でした。しかし、新しい税制には通常、一度導入されると自己増殖作用が働きます。この税制もその典型で、以後、徐々に課税ベースが拡大していきます。

◆ 昭和57年度改正で100％課税

　昭和29年以後、時限措置の期限が切れるたび延長に延長を重ね、適用法人の拡大、課税割合の増加など課税ベースは拡大の一途をたどります。そして、昭和57年度の改正でいよいよ、原則として交際費には100％課税する、とされました。

　ただし、中小零細企業を保護するため、資本金額に応じて一定額の損金算入（定額控除）枠を認めることとしました。

●昭和57年度改正

```
┌ 資本金1,000万円以下の法人………年間400万円まで非課税
┤ 資本金1,000万円超5,000万円以下の法人………年間300万円まで非課税
└ 資本金5,000万円超の法人………非課税枠なし（全額課税）
```

◆ 平成6年度から中小企業も課税強化

その後、中小企業を優遇することへの反省、あるいは税収確保のため、平成6年度改正で資本金5,000万円以下の法人について、交際費支出額が上記の控除限度内の金額であっても、その10％相当額は損金不算入とすることとされました。

平成10年度の改正でさらなる課税強化が図られ、控除限度内に対する課税が10％から20％に引き上げられます。その後、平成14年度からは緩和に向かったので、今から振り返れば平成10年度から13年度までの4年間が、交際費課税の最も厳しかった時代といえます。

◆ 平成14年度から課税緩和に向かう

バブル崩壊後の長引く不況の中、平成14・15年度の改正で、中小企業の課税が緩和されます。すなわち、控除限度内に対する課税割合を20％から10％に戻し、あわせて定額控除枠の金額が、資本金1億円以下の法人につき年間400万円と改められました。

●平成14・15年度改正

```
〈定額控除枠の金額〉
┌ 資本金1,000万円以下の法人………年間400万円
└ 資本金1,000万円超5,000万円以下の法人………年間300万円
         ↓
  資本金1億円以下の法人………年間400万円
〈控除枠内に対する課税割合〉
  20％ ➡ 10％
```

◆ 飲食費に対する課税を緩和

　なかなか回復しない経済情勢の下、消費を喚起する観点から平成18年度改正において、1人あたり5,000円以下の飲食費を交際費から除外する措置が講ぜられました。この改正は、中小企業だけでなく大法人も含めた取扱いです。昭和57年度の100％課税導入以来、ようやく大企業にも交際費課税の緩和の波が及ぶこととなりました。

　その後、平成21年度の改正では、さらに中小企業の定額控除枠が拡大され、資本金1億円以下の法人の控除限度額が400万円から600万円に引き上げられます。

◆ グループ法人税制の導入で課税強化

　以上、平成14年度から緩和措置が続きましたが、平成22年度の改正で若干の課税強化が図られます。この年に「グループ法人税制」が導入され、その措置に伴って、資本金1億円以下の法人であっても、資本金5億円以上の法人の100％子会社には、定額控除枠を認めず大企業並みに課税することとされました。

◆ 平成25年度改正で中小企業の課税はなくなった？

　次なる緩和措置は、平成25年度の改正です。資本金1億円以下の法人について、定額控除額が600万円から800万円に引き上げられ、かつ、定額控除限度内の10％課税が廃止されました。つまり平成26年3月期決算からは、交際費支出額のうち年800万円を超える金額だけが損金不算入、ということになりました。

　この改正では、定額控除枠の引上げよりも、10％課税の廃止に大きなインパクトがありました。国税庁の統計資料によれば、資本金1億円以下の法人における交際費支出額の平均は年間100万円程度です。もしも中小企業で、年間数百万円もの交際費を使っていれば、その会社はとっくに倒産していることでしょう。

　ということは、それまでの別表4における10％相当額の加算が、この改正により不要となり、中小企業への交際費課税は事実上消滅したことになります。

◆ 平成26年度改正で大企業も緩和

　翌年の平成26年度改正では、ついに大企業の課税も緩和に動きます。交際費のうち飲食のための支出額の50％相当額は、損金算入が可能とされました。平成18年度の改正で、1人あたり5,000円以下の飲食費は交際費から除外されているので、5,000円超の飲食費にこの"50％損金算入"が適用されます。

　振りかえれば、ピーク時の平成4年度には全国の法人で6,200億円あった接待飲食費の支出額が、平成24年度は940億円にまで落ち込んでいます。日本経済を活性化させるために消費喚起を促す、という政治的判断でなされた改正です。

　以上の結果、交際費課税は現在、次のような姿になっています（措法61の4①・②）。

●現行の交際費課税

(1) **大法人（資本金1億円超）**
　　次の①・②の合計額を損金不算入とする。
　　① 飲食費×50％
　　② 飲食費以外の交際費支出額
(2) **中小法人（資本金1億円以下）**
　　次の③・④のいずれかを選択適用
　　③ 交際費支出額のうち年800万円を超える金額を損金不算入とする。
　　④ 大法人と同様、上記①・②の合計額を損金不算入とする。

　なお、「飲食費50％損金算入」の制度は、「800万円損金算入」との選択で中小企業にも認められています。しかし、800万円損金算入よりもこれが有利な場合とは、飲食費支出額が1,600万円超のケースです。先に述べたように、中小企業の交際費支出額は平均して年100万円程度ですから、現実には、中小企業で飲食費50％損金算入制度の適用は、一般には考えられません。

参考（要約条文）

措法61条の4（交際費等の損金不算入）

1　法人が支出する交際費等の額のうち接待飲食費の100分の50相当額を超える金額は、損金の額に算入しない。
2　前項の場合において、法人のうち資本金が1億円以下であるもの（法人税法第66条第6項第2号又は第3号に掲げる法人（注）を除く。）については、次の各号に定める金額をもって、前項に規定する超える部分の金額とすることができる。
　一　交際費等の額が800万円に事業年度の月数を乗じこれを12で除した金額（定額控除限度額）以下である場合　　0
　二　交際費等の額が定額控除限度額を超える場合　超える部分の金額
　　　　　　　　　　（注）資本金5億円以上の法人の100％子会社

3 接待飲食費

> **ポイント**
> - 接待飲食費で5,000円以下は交際費から除外、5,000円超は50％損金算入とされ、実務上、飲食費に関する理解が重要です。
> - 社外の人を接待するための支出をいい、社内飲食費は接待飲食費になりません。
> - 帳簿記載要件等に関する規則も設けられています。
> - 国税庁FAQで、飲食費に関する詳細な取扱いが示されています。

◆ 交際費課税では飲食費に関する理解が重要

現行の交際費課税は、中小企業には事実上適用なし、大企業では「1人あたり5,000円超の接待飲食費が50％損金算入」となっています（Ⅳ-2参照）。そこで実務上、"飲食費"に関する理解が重要です。

まず、1人あたり5,000円以下の飲食費は、そもそも交際費から除外されています（措法61の4④二、措令37の5①）。また、5,000円超の**接待飲食費**について、その50％相当額は損金に算入されます（措法61の4①）。

(注) 条文では、5,000円以下のものを「飲食費」、5,000円超は「接待飲食費」と言葉を使い分けていますが、両者の内容は実質上同じです。

◆ 具体例をFAQで示す

租税特別措置法61条の4第4項では、接待飲食費を「交際費等のうち飲食その他これに類する行為のために要する費用」と定義しています。

ここでいう"その他これに類する行為"とは何か、これに関して国税庁FAQ（平成26年4月）では、次のように具体例を示しています。

〈飲食費に含まれるもの〉
① 得意先等を接待して飲食するための「飲食代」

② 飲食等のために支払う「テーブルチャージ料・サービス料等」
　③ 飲食等のために支払う「会場費」
　④ 得意先等の業務の遂行や行事の開催に際して差し入れる「弁当代」
　⑤ 飲食店等での飲食後、その飲食店で提供されている飲食物の「お土産代」

〈飲食費に該当しないもの〉
　① ゴルフや観劇、旅行等の催事に際しての飲食費用（催事とは別に単独で行われる飲食等はOK）
　② 接待等を行う飲食店等への送迎費
　③ 飲食物の詰め合わせの贈答費用

◆ 社内飲食費はダメ

　また、接待飲食費の定義では、「専ら当該法人の役員若しくは従業員又はこれらの親族に対する接待等のために支出するものを除く」としています。

　したがって、5,000円以下または5,000円超のいずれにせよ、損金扱いするためには、社外の人を接待するための支出でなければなりません。社内の役員・従業員どうし、あるいはその親族を加えただけでの飲食はダメです。

　なお、国税庁FAQでは、次のようなものは「社内飲食費」扱いをしないとされています。

〈社内飲食費に該当しないもの〉
　① 親会社やグループ内の他社の役員等に対する接待飲食費用
　② 同業者同士の懇親会や得意先等と共同で開催する懇親会に出席した場合の自己負担分の飲食費

◆ 帳簿書類への記載も必要

　さらにもう一つ、接待飲食費としての50％損金算入規定の適用を受けるためには、「その旨につき財務省令で定めるところにより明らかにされているもの」でなければなりません。施行規則では、総勘定元帳や飲食店等から受け取った領収書・請求書等に次の事項を記載すること、と定めています（措規21

の18の4)。

① 飲食等のあった年月日
② 飲食等に参加した得意先等の氏名または名称およびその関係
③ 飲食等の額、飲食店等の名称および所在地
④ その他飲食であることを明らかにする事項

なお、5,000円以下飲食費として交際費から除外するためには、1人あたりの金額が5,000円以下であることを証明するため、次の事項も記載しなければなりません(措規21の18の4後段)。

⑤ 飲食等に参加した者の数

参考(要約条文)

措法61条の4(交際費等の損金不算入)
4 ……第1項に規定する接待飲食費とは、同項の交際費等のうち飲食その他これに類する行為のために要する費用(専ら当該法人の役員若しくは従業員又はこれらの親族に対する接待等のために支出するものを除く。第2号において「飲食費」という。)であって、その旨につき財務省令で定めるところにより明らかにされているものをいう。
一 (略)
二 飲食費であって、その支出する金額を基礎として政令で定めるところにより計算した金額が政令で定める金額以下の費用

措令37条の5(交際費等の範囲)
1 法第61条の4第4項第2号に規定する政令で定めるところにより計算した金額は同項に規定する飲食費として支出する金額を当該飲食に参加した者の数で除して計算した金額とし、同号に規定する政令で定める金額は5,000円とする。

V 減価償却

1 償却あれこれ

> **ポイント**
> 普通償却、特別償却、総合償却、即時償却、一括償却、均等償却、みなし償却の各用語を正確に理解してください。

　経理の仕事に携わっている人、あるいは、多少なりとも簿記会計の勉強をした人なら、**償却**と聞けば"減価償却"と即座に思い浮かぶことでしょう。広辞苑にも、「① つぐないかえすこと。② 減価償却の略。」と記されています。
　以下、償却の言葉を含むあれこれの用語を解説します。

減価償却

◆ 価値減少の事実を会計的に処理

　固定資産の"価値の減少"から2文字とって「減価」、この価値減少の事実を会計的に処理することを「償却」といいます。この処理がなければ、固定資産の取得価額の全額が、購入時または廃棄時に一度に費用化されてしまいます。しかしそれでは、資産が使用期間中の企業活動に貢献する事実を、決算書に反映させることができません。そこで一定の基準に基づき、取得価額を規則的・計画的に費用配分する手続き、それが**減価償却**です。

特別償却

◆ 産業政策の一環で税の恩典として認められる償却

　税法では、定額法・定率法による通常の償却のことを**普通償却**といい、これとは別に、租税特別措置で税の恩典として認めるものを**特別償却**と称します。生産性向上設備や省エネ・新エネ設備など、生産設備の近代化や特定設備

への投資促進など、その時々の社会政策的課題を達成するために、時限的にこの特例が設けられています。

総合償却

◆ 機械装置は業種分類ごと一括した単位で償却計算

個々の資産ごとに行う個別償却に対して、機械および装置には**総合償却**が適用されます。独立した機能をもつ複数の資産から構成され、全体が一体となって有機的に機能するものにつき、"○○製造業用設備"という単位で一括して償却計算を行います。「耐用年数表」では、日本標準産業分類の中分類に従い、機械装置を55種類に分類しています。

即時償却

◆ 初年度に取得価額の全額が損金算入

取得価額が10万円未満（中小企業では30万円未満）の少額減価償却資産については、資産計上を行わず全額の損金算入が認められています（法令133）。条文には出てこない用語ですが、通常の減価償却に対してこの処理のことを**即時償却**と呼ぶことがあります。

なお、生産性向上設備、あるいは風力発電装置などのいわゆる省エネ・新エネ設備については、初年度に普通償却限度額との合計で取得価額相当額まで特別償却することが認められています。要するに、最初の年に取得価額の全額の損金算入が可能ということで、この処理も即時償却と呼ばれることがあります。

一括償却

◆ 10万円以上20万円未満の固定資産は3年均等償却

取得価額が10万円以上20万円未満の一括償却資産については、通常の償却計算に代えて、事業年度ごとに一括して3年間で均等額ずつ償却することができ、これを**一括償却**といいます（法令133の2①）。この制度は、平成10年度の税制改正で、少額減価償却資産の判定基準が20万円から10万円に切り下げられたことに伴い導入されました。

均等償却

◆ 毎年同額を償却費として計上

　即時償却と同じように、これも税法の条文には出てこない用語です。要は一定期間に毎年同額を償却費として計上することを**均等償却**といいます。上記の一括償却がそうですし、もっと一般的なのは、定率法の計算において、耐用年数のある時点を境に「改定償却率」を使った計算に切り替わり、その後の期間で均等償却を行うというものがあります。

みなし償却

◆ 償却費とみなすことで損金算入を可能とする

　税務上、さまざまな償却費を損金に算入するためには、原則として"償却費"の科目で経理処理することが要求されます。ただし、償却費以外の科目で処理しても、次のようなものは償却費とみる、**みなし償却**の取扱いが設けられています（法基通7-5-1）。

●みなし償却

①	取得価額に計上すべき"付随費用"のうち費用処理した金額
②	修繕費で計上されたもののうち資本的支出に該当する金額
③	除却損や評価損（減損損失を含む）のうち損金不算入の金額
④	売買処理すべきリース取引のリース料のうち賃借料として計上した金額

　この取扱いにより、損金不算入額の認容（損金算入）が可能となります。

2 少額減価償却資産

> **ポイント**
> - 法人税法上、取得価額10万円未満のものには、即時損金算入が認められます。
> - 租税特別措置法上、中小企業では30万円未満で即時損金算入が可能です。
> - 10万円（30万円）未満かどうかは、取引単位ごとに判定します。
> - 10万円以上20万円未満のものには、3年均等償却の制度が設けられています。

◈ 取得価額が10万円未満なら即時損金算入

　減価償却資産のうち、取得価額が『10万円』未満のものを**少額の減価償却資産**といい、全額を一時に損金算入できます（法令133）。ただし、購入しただけでは損金になりません。購入後、事業の用に供した（使用を開始した）時点で、損金経理（費用処理）することにより損金算入が認められます。

　なお、いったん資産に計上し減価償却の計算を開始した資産を、その後の期間で一時に損金経理しても、その処理は認められません。あくまで償却計算の例外措置ですから、当初の申告時点で少額資産としての取扱いを選択することにより、一時の損金算入が認められるということです。

◈ 中小企業は30万円未満で即時損金算入

　上記の取扱いに関して、中小企業者（大法人の子会社を除く資本金1億円以下の法人）には、10万円ではなく『30万円』基準の特例が設けられています（措法67の5①）。

　（注）　10万円基準と区別するため、こちらは**少額減価償却資産**と称しています。

　年間合計300万円までという制約がありますが、その金額まで30万円未満のものを一時に損金算入することができます。この特例は、平成28年3月31日ま

での間に取得する資産について、時限的に適用されています。

- 少額の減価償却資産（10万円基準）　← 　法人税法上の取扱い
  　　　　　　　　　　　　　　　　　　　　（全法人が対象）
- 少額減価償却資産（30万円基準）　← 　租税特別措置法上の取扱い
  　　　　　　　　　　　　　　　　　　　　（中小企業者が対象）

◧ 少額基準は取引単位ごとに判定

　取得価額が10万円（または30万円）未満かどうかは、通常1単位として取引されるその単位ごとに判定します（法基通7-1-11）。たとえば、機械装置は1台または1基ごと、工具、器具および備品は1個、1組または1揃いごと、といった具合です。したがって、事務用机、椅子などは1個ずつ判定しますが、応接セットは机と椅子を一体で判定することになります。

　なお、10万円（30万円）の判定の際に消費税額を含めるかどうかは、法人の経理処理が"税抜き経理"と"税込み経理"のいずれであるかによります（平元直法2-1「9」）。

◧ 20万円未満のものは3年間で一括償却できる

　少額減価償却資産とは違いますが、取得価額が『10万円以上20万円未満』のものを**一括償却資産**といい、これには事業年度ごと一括して3年間で償却できる取扱いが設けられています（法令133の2①）。通常の減価償却計算とは、次の点で違っています。

●一括償却

① 本来の耐用年数にかかわらず、すべて3年間で償却する。
② 初年度も月割り額でなく年額（3分の1相当額）を全額償却できる。
③ 3年以内に除却しても除却処理はできない。

　通常の償却を行うか、この一括償却によるかは個々の資産ごとに選択できます。

◆ 激変緩和措置として一括償却制度が導入

　一括償却の制度は、次のような経緯で導入されました。少額減価償却資産の金額基準は従来20万円未満でしたが、平成10年度の改正で10万円未満に引き下げられました。そこで、前年までは即時償却が認められていた10万円以上20万円未満の資産について、激変緩和措置として3年均等償却制度が導入されたということです。ただしその後、平成15年度の改正で中小企業の事務負担に配慮して、中小企業者に限って金額基準が30万円未満に引き上げられ今日に至っています。そこで現在では、中小企業にとっては一括償却制度に活用メリットは少なく、この制度はもっぱら大企業において利用されています。

◆ 他の項目には20万円基準が残る

　さて、"少額"の基準は現在では基本的に10万円とされていますが、減価償却資産以外で、別の金額基準が設定されているものもあります。たとえば、即時償却が認められる少額の繰延資産は、『20万円』未満のものとされています（法令134）。また、資本的支出と修繕費の判定において、支出額が20万円未満のものは、明らかに資本的支出であっても修繕費の処理が認められます（法基通7-8-3）。

```
●少額の基準

・減価償却資産  ← 10万円基準
・繰延資産    ┐
・修繕費     ┘ ← 20万円基準
```

　平成10年度の税制改正前は、減価償却資産、繰延資産、修繕費のいずれの場合も、20万円基準が適用されていました。ところが、同年の改正で減価償却資産について10万円基準への引下げが行われたものの、残り2項目についてはそのまま放置されたため、現在のように食い違った姿となっています。

■参考（要約条文）

法令133条（少額の減価償却資産の取得価額の損金算入）
　減価償却資産で、使用可能期間が1年未満であるもの又は取得価額が10万円未満であるものを、事業の用に供した日の属する事業年度に損金経理したときは、損金の額に算入する。

法令133条の2（一括償却資産の損金算入）
1　減価償却資産で取得価額が20万円未満であるもの（前条の規定の適用を受けるものを除く。）を事業の用に供した場合において、その全部又は特定の一部を一括したもの（一括償却資産）の取得価額を当該事業年度以後の各事業年度の費用の額とする方法を選定したときは、各事業年度の損金の額に算入する金額は、損金経理をした金額のうち、一括償却対象額を36で除しこれに事業年度の月数を乗じて計算した金額とする。

措法67条の5（中小企業者等の少額減価償却資産の取得価額の損金算入の特例）
1　中小企業者で、青色申告書を提出するものが、平成18年4月1日から平成28年3月31日までの間に取得し、または製作し、若しくは建設し、かつ、事業の用に供した減価償却資産で、取得価額が30万円未満であるもの（少額減価償却資産）につき事業の用に供した日を含む事業年度において損金経理をした金額は、当該事業年度の損金の額に算入する。この場合において、当該事業年度における少額減価償却資産の取得価額の合計額が300万円（事業年度が1年に満たない場合は、300万円を12で除し、これに当該事業年度の月数を乗じた金額）を超えるときは、300万円を限度とする。

3 定額法と定率法の償却率

> **ポイント**
> ●同じ耐用年数でも、新・旧定額法で償却率が異なる場合があります。
> ●定率法の償却率は、定額法の分数による償却率を2.0倍した数とされています。

◆ 同じ耐用年数でも新・旧定額法で償却率が異なる

　税務上の償却計算は、定額法の場合も定率法と同じく、**償却率**を使って計算します。定額法の償却率は、もともと『1÷耐用年数』の算式で求められますが、この計算で割り切れないときは、端数処理を行い小数点以下3位の数値とします。その際、"切り上げる"か"切り捨てる"かで、新・旧の償却率に違いがあります。

　「償却率表」によれば、次のように旧定額法では切り捨て、新定額法では切り上げられています。これは、平成19年度の減価償却関係の改正が、取得価額の早期費用化をモットーに行われたためです。

耐用年数	旧定額法	新定額法
3年	0.333	0.334
6年	0.166	0.167
7年	0.142	0.143
9年	0.111	0.112

◆ 定率法の償却率は1／耐用年数×2.0

　次に、定率法の償却率は、定額法の償却率を2.0倍（平成23年度改正前は2.5倍）した数とされていますが、たとえば、200％定率法で耐用年数が9年の場合の償却率は、償却率表によれば『0.222』となっており、次のように計算した数値とは異なります。

0.112（定額法の償却率）×2.0＝0.224

なぜなら、定額法の本来の償却率は、端数処理を行う前の"分数"の数値です。そこで、定率法の償却率は、正確には次のように計算しなければなりません。

$\dfrac{1}{9}$（定額法の償却率）×2.0＝0.2222…→0.222

4　旧定率法と定率法

> **ポイント**
> ●平成19年度改正で残存価額が廃止され、償却計算の仕方が大きく変わりました。
> ●とくに定率法の計算は、新・旧でまったく別物です。
> ●定率法だけでは取得価額の全額を費用化できないため、途中から均等償却法に切り替えて償却します。

◆ 償却計算は平成19年度改正で大きく変わった

　平成19年度に、減価償却に関する大きな改正がありました。その結果、平成19年3月31日以前に取得した資産には「旧定額法または旧定率法」、同年4月1日以後に取得したものには「定額法または定率法」が適用されます（新定額法・新定率法という用語は使いません）。

◆ 平成19年度改正で残存価額を廃止

　平成19年度改正のポイントは、「残存価額」の廃止です。大正7年の「償却費損金算入制度」導入以来、1世紀近くにわたって、残存価額（耐用年数到来時に予想される売却価額または利用価額）を取得価額の『10％』とみて、償却計算を行ってきました。この"最後に1割の値打ちが残る"という非現実的な前提を、税務では金科玉条のごとく掲げてきたのですが、さすがに抗しきれず19年度の改正で、残存価額を『0』としました。そして、この見直しに伴い定率法の計算式を、根本的に見直さざるを得なくなったのです。

◆ 旧定率法では一定率を使って取得価額の90％相当額を費用化

　旧定率法の償却率は、次の算式で計算します（法令48①一ロ）。

●旧定率法の償却率

$$1 - \sqrt[n]{\frac{残存価額}{取得価額}} \quad (n:耐用年数)$$

　この算式は、毎期同じ率で償却計算をするとして、耐用年数到来時の帳簿価額を、取得価額の10％相当額とするためには、いくらの率で計算すればいいか、という観点で逆算したものです。

●旧定率法の計算

　取得価額100万円、耐用年数5年の機械を、ある事業年度（1年決算）の期首に取得し、旧定率法（償却率0.369）で償却する場合、毎期の償却限度額は次のようになります。

期	期首帳簿価額	償却額	償却費累計額
1	1,000,000円	369,000円	369,000円
2	631,000円	232,839円	601,839円
3	398,161円	146,921円	748,760円
4	251,240円	92,707円	841,467円
5	158,533円	58,498円	899,965円

（注1）　第1期の償却額：1,000,000円×0.369＝369,000円
　　　　第2期の償却額：(1,000,000円－369,000円)×0.369＝232,839円
　　　　第3～5期は第2期に準じて計算します（円未満の端数切捨て）。
（注2）　第5期の期末の償却費累計額は、理論上は900,000円（償却可能限度額）となるはずです。しかし、償却率（0.369）が小数点以下4位未満を切り捨てた数値であるため、若干の誤差が生じています。

◆ 新しい定率法の償却率は定額法償却率の倍数

　一方、改正後の新しい**定率法**では、償却率を次の算式で計算します（法令48の2①二ロ）。

●定率法の償却率

定額法の償却率×2.5（平成23年度改正後は2.0）

　新しい取扱いでは残存価額が0とされるため、旧定率法の償却率（前掲）に

おいて、√の中が0となります。そうなると、償却率が常に1となってしまい、償却計算ができません。そこで、上掲のように定額法の償却率を一定倍数するやり方（250％定率法）が導入されました。

> （注）　平成23年度の改正により、平成24年4月1日以後に取得した資産には、「200％定率法」が適用されることになりました。

▶ 定率法だけでは取得価額の全額を費用化できない

新しい定率法の償却率では、旧定率法のように耐用年数到来時の帳簿価額を一定数値にすることは考えていません。定額法よりも多額に償却（加速償却）することだけを念頭に置いたやり方ですから、その率で償却を進めて行くと、耐用年数経過時点での帳簿価額は決して『0』にはなりません。

そこで、早期償却を促す観点から、定率法で計算した償却額が一定の額を下回る時点から、「均等償却法」に切り替えて償却することとされています。

具体的には、次のように計算します。

●定率法の計算

取得価額100万円、耐用年数5年の機械を、ある事業年度（1年決算）の期首に取得し、定率法（償却率0.400）で償却する場合、毎期の償却限度額は次のようになります。

期	200％定率法 期首帳簿価額	200％定率法 償却額	均等償却法 切替後の簿価	均等償却法 償却額	定率法による償却額
1	1,000,000円	400,000円	1,000,000円	200,000円	400,000円
2	600,000円	240,000円	600,000円	150,000円	240,000円
3	360,000円	144,000円	360,000円	120,000円	144,000円
4	216,000円	86,400円	216,000円	108,000円	108,000円
5	129,600円	51,840円	108,000円	108,000円	107,999円
計		922,240円			999,999円

（注1）　上表の右端が定率法による償却額です。
（注2）　200％定率法による償却額

　　　　　第1期の償却額：1,000,000円×0.400＝400,000円
　　　　　第2期の償却額：(1,000,000円－400,000円)×0.400＝240,000円
　　　　　第3期以降は第2期に準じて計算します（円未満の端数切捨て）。
（注3）　均等償却法による償却額
　　　　　第1期の償却額：1,000,000円÷5＝200,000円
　　　　　第2期の償却額：600,000円÷4＝150,000円
　　　　　第3期以降も同様に、期首帳簿価額を未経過年数で除して計算します（円未満の端数切捨て）。
（注4）　最終年度は、備忘価額1円を残した金額で償却費を計上します。

◆ 均等償却法に切り替えて全額を費用化

　上記の計算例において、最後まで200％定率法で計算すると、トータルの償却累計額は922,240円止まりです。取得価額の全額を費用化することはできません。そこで、未経過期間による均等償却額が200％定率法の償却額を上回る時点から償却方法を切り替えます。耐用年数が5年の場合、上表の ■■■ に示すように、第4期目において均等償却額（108,000円）が200％定率法の償却額（86,400円）を上回るので、この期から切り替えることになります。これにより、5年間のトータルで取得価額の全額（正確には備忘価額1円を残した金額）を、強引に費用化することができます。

参考（要約条文）

法令48条（減価償却資産の償却の方法）

1　平成19年3月31日以前に取得された減価償却資産の償却限度額の計算上選定できる償却の方法は、次の区分に応じ各号に定める方法とする。
　一　建物　次に掲げる区分に応じそれぞれ次に定める方法
　　　イ　平成10年3月31日以前に取得された建物　次に掲げる方法
　　　　　(1)　（略）　← 旧定額法の規定
　　　　　(2)　旧定率法（取得価額（既にした償却の額で損金の額に算入された金額がある場合には、当該金額を控除した金額）にその償却費が毎年一定の割合で逓減するように当該資産の耐用年数に応じた償却率を乗じて計算した金額を各事業年度の償却限度額として償却する方法をいう。）

ロ　（略）　← 平成10年4月1日以後に取得された建物の取扱い（旧定額法）
法令48条の2（減価償却資産の償却の方法）
1　平成19年4月1日以後に取得された減価償却資産の償却限度額の計算上選定することができる償却の方法は、次の区分に応じ各号に定める方法とする。
　一　（略）　← 建物の取扱い
　二　第13条第1号に掲げる建物の附属設備及び同条第2号から第7号までに掲げる減価償却資産　次に掲げる方法
　　イ　定額法
　　ロ　定率法（取得価額（既にした償却の額で損金の額に算入された金額がある場合には、当該金額を控除した金額）にその償却費が毎年次に掲げる資産の区分に応じ定める割合で逓減するように当該資産の耐用年数に応じた償却率を乗じて計算した金額（当該計算した金額が償却保証額に満たない場合には、改定取得価額にその償却費がその後毎年同一となるように当該資産の耐用年数に応じた改定償却率を乗じて計算した金額）を各事業年度の償却限度額として償却する方法をいう。）
　　　(1)　平成24年3月31日以前に取得された減価償却資産　1から前号に規定する償却率に2.5を乗じて計算した割合を控除した割合
　　　(2)　平成24年4月1日以後に取得された減価償却資産　1から前号に規定する償却率に2を乗じて計算した割合を控除した割合

5 保証率と改定償却率

> **ポイント**
> ●定率法は、償却率のほか保証率と改定償却率を使って計算します。
> ●償却率は、「1／耐用年数×2.0」の算式で求めます。
> ●改定償却率は、均等償却に切り替えた後の償却年数を表します。
> ●保証率は「償却保証額／取得価額」の数値で、切替え後の均等償却額により求めます。

◆ 定率法は償却率・保証率・改定償却率を使って計算

　新しい定率法では、200％定率法（または250％定率法）と均等償却法をミックスさせて計算します。しかし、そのような二重計算は手間暇がかかるため、実務では、償却率のほか**保証率**と**改定償却率**を使って、次のような簡便計算を行います（法令48の2①二ロ・⑤）。

　（注）　保証率と改定償却率は、「償却率表」に示されています。

●定率法の計算

　取得価額100万円、耐用年数5年の機械を、ある事業年度（1年決算）の期首に取得し、定率法（償却率0.400、保証率0.10800、改定償却率0.500）で償却する場合、毎期の償却限度額は次のようになります。

① 　保証率を使った計算

　　　　償却保証額＝取得価額×保証率
　　　　　　　　　＝1,000,000円×0.10800＝108,000円

　この108,000円が、5年間の各期間で償却費として損金算入される最低保証額となります。一方、200％定率法により償却計算を進めていくと、次のように第4期目の償却額がこの保証額を下回ります。

期	200%定率法 期首帳簿価額	200%定率法 償却額	償却保証額
1	1,000,000円	400,000円	108,000円
2	600,000円	240,000円	108,000円
3	360,000円	144,000円	108,000円
4	216,000円	86,400円	108,000円
5	129,600円	51,840円	108,000円
計		922,240円	

調整前償却額（86,400円）＜償却保証額（108,000円）

（注）「調整前償却額」とは、均等償却法に切り替える前の200％定率法による償却額をいいます。

② 改定償却率を使った計算

そこで、第4期目から均等償却法に切り替えて、次のように改定償却率を使った計算を行い、第4期以降の償却額は次のように計算します。

　　改定償却額＝改定取得価額×改定償却率
　　　　　　　＝216,000円×0.500＝108,000円

（注1）「改定取得価額」は切替年度の期首帳簿価額をいい、「改定償却率」は切替え後の年度において使用する均等償却法の償却率のことです。

（注2）最終年度は、備忘価額1円を残した金額で償却費を計上します。

◆ 定率法の償却率は1／耐用年数×2.0

定率法の償却率は、定額法の償却率（1÷耐用年数）を2.0倍した数とされています。そこで、たとえば耐用年数が5年であれば、1÷5×2.0＝『0.400』と計算するのは、皆さんご存知でしょう。では、残り2つの数値は何を意味するのか、以下、その種明かしをします。

Ⅴ－4で説明したように、200％定率法だけで計算すると、耐用年数の期間内に取得価額の全額を費用化できません。そこで、残存年数による均等償却額が200％定率法による償却額を上回る年から、均等償却に切り替えます。切替え時期はあらかじめ計算が可能で、耐用年数が5年の場合は4年目に切り替えることとなり、4年目の期首簿価（216,000円）を残り2年間で均等に費用化

します（最終年は備忘価額1円を残す）。

◆ 改定償却率は切替え後の償却年数を表す

さて、この切替えに関して2つの数値の出番です。まず、**改定償却率**は、切替え後何年で償却するかを示しています。耐用年数が5年の場合は4年目に切り替わり、残り2年間で均等償却するので、1 ÷ 2 =『0.500』となります。

ちなみに、耐用年数が3年なら最終年度に切り替わるので『1.000』、8年のものは6年目で残り3年間なので1 ÷ 3 =『0.334』、といった具合です。

◆ 切替え後の均等償却額で保証率を求める

次に、**保証率**の説明です。耐用年数が5年の場合、均等償却に切り替えた後の4年目の償却額にご注目ください。先に計算したとおり『108,000円』で、これが保証率の数字の出どころです。

そもそも保証率とは、取得価額に対する償却保証額の割合を表しています。たとえば、耐用年数が5年であれば、切替え時期が4年目に到来することはあらかじめ分かっており、切替え後の均等償却額は前もって計算できます。そこでその金額を使い、保証率は次のように計算されます。

●保証率の計算過程

償却保証額＝切替え年度の期首簿価×改定償却率
　　　　　＝216,000円×0.500
　　　　　＝108,000円

保証率＝償却保証額÷取得価額
　　　＝108,000円÷1,000,000円
　　　＝0.10800

要するに、均等償却に切り替えた後の償却額が保証率の数字の出所、ということです。

参考（要約条文）

法令48条の2（減価償却資産の償却の方法）

5 この条において、次の各号に掲げる用語の意義は、当該各号に定めるところによる。

一 償却保証額 取得価額に保証率を乗じて計算した金額をいう。

二 改定取得価額 次に掲げる場合の区分に応じそれぞれ次に定める金額をいう。

　イ 第1項第2号ロに規定する償却金額（調整前償却額）が償却保証額に満たない場合（前事業年度における調整前償却額が償却保証額以上である場合に限る。） 当該取得価額

　ロ 連続する2以上の事業年度において調整前償却額がいずれも償却保証額に満たない場合 当該連続する2以上の事業年度のうち最も古い事業年度における第1項第2号ロに規定する取得価額

6 償却可能限度額

> **ポイント**
> - 昭和39年度改正時に、残存価額を10％から5％へ引き下げる要望がありました。
> - しかし、償却限度額が20～30％増加するため、財政的に無理との判断が下されました。
> - 代わりに、耐用年数到来後も帳簿価額が5％に達するまで償却を続行する（償却可能限度額95％）制度が導入されました。
> - 以後、残存価額と償却可能限度額の二重計算の制度が、平成19年度の改正まで続きます。

◆ 大正7年に減価償却制度が導入

　法人所得に対する課税は明治32年にスタートしましたが、大正7年度の税制改正でようやく、減価償却費の損金算入が認められました。その際、「堪久年数表」（耐用年数表）、「減価償却歩合表」（償却率表）とともに「低減歩合表」が設けられ、残存価額が取得価額の『10％』と定められました。その後、長年にわたってその割合で償却限度額の計算が行われてきましたが、約半世紀を経て昭和39年度に、残存価額を10％としたまま、**償却可能限度額**を取得価額の『95％』とする改正が行われました。

◆ 残存価額10％から5％への変更要望

　昭和39年度におけるこの改正は、わが国の高度成長期の真っ只中（同年に東京オリンピック開催）、外資に対抗するため経済界の強い要望を受けて行われました。元々の要望は、残存価額の割合を10％から5％に引き下げてほしいというものでした。

　そもそも、定率法の償却率は次の算式で計算した数値で、これは、毎期同じ率で償却計算をするとして、耐用年数到来時に帳簿価額を取得価額の10％相当

額だけ残すためには、いくらの率で計算すればいいか、という観点で逆算したものです。

●旧定率法の償却率

$$1 - \sqrt[n]{\frac{残存価額}{取得価額}} \quad (n：耐用年数)$$

この算式中、√の中の分子の数字を10から5に変えるということですから、この変更は結局のところ、算式をこう変えるという話です。

●償却率の改正要望

$$「1 - \sqrt[n]{0.1}」 \Rightarrow 「1 - \sqrt[n]{0.05}」$$

◆ 簿価5％になるまで償却続行

そこで、当時の大蔵省（現在の財務省）は試算をしました。そうすると、償却限度額が20～30％増加し、約4,000億円の税収減と計算され、税収規模が年3兆円（うち法人税収1兆円）の当時としては、とうてい受け入れられない変更でした。

（注）ちなみに現在の税収は、平成25年度で合計51兆円（うち法人税10兆円）です。

財界の要望はあえなく却下されましたが、その際に大蔵省が妥協策として持ち出したのが、残存価額は従来どおり10％とするが、耐用年数の到来後も帳簿価額が5％に達するまでは償却計算を続行できる（償却可能限度額は95％）というやり方です（法令61①一イ）。

つまりは、残存価額と償却可能限度額の二重制度ですが、以後40数年間、平成19年度の改正まで、実務担当者泣かせのこの複雑な計算制度が続くこととなりました。

参考（要約条文）

法令61条（減価償却資産の償却累積額による償却限度額の特例）

1　前事業年度までの償却累積額と当該事業年度の償却限度額に相当する金額との合計額が当該各号に定める金額を超える場合には、当該償却限度額に相当する金額からその超える部分の金額を控除した金額をもって当該事業年度の償却限度額とする。

　一　平成19年3月31日以前に取得されたもので、そのよるべき償却の方法として旧定額法、旧定率法を採用しているもの　次の区分に応じそれぞれに定める金額

　　　イ　第13条第1号から第7号までに掲げる減価償却資産　取得価額の100分の95に相当する金額

7　法定耐用年数

> **ポイント**
> - 通常の維持修繕を行う場合の物理的使用可能期間（通常の陳腐化を織込み済）により算定しています。
> - 本体と副次部分の各年数を加重平均した数値です。
> - 機械装置は業種別分類による総合耐用年数とされています。

◆本体と副次部分を加重平均した年数

「耐用年数省令」に定める**法定耐用年数**は、通常の維持修繕を行うとした場合の一般的な効用持続年数（物理的使用可能期間）をベースとして、通常の陳腐化も織り込んで算定されています。

具体的には、建物等の個別的資産については、中核部分と副次的部分とを総合して算出した年数とします。たとえば、鉄筋コンクリート造りの事務所用建物の耐用年数は50年とされていますが、これは決して、建物自体が50年で崩壊するということではありません。

構造体（鉄筋コンクリート）の年数を中核とし、それに防水設備、床、外装、窓等の年数を加重平均して求められます。したがって、建物本体の耐用年数は100年以上であっても、副次部分を考慮して50年という年数で設定されているのです。

◆機械装置は総合耐用年数

なお、機械及び装置の耐用年数は"業種別"の分類とし、「日本標準産業分類」の中分類をベースとして、食料品製造業用設備、繊維工業用設備、化学工業用設備など、設備の種類別に55種類に区分して定められています。

それぞれの区分は、標準的な構成による設備を想定したものとなっていて、それを構成する個々の資産の個別耐用年数を総合した年数（総合耐用年数）を法定耐用年数としています。「総合耐用年数」は、たとえば次のようにして計

算されます。

●**総合耐用年数の計算**

構成する機械装置	取得価額	個別耐用年数	年償却額
A	1,000,000円	10年	100,000円
B	160,000円	8年	20,000円
C	360,000円	12年	30,000円
D	270,000円	9年	30,000円
E	300,000円	15年	20,000円
合　計	2,090,000円		200,000円

2,090,000円÷200,000円＝10.45年 → 10年

8 償却超過と償却不足

> **ポイント**
> - 損金経理と限度額以下の2つの要件を満たす金額が損金に算入されます。
> - 償却超過額と償却不足額は、いずれも損金不算入です。
> - 償却不足額は簿価に残留し、以後の期間で損金に算入されます。
> - 当期の償却不足額の範囲内で、繰越償却超過額が認容（損金算入）されます。

◆ 損金経理かつ限度額以下の金額を損金算入

　法人税法上、減価償却費を損金に算入するためには、次の条件を2つとも満たさなければなりません（法法31①）。

① 損金経理した金額であること
② 税務上の償却限度額以下の金額であること

　まず、償却費のような計算上の数字については、会社自身が償却実施の意思表示（損金経理）をしなければなりません。つまり、償却するかどうかを法人の意思に委ね（任意償却）、償却を行う場合は課税の公平の観点から、無制限には損金算入を認めず、一定の限度額を設けているということです。

◆ 超過額・不足額ともに損金不算入

　損金経理した減価償却費のうち、税務上の限度額を超過する金額（**償却超過額**）は損金不算入なので、申告調整で加算しなければなりません。一方、**償却不足額**も損金経理していないので、当期の損金には算入されません。もちろん、翌期に繰り越してその期の償却限度額に上乗せすることも認められません。償却不足額はその資産の帳簿価額に残留し、耐用年数経過後の期間において損金経理をすれば、損金の額に算入されます。

◆ 損金経理額には前期以前の償却超過額を含む

なお、法人税法31条4項において、「当期の損金経理額には、前期以前に損金不算入とされた金額を含む」と規定されています。ということは、前期以前に償却超過の生じている資産については、当期の償却不足額の範囲内でその繰越償却超過額が"認容"されます。つまり、申告調整で減算することにより、認容額が当期の損金となります。

(注) 法人税法の取扱い（任意償却）と違って、所得税法では"強制償却"とされているので（所法49①）、償却不足額は認容されることなく永久に切り捨てられます。

以上の説明を、ケース別に数字例で示せば次のとおりです。

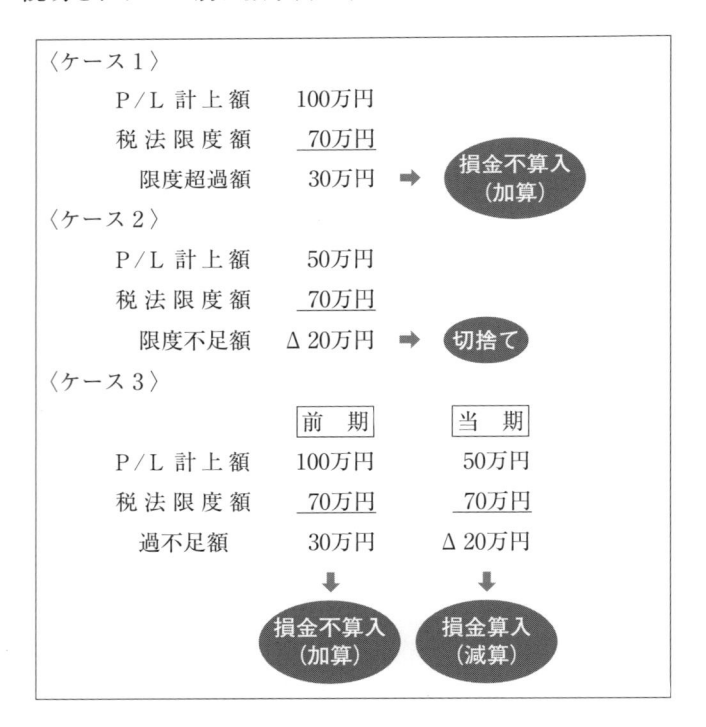

〈ケース1〉
- P/L計上額　　100万円
- 税法限度額　　 70万円
- 限度超過額　　 30万円　→　損金不算入（加算）

〈ケース2〉
- P/L計上額　　 50万円
- 税法限度額　　 70万円
- 限度不足額　　△20万円　→　切捨て

〈ケース3〉

	前期	当期
P/L計上額	100万円	50万円
税法限度額	70万円	70万円
過不足額	30万円	△20万円
	↓	↓
	損金不算入（加算）	損金算入（減算）

◆ 当期償却不足額の範囲内で繰越償却超過額が認容

〈ケース3〉では、当期の損金経理額は50万円（P/L計上額）＋30万円（過年度損金不算入額）＝80万円となります。そこで、70万円（償却限度額）が当

期の損金となり、P/L計上額（50万円）を超える20万円が減算できることになります。

また、**繰越限度超過額（30万円）のうち認容後の残額（10万円）**は、翌期以降に繰り越され、償却不足が生じた年度に損金算入されます。なお、当期の限度不足額が過年度の超過額（30万円）を超えていれば、当期の認容額は30万円どまりです（超過額を限度に認容）。

参考（要約条文）

法法31条（減価償却資産の償却費の計算及びその償却の方法）
1　事業年度終了の時において有する減価償却資産につき償却費として損金の額に算入する金額は、当該事業年度において償却費として損金経理をした金額のうち、当該資産について選定した償却の方法（償却の方法を選定しなかった場合には政令で定める方法）に基づき計算した金額（償却限度額）に達するまでの金額とする。
2・3　（略）　← 組織再編税制の規定
4　損金経理額には、償却費として損金経理をした事業年度前の各事業年度における損金経理額のうち償却事業年度前の各事業年度の損金の額に算入されなかった金額を含むものとする。
5　（略）　← 組織再編税制の規定
6　第１項の選定をすることができる償却方法の特例、償却方法の選定手続、償却費計算の基礎となる取得価額その他減価償却資産の償却に関し必要な事項は、政令で定める。

9 償却不足の取戻し

> **ポイント**
> - 償却不足額は翌期以降に損金算入されます。
> - 定額法では耐用年数到来後の期間で損金に算入されます。
> - 定率法では翌期から取戻し（損金算入）が始まります。

◆ 償却不足額は翌期以降に損金算入

　償却不足が生じても、将来いずれは損金の額に算入されますが、定額法と定率法とで損金算入の時期が相違します。たとえば、取得価額が100万円、耐用年数を4年とし、1年目に10万円しか償却しない場合、2年目以降の償却計算は次のようになります。

◉定額法の場合

償却率：0.250
毎年の償却限度額：1,000,000円×0.250＝250,000円

	[通常の場合]	[不足の場合]
1年目	250,000円	100,000円
2年目	250,000円	250,000円
3年目	250,000円	250,000円
4年目	249,999円	250,000円
5年目	―	149,999円
計	999,999円	999,999円

　定額法では、1年目の償却不足額15万円は、耐用年数到来後の5年目に損金算入されます。

● **定率法の場合**

> 償却率：0.500、保証率：0.12499、改定償却率：1.000
>
> ［通常の場合］
>
> 1年目　　1,000,000円×0.500＝500,000円
> 2年目　　　500,000円×0.500＝250,000円
> 3年目　　　250,000円×0.500＝125,000円
> 4年目　（　125,000円×0.500＝　62,500円）
> 　　　　　　➡　　124,999円
> 　　　　　　　　　999,999円
>
> （注）　償却保証額が1,000,000円×0.12499＝124,990円なので、
> 　　　4年目に均等償却に切替え
> 　　　125,000円×1.000＝125,000円 → 124,999円（備忘価額1円）
>
> ［不足の場合］
>
> 1年目　　　　　　　　　　　100,000円
> 2年目　　　900,000円×0.500＝450,000円
> 3年目　　　450,000円×0.500＝225,000円
> 4年目　（　225,000円×0.500＝112,500円）
> 　　　　　　➡　　224,999円
> 　　　　　　　　　999,999円
>
> （注）　4年目に均等償却に切替え
> 　　　225,000円×1.000＝225,000円 → 224,999円（備忘価額1円）

◆ 定率法では翌年から取戻しが始まる

　定率法の場合、定額法と違って2年目から即、償却不足の取戻しが始まり、しかも、耐用年数（4年）内で全額の損金算入が完了しています。耐用年数いかんでは、償却が耐用年数到来後に及ぶ場合もありますが、2年目から取戻しが始まるという点で、定額法よりも定率法の方が有利です。

10 普通償却と特別償却

> **ポイント**
> - 普通償却は、損益計算目的により毎期、規則的・計画的に実施する償却です。
> - 特別償却は、税の恩典として政策的に課税の繰延べを図る制度です。
> - 特別償却の償却額には費用性がないので、剰余金処分の経理処理が正しいとされています。
> - 剰余金処分方式で経理するときは、申告調整で減算することになります。
> - 特別償却準備金は7年間で均等取崩しを行い、税務上は加算調整します。

◆ 特別償却は政策的に課税の繰延べを図る制度

　会計上の減価償却は、正確な期間損益計算を行うための費用配分の手続きです。定額法、定率法等の所定の償却方法に従って毎期、規則的、計画的に実施すべきものとされています。ところが、こうした損益計算目的による本来の減価償却（**普通償却**）とは別の償却制度があります。産業政策の一環で税の恩典として認められているもので、これを**特別償却**といいます。

　特別償却には、次の2種類のものがあります。

- **特別償却**……取得価額に一定割合を掛けた金額が一時に損金算入される
　（狭義）　　　制度
- **割増償却**……普通償却限度額に一定割合を掛けた金額が割増しで損金算入される制度

　特別償却制度にはいろいろありますが、いずれも早期の償却を認め損金算入時期を繰り上げることで、"課税の繰延べ"を図るものです。

◆ 特別償却と税額控除・圧縮記帳の重複適用はない

現行の租税特別措置法で認められている特別償却制度のうち、主なものは次のとおりです。

●主要な特別償却

① 太陽光・風力発電設備等を取得した場合の特別償却（措法42の5）
② 中小企業者が機械等を取得した場合の特別償却（措法42の6）
③ 特定中小企業者が経営改善設備を取得した場合の特別償却（措法42の12の3）
④ 生産性向上設備等を取得した場合の特別償却（措法42の12の5）

対象資産の中には別途、法人税額の「特別控除」の制度が設けられているものもあります。ただし、特別償却と税額控除を重ねて適用することはできません。また、租税特別措置法に規定する「圧縮記帳」の適用を受けた資産についても、特別償却は適用されません。

◆ 特別償却には費用性なし

特別償却の経理処理には、次の2通りの方法があります。

●2通りの経理処理

① 通常方式
通常の減価償却と同じように処理するやり方
（借）減　価　償　却　費　×××　（貸）機　　　　　械　×××
② 剰余金処分方式（措法52の3）
償却費を損益計算上の費用に計上しないやり方
（借）繰越利益剰余金　×××　（貸）特別償却準備金　×××

特別償却による償却額は、正規の減価償却手続きで費用配分されるものではありません。租税政策上の優遇措置として損金算入される項目ですから、損益計算の観点からは費用性が認められません。

そこで、特別償却を損益計算書に費用として計上する①の経理処理には、会計上疑問が残ります。貸借対照表に計上する数字に関しても、この処理では、

固定資産の残高が"相当の償却"を行った後の評価額（計規5②）といえるのかどうか、会社法上も疑義が残ります。

◆ 会計上は剰余金処分方式が正しい

企業会計では②のように、特別償却は損益計算とは関係なく剰余金の処分により行うのが正しいと考えられており、貸方科目の「特別償却準備金」は、純資産の部に利益剰余金として計上するのが妥当です。そこで、企業会計の考え方を尊重し、剰余金の処分で特別償却をしたとしても、税務上、償却限度額は損金の額に算入されます（措法52の3①かっこ書）。

実務的には、中小企業では特別償却も通常の定額法または定率法による償却と同じように、「通常方式」で処理するケースが多いようです。しかし、法定監査を受ける規模の会社になると、そのような会計上および会社法上疑義のある経理処理は認められないため、必ず「剰余金処分方式」によっています。

剰余金処分方式で経理するときは、特別償却額が損金経理されませんから、申告調整で減算することになります。

◆ 特別償却準備金は7年間で均等取崩し

剰余金処分方式で経理すれば、通常の減価償却計算とは別枠で特別償却をします。ということは、耐用年数の全期間を通じて、普通償却だけで取得価額の全額が費用化されます。

ところが、こういう処理をしたとしても特別償却の本質（課税の繰延べ）に変わりはありません。そこで、初年度に損金算入された特別償却の金額が、翌期から7年間（耐用年数が10年未満のものは5年またはその資産の耐用年数のいずれか短い年数）で均等額ずつ益金に算入されます（措法52の3⑤）。そのため会計上、初年度に設定した特別償却準備金は、翌期から取り崩すことになります。

> **参考（要約条文）**
>
> **措法52条の3（準備金方式による特別償却）**
> 1　特別償却限度額以下の金額を損金経理により特別償却準備金として積み立てたとき（決算確定日までに剰余金の処分により積み立てたときを含む。）は、当該積み立てた金額は損金の額に算入する。
> 5　第1項の規定の適用を受けた法人において、前事業年度から繰り越された特別償却準備金については、積み立てられた事業年度別及び対象資産別に損金の額に算入された金額に事業年度の月数を乗じてこれを84（耐用年数が10年未満である場合は60と当該年数に12を乗じた数のいずれか少ない数）で除して計算した金額を、益金の額に算入する。

11 資本的支出と修繕費

> **ポイント**
> ●固定資産の手直し支出額が、当期の費用となるか徐々に費用化されるかの違いです。
> ●価値増加または耐用年数延長の事実があるか、単なる維持修繕にとどまるかで判断します。
> ●判断に迷うケースが多々あり、実務では形式基準による判定が一般的です。
> ●支出額が20万円未満なら、無条件で修繕費処理が認められます。
> ●資本的支出と修繕費のいずれか明らかでないときは、60万円基準で判定します。

◆ 当期の費用か徐々に費用化されるかの違い

　固定資産の修理や改良をしたとき、2通りの経理処理が考えられます。たとえば、手持ちの機械を手直しして30万円支出したときの仕訳は次のとおりです。

　❶（借）機　　　械　　300,000　　（貸）現 金 預 金　　300,000
　❷（借）修　繕　費　　300,000　　（貸）現 金 預 金　　300,000

　これは30万円の支出を、「資本的支出」（❶）と「収益的支出」（❷）のいずれと認識するかの違いです。両者は会計上、30万円の全額が当期の費用となるか（❷）、いったん資産に計上して、耐用期間にわたり償却費として徐々に費用化するか（❶）の違いとなって表れます。

　資本的支出と**修繕費**（収益的支出）のいずれであるかは、その支出により固定資産の価値が増加し、または耐用年数が延長するのか（法令132）、あるいは、そのような事実はなく単なる維持修繕にとどまるかで判断します。税務では、いずれの処理を行うかが課税所得の計算に影響するため、この判断基準に関して詳細な取扱いを設けています。

◆ 具体例を通達に定める

具体的には、次のようなものは資本的支出とされます（法基通7-8-1、7-8-6の2）。

●資本的支出の例示

① 建物の避難階段の取付けなど物理的に付加した部分の金額
② 用途変更のための模様替えなど改造または改装に直接要した金額
③ 機械の部品をとくに品質や性能の高いものに取り替えた場合の取替費用のうち、通常の取替えに要する費用を超える部分の金額
（注）建物の増築、構築物の拡張や延長などは資本的支出ではなく、建物や構築物そのものの取得です。
④ ソフトウエアの修正等で新たな機能の追加、または機能が向上する場合の金額

また、次のようなものは修繕費とする取扱いも設けられています（法基通7-8-2、7-8-6の2）。

●修繕費の例示

① 建物の移築に要した金額
② 機械装置の移設に要した金額
③ 地盤沈下した土地を沈下前の状態に回復するために行う地盛りに要した金額
④ 地盤沈下で海水等に侵害されるのを防止するための建物や機械装置などの床上げ、地上げ、移設に要した金額
⑤ 現に使用している土地の水はけを良くするために行う砂利や砕石などの敷設に要した金額、および砂利道または砂利路面に砂利や砕石などを補充するために要した金額
⑥ ソフトウエアの修正等でプログラムの機能上の障害の除去や現状の効用の維持のための金額

◆ 実務では形式基準による判定が一般的

さて、上記のように例示はされていますが、現実には判断に迷うケースが多々あります。そこで、実務では通常、次の形式基準で両者の判定を行います。

●形式基準による判定

① 少額または周期の短い費用の損金算入

　１つの修理や改良のための支出が次のいずれかにあたれば、修繕費として損金経理できます（法基通７－８－３）。

　(a) 支出額が20万円未満のとき
　(b) おおむね３年以内の周期で修理や改良が行われているとき

② 形式基準による修繕費の判定

　資本的支出と修繕費のいずれか明らかでない支出で次のいずれかにあたるものは、修繕費として損金経理できます（法基通７－８－４）。

　(a) 支出額が60万円未満のとき
　(b) 支出額が修理・改良した資産の前期末の取得価額(注)のおおむね10％相当額以下のとき

③ 資本的支出と修繕費の区分の特例

　資本的支出と修繕費のいずれか明らかでないときは、継続適用を条件に、次のいずれか少ない金額を修繕費として損金経理できます（法基通７－８－５）。

　(a) 支出額の30％相当額
　(b) その固定資産の前期末の取得価額(注)の10％相当額

　(注) 「原始取得価額＋前期末までの資本的支出額」の金額で、帳簿価額（未償却残高）ではありません。

◆資本的支出と修繕費のいずれか明らかでないとき60万円基準で判定

　では、最初の話に戻して、**機械の手直し費用（30万円）**が**資本的支出**または**修繕費**のいずれとなるかを考えます。

　まず、その手直しが新たな部品の取付けや、より高品質の部品への取換えであるときは、資本的支出とされます（法基通７－８－１）。その場合でも、「20万円基準」（法基通７－８－３）の適用により修繕費処理は可能ですが、支出額が30万円となるとその適用はありません。

　次に、その手直しが資本的支出と修繕費のいずれか明らかでないときは、「60万円基準」（法基通７－８－４）の出番です。30万円であればその通達の適用により、修繕費処理でOKと相成ります。

最後に念のため、2つの金額基準の違いを説明しておきます。まず、20万円基準はオールマイティーで、たとえ明らかに資本的支出であっても、"少額不追及"の観点から修繕費処理が認められます。一方、60万円基準を適用するときは、まずは資本的支出または修繕費のいずれかではないかを考えます。そして、いずれとも判然としないときに初めて、この基準を適用できます。

参考（要約条文）

法令132条（資本的支出）
　修理、改良その他いずれの名義をもってするかを問わず、固定資産について支出する金額で次に掲げる金額は、損金の額に算入しない。
一　当該資産の使用可能期間を延長させる部分に対応する金額
二　当該資産の価額を増加させる部分に対応する金額

12 税務上の繰延資産

> **ポイント**
> ● 会計上の繰延資産は5項目で、原則は期間費用処理ですが、繰延経理も可能です。
> ● 税務上の繰延経理は範囲が広く、支出の効果が1年以上に及ぶものとされています。
> ● 税務固有の繰延資産は、一定期間で均等償却しなければなりません。
> ● 会計上の5項目以外の繰延資産は、長期前払費用の科目で計上するのが一般的です。

◆ 会計上の繰延資産は5項目に限定

　会社法では、**繰延資産**として計上することが適当と認められるものが繰延資産に属する（計規74③五）と規定されているだけで、繰延資産の具体的な項目は示されていません。また、償却についても、"相当の償却"をしなければならない（計規5②）とのみ規定され、具体的な償却方法や償却期間は定められていません。繰延資産に関する具体的な取扱いは、一般に公正妥当と認められる企業会計の基準を斟酌することになります（計規3）。

　企業会計基準委員会では、平成18年8月に「繰延資産の会計処理に関する当面の取扱い」を公表し、そこでは次の5項目に限って、原則として期間費用処理を要求しつつ、繰延経理も容認しています。

　　① 株式交付費　② 社債発行費　③ 創立費　④ 開業費　⑤ 開発費

　会社経理の実務は会社法の制約を受けるため、貸借対照表の資産の部で「繰延資産」の区分に計上される項目は、上記の5項目に限定されます。また、償却計算も会社法違反とならないよう、通常、会計基準で定める期間内に定額法等で行われています。

◆ 税務上の繰延資産は範囲が広い

一方、**税務上の繰延資産**は範囲が広いのが特徴です。まず、上記5項目はそのまま税務上も繰延資産として取り扱われ、損金算入時期については、法人の経理処理に委ねられています（任意償却）。また、これら5項目のほか、税務の観点から繰延資産として取り扱うのが妥当と考えられるもの（税務固有の繰延資産）については、支出時に全額を損金算入することは認められず、償却計算を通じて一定期間で均等に損金算入しなければなりません（法令64①二）。

法人税法では、会社法上の繰延資産のほか、次のような費用でその支出の効果が1年以上に及ぶものを繰延資産としています（法法2二十四、法令14①六）。

① 自己が便益を受ける公共的施設または共同的施設の設置や改良のために支出する費用
② 資産を賃借ないし使用するために支出する権利金、立退料等の費用
③ 役務の提供を受けるために支出する権利金等の費用
④ 広告宣伝用の資産を贈与するための費用
⑤ その他、自己が便益を受けるために支出する費用

◆ 具体的な内容等は通達で定める

これらの項目は会社法上の繰延資産ではないため、貸借対照表の上で「繰延資産」の区分に表示するわけにはいきません。実務では一般に、「投資その他の資産」の区分で"長期前払費用"として計上しているケースが多いようです。

税務上の繰延資産の具体的な内容や償却期間は、次のように定められています（法基通8-2-3）。

種類		細目	償却期間
公共的施設等の負担金	公共的施設の設置等のために支出する費用	負担者が専ら使用の場合	その施設の耐用年数の $\frac{7}{10}$
		その他の場合	その施設の耐用年数の $\frac{4}{10}$
	共同的施設の設置等のために支出する費用	共同の用、協会等の本来の用に供される場合	その施設の耐用年数の $\frac{7}{10}$（土地の取得部分は45年）

		商店街等の共同用アーケード、日よけ、アーチ、すずらん灯など共同の用、一般公衆の用に供される場合	5年 (その施設の耐用年数が5年未満の場合はその年数)
資産を賃借するための権利金等	建物を賃借するために支出する権利金等 (注) 土地を賃借するための権利金(借地権)は非償却資産	新築建物の賃借部分建築費の大部分に相当し、かつ、建物の存続期間中賃借できる状況にある場合	その建物の耐用年数の$\frac{7}{10}$
		上記以外の権利金で、契約により借家権として転売できるものである場合	その建物の見積残存耐用年数の$\frac{7}{10}$
		その他の場合	5年 (賃借期間が5年未満の場合はその年数)
	電子計算機等の機器の賃借に伴って支出する費用		その機器の耐用年数の$\frac{7}{10}$ (その年数が契約による賃借期間を超えるときは、その賃借期間)
役務提供の権利金等	ノーハウの頭金等		5年 (有効期間が5年未満の場合はその期間)
広告宣伝用資産	広告宣伝の用に供する資産を贈与したことにより生ずる費用		その機器の耐用年数の$\frac{7}{10}$ (その年数が5年を超えるときは5年)

その他の繰延資産	同業者団体等の加入金		5年
	出版権の設定の対価、職業運動選手等の契約金		契約期間 （契約期間の定めがないときは3年）
	スキー場のゲレンデ整備費用		12年

参考（要約条文）

法法2条（定義）

二十四　繰延資産　法人が支出する費用のうち支出の効果が支出の日以後1年以上に及ぶもので政令で定めるものをいう。

法令14条（繰延資産の範囲）

1　法第2条第24号に規定する政令で定める費用は、法人が支出する費用（資産の取得に要した金額及び前払費用を除く。）のうち次に掲げるものとする。

一〜五　（略）　← 会計上の繰延資産

六　前各号に掲げるもののほか、次に掲げる費用で支出の効果が支出の日以後1年以上に及ぶもの

　イ　自己が便益を受ける公共的施設又は共同的施設の設置又は改良のために支出する費用

　ロ　資産を賃借し又は使用するために支出する権利金、立ちのき料その他の費用

　ハ　役務の提供を受けるために支出する権利金その他の費用

　ニ　製品等の広告宣伝の用に供する資産を贈与したことにより生ずる費用

　ホ　イからニまでに掲げる費用のほか、自己が便益を受けるために支出する費用

2　前項に規定する前払費用とは、法人が一定の契約に基づき継続的に役務の提供を受けるために支出する費用のうち、支出する日の属する事業年度終了の日においてまだ提供を受けていない役務に対応するものをいう。

Ⅵ 受取配当

1 受取配当の益金不算入

> **ポイント**
> - 二重課税とならないよう原則として、受取配当は益金不算入とされます。
> - 受取利息は益金算入なので、配当金も80％（または50％）を益金に算入します。
> - 短期所有株式の配当は益金に算入します。
> - 関連法人株式については、益金損金対応の原則の観点から、配当を得るのに要した借入金利子を控除した金額が益金不算入です。
> - 完全子法人株式や外国子会社株式から受ける配当には、別途取扱いが設けられています。

◆ 二重課税にならないよう設けられた措置

　株主への配当は、税引き後の利益からするので、受取り側の会社でこれを所得扱いすると二重課税となるから申告調整で減算する。**受取配当の益金不算入**をひと言で説明すればそういうことです。ただし、損益計算書に計上された受取配当金の金額をそのまま別表４で減算、というような単純な話ではありません。

　いくつか注意点があって、具体的な計算上、実務ではとくに次の３点に留意する必要があります。

　① 受取り額の20％（または50％）相当額が益金不算入
　② 短期所有株式の配当は益金算入
　③ 関連法人株式に対する負債利子控除の適用

◆ 受取利息は益金算入なので配当金も一部は益金算入

まず、この制度はもともと「子会社株式」のように、他の会社を支配する目的で所有する場合を前提としています。つまり、子会社の利益を親会社が吸い上げる段階で再度課税すると、子会社を吸収合併して親会社の一部門にする動きが起こりかねません。それでは経済活動に対する税制の中立性が保てないことから、この制度が設けられているのです。

ところが、現実の株式保有は、安定株主工作による株式の持合いや、財テクによる購入などのケースがむしろ一般的です。そうすると、銀行へ預金する代わりに株式を購入した場合に、受取利息は益金算入なのに、なにゆえ受取配当金は益金不算入なのかという疑問が生じます。そこで、20％または50％部分のみ益金不算入（残り部分には課税）という扱いになっています。

●受取配当の益金不算入額

受取配当金×20％ or 50％（注）＝益金不算入額

（注） 株式保有割合に応じて
　　　5％以下の株式 ➡ 20％
　　　5％超 $\frac{1}{3}$ 以下の株式 ➡ 50％

なお、「関連法人株式」（3分の1超の持ち分を6か月以上所有）については、100％益金不算入とされます。

◆ 短期所有株式の配当は益金算入

さて、世の中には智恵者がいて、こういう制度を設けるとそれを逆手にとって、決算直前に株式を購入し、配当受領後直ちに売却して益金不算入の適用だけを受ける、といった悪乗り組が出てきます。

そこで法人税法では、一時的に所有した株式の配当金には、この制度を適用しないこととしています（法法23②）。具体的には、配当基準日（通常は決算日）以前1か月以内に購入し、かつ、基準日後2か月以内に売却したときは、適用対象から除く（全額に課税する）こととしています。

◆ いいとこ取りにならないよう借入金利子を控除

　さらにもう一つ、上述の関連法人株式から受ける配当については、「負債利子控除」の取扱いが設けられています（法法23④）。

　借入れをして株式投資をしているときに、借入金の利子は損金に算入しながら、他方で配当金を益金不算入扱いというのでは、"いいとこ取り"で理屈に合いません。そこで「益金損金対応の原則」の観点から、配当を得るのに要した借入金利子を控除することとしています。

（注）　負債利子の額は、総資産に占める株式金額の割合で借入金利子を按分するという考え方に基づき、次の算式（総資産按分法）で計算します。

●負債利子の計算式

$$支払利子 \times \frac{株式の金額}{総資産価額} = 控除額$$

　従来は、関連法人以外の一般株式についてもこの取扱いがなされていました。しかし、平成27年度の改正により、負債利子控除の適用は関連法人株式に限ることとされました。

◆ さまざまな受取配当の益金不算入制度

　以上のほか、受取配当の益金不算入制度については、「完全子法人株式」と「外国子会社株式」に対する取扱いが、別途設けられています。

種　　類	持株割合	益金不算入額	根拠規定
一般株式	5％以下	受取配当金×20％	法法23①かっこ書・⑦
一般株式	5％超 $\frac{1}{3}$ 以下	受取配当金×50％	法法23①かっこ書
関連法人株式	$\frac{1}{3}$ 超	受取配当金－負債利子	法法23④・⑥
完全子法人株式	100％	受取配当金の全額	法法23①本文・⑤
外国子会社株式	25％以上	受取配当金×95％	法法23の2①

参考（要約条文）

法法23条（受取配当等の益金不算入）

1　次に掲げる金額を受けるとき、その配当等の額（完全子法人株式、関連法人株式及び非支配目的株式のいずれにも該当しない株式等に係る配当にあっては100分の50に相当する金額とし、非支配目的株式に係る配当にあっては100分の20に相当する金額とする。）は、益金の額に算入しない。
　一　剰余金の配当（株式等に係るものに限る。）若しくは利益の配当[注1]又は剰余金の分配[注2]（出資に係るものに限る。）の額
　二　（略）　← 特定株式投資信託（ETF）の収益分配金
　三　（略）　← 特定目的会社（SPC）が行う中間配当

2　前項の規定は、配当の元本である株式等を配当の支払基準日以前1月以内に取得し、かつ、当該基準日後2月以内に譲渡した株式等については適用しない。

4　第1項の場合において、当該事業年度において支払う負債利子があるときは、関連法人株式に係る配当について益金の額に算入しない金額は、同項の規定にかかわらず、その保有する関連法人株式について受ける配当の合計額から負債利子の額のうち関連法人株式に係る部分の金額として政令で定めるところにより計算した金額を控除した金額とする。

5　完全子法人株式とは、配当計算期間を通じて完全支配関係があった他の法人の株式として政令で定めるものをいう。

6　関連法人株式とは、他の法人の発行済株式（自己株式を除く。）の総数の3分の1を超える数を有する場合として政令で定める場合における当該他の法人の株式をいう。

7　非支配目的株式とは、他の法人の発行済株式（自己株式を除く。）の総数の100分の5以下に相当する数を有する場合として政令で定める場合における当該他の法人の株式をいう。

　　　　　　　　　　　　　　　　　　　　（注1）持分会社による配当
　　　　　　　　　　　　　　　　　　　　（注2）相互会社による分配

2 外国子会社配当金の益金不算入

> **ポイント**
> - 外国子会社からの配当は、受取り額の95％が益金不算入とされます。
> - 従来は間接外国税額控除制度で対応していましたが、平成21年度改正で現行の制度に変更されました。
> - 外国子会社とは、25％以上の株式を6か月以上直接保有している外国法人をいいます。

◆ 従来は外国税額控除制度で対応

法人が**外国子会社**から受ける配当は、益金に算入されません（法法23の2）。平成21年度の改正でこの制度が設けられましたが、創設の経緯は次のとおりです。

この制度ができるまで、外国子会社がその国で課された法人税については、国際的な二重課税を排除するため「間接外国税額控除」の制度が設けられていました。つまり、内国法人（本店が日本国内にある法人）には、世界中で稼いだ全所得に日本の法人税が課税されます。海外から得た配当金も例外ではありません。そうすると、A国にある法人にはすでにA国で税金が課されており、税引き後の利益を配当として内国法人が受け取り、そこでまたわが国の税金がかかれば、国際的な二重課税となります。

◆ 実効税率が高いと海外から資金還流しない

そこでこの事態を解消するため、その配当には日本で法人税をかける代わりに、A国で支払った税金はわが国での納税額から控除することとしていました。ところが、日本国内での二重課税排除と違って、この場合、わが国とA国の法人税率の違いが問題となります。

当時の日本における法人実効税率は40％を超えていました。その際、A国での税率が25％だとすると、差引き15％が追徴となります。つまり、A国で

25％の税金を納め、税引き後の金額を日本に持ち込めば、そこでさらに15％が課税されてしまいます。当時も今も、世界中で日本の法人税率は高い水準にあります。そうなると、海外に現地法人を作った日本の親会社としては、現地で稼いだ資金を日本に持ち込もうとせず、そのまま海外で（場合によってはB国、C国に持ち込んで）運用することを考えます。

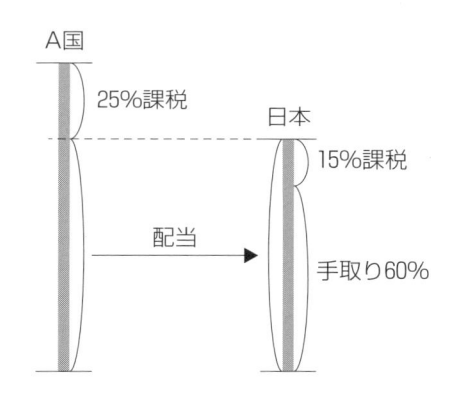

◆ 国外で生じた所得は海外での課税に委ねる

現実に、この旧税制により海外で稼いだ資金が日本に還流しないという状態が当時、社会問題化しました。そこで、平成21年に創設されたのが**外国子会社配当金の益金不算入**制度です。多くの先進国ではすでに、国外で生じた所得については海外での課税に委ね、自身の国では課税しないこととしており、わが国もその仲間入りをしたということです。

この改正後、わが国には毎年、兆円単位の資金が還流されるようになりました。昨年（平成26年）は円安効果もあって、還流額が約4兆円に上ったとのことです。

◆ 受取り額の95％が益金不算入

この税制の適用対象となる**外国子会社**とは、発行済株式の25％以上を、配当の支払義務が確定する日以前6か月以上、引き続き直接保有している場合の外国法人をいいます（法令22の4①）。また、二重課税の排除に関する「租税条

約」により、それと異なる持分割合が定められているときは、その割合で判定することとされ（法令22の4⑤）、たとえば、日米租税条約では10％以上とされているので、米国子会社に関する判定基準は25％から10％に引き下げられます。

なお、益金不算入とされる金額は受取配当額の『95％』とされ、残りの5％相当額は配当等にかかる費用とみなして、益金不算入額から控除されます（法令22の4②）。

外国子会社からの配当を益金不算入とすることで、日本と外国との二重課税が排除されるので、配当に対して現地国で課される源泉税は、損金不算入とされます（法法39の2）。また、「直接外国税額控除」の適用対象からも除かれています（法法69①かっこ書）。

参考（要約条文）

法法23条の2（外国子会社から受ける配当等の益金不算入）
1　外国子会社（保有株式が発行済株式総数の100分の25以上その他の政令で定める要件を備えている外国法人をいう。）から受ける剰余金の配当がある場合には、配当の額から当該配当に係る費用として政令で定めるところにより計算した額(注)を控除した金額は、益金の額に算入しない。

法法39条の2（外国子会社から受ける配当等に係る外国源泉税等の損金不算入）
第23条の2第1項に規定する外国子会社から受ける剰余金の配当につき同項の規定の適用を受ける場合には、当該配当に係る外国源泉税等の額（源泉徴収により課される外国法人税をいう。）は、損金の額に算入しない。

法法69条（外国税額の控除）
1　第66条第1項から第3項まで（法人税の税率）の規定を適用して計算した金額のうち源泉が国外にあるものに対応するものとして計算した金額を限度として、外国法人税の額（政令で定める外国法人税の額を除く。）を法人税額から控除する。

（注）配当の5％相当額

3 みなし配当

> **ポイント**
> - 株主総会決議による配当以外に、税務上、配当扱いするものがあります。
> - みなし配当は、出資先の合併、分割、資本払戻し、解散、組織変更等で生じます。
> - 自己株式の売買でも、みなし配当が生じる場合があります。
> - 通常の配当と同様、みなし配当にも益金不算入規定が適用されます。
> - 個人が自己株式を売却する場合は、過重な税負担となります。

◆ 会社法上の配当以外の配当

会社法では、株主に剰余金の配当をすることを認め（会社法453）、それを行うときは、配当財産の種類と総額を株主総会で決議することとしています（会社法454）。"配当"とは本来、この会社法の規定に基づくものをいいますが、税法では、それ以外にも配当扱いしているものがあり、これを**みなし配当**といいます。

◆ 合併等で生ずる留保利益の払戻し

具体的には、出資先の法人で合併、分割、資本の払戻し、解散、組織変更などが行われる際に、みなし配当が生ずることがあります。すなわち、法人税法24条と所得税法25条では、合併等による交付金銭の額が株式の帳簿価額を超えるとき、超過額のうち資本金等以外からなる部分は、留保利益の払戻し額なので配当扱いしています。

たとえば、1株500円で出資している法人で2分の1減資がなされ、1株あたり600円の払戻しを受けたとき、その600円の原資が資本金部分は250円で、残り350円が利益の払戻しであれば、その350円はみなし配当になります。

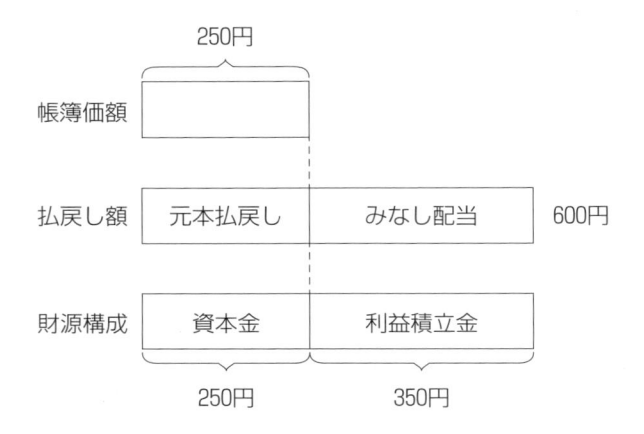

```
                    250円
                  ┌──────┐
    帳簿価額      │      │
                  │      │
                  ├──┬───┴──────┐
    払戻し額      │元本│ みなし   │ 600円
                  │払戻│ 配当    │
                  ├──┼──────────┤
    財源構成      │資本│ 利益積立 │
                  │金  │ 金       │
                  └──┴──────────┘
                   250円   350円
```

　なお、みなし配当は現実に金銭等の交付を受けた場合に生じますから、適格合併や適格分割、あるいは利益の資本組入れ、利益による株式消却など金銭等の交付がない場合には、みなし配当は生じません。

◆ 自己株式の売買で生ずるみなし配当

　さて、上記以外に、市場を通さず相対取引で自己株式を購入する際に、みなし配当が発生する場合があります。すなわち、自己株式を取得する際の対価の交付は、法人から株主への財産の分配という側面をもち、対価のうち資本金等の額を超える部分（利益の払戻し部分）については、剰余金の分配があったものとして取り扱われます。

　たとえば、手持ちの株式を発行会社に売却する際、売却時点の発行会社の純資産が資本金1,000万円（1株あたり500円）、利益積立金3,000万円（1株あたり1,500円）であったとします。

　この場合、売却価格は1株あたり2,000円となるでしょうが、仮に株式の簿価を500円とすれば、通常の場合、差引き1,500円の"売却益"が計上されます。ところが、自己株式として売却する場合には、売却代金2,000円の財源構成を考えなければならず、そのうち1,500円は利益の払戻しですから、これは売却益ではなく"受取配当金"とされます。

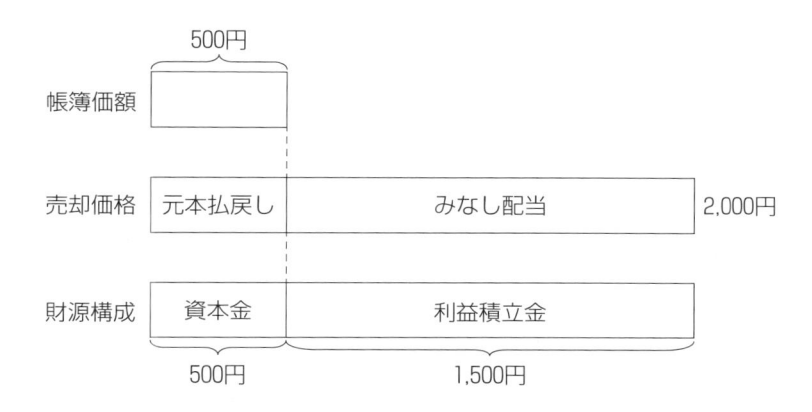

```
         500円
       ┌─────┐
帳簿価額 │     │
       └─────┘

       ┌───┬──────────────────┐
売却価格│元本│   みなし配当      │ 2,000円
       │払戻し│                │
       └───┴──────────────────┘
       ┌───┬──────────────────┐
財源構成│資本金│    利益積立金    │
       └───┴──────────────────┘
       500円        1,500円
```

◆ みなし配当にも益金不算入規定が適用される

　ここで、1,500円が配当扱いされるということは、受け取る会社にとってラッキーなことです。売却益は益金で課税対象となりますが、みなし配当であれば通常の配当と同じように、受取配当の益金不算入規定の適用を受けることができます。

　この取扱いを知らず売却益として処理してしまうと、余分な税金を支払うことになりかねません。重々ご注意ください。

◆ 個人の場合は一般に過重な税負担

　ところで、以上の法人税法の取扱いと比べて、所得税法の取扱い、すなわち個人が自己株式を売却するという局面では、税負担の損得計算に雲泥の差が生じます。所得税は、原則として総合課税ですが、例外的に分離課税のものがあり、その一つが株式の「譲渡所得」です。これは、住民税も含めて一律20％（復興特別所得税は考慮外）の分離課税とされています。

　そこで、個人が手持ちの株式を売却する際、通常は20％の税負担で済むはずなのに、自己株式として発行会社に引き取られるときは「配当所得」扱いされ、他の所得と合算して総合課税となります。総合課税の税率は累進で、1,800万円を超える所得部分には50％、さらに4,000万円を超えれば55％（いずれも住民税込み）で課税されます。高額の自己株取引を行う人、あるいは他に

大きな所得がある人にとって、20％と50％（ないし55％）の税負担の差は痛手となるでしょう。

●法人・個人の取扱い

```
［法人税］
    売却益 ➡ 益金算入
    配　当 ➡ 益金不算入
［所得税］
    売却益 ➡ 譲渡所得 ➡ 分離課税（一律20％）
    配　当 ➡ 配当所得 ➡ 総合課税（最高55％）
```

相続後3年以内に売れば譲渡所得扱い

　この過酷な状況を回避できる唯一の例外は、相続した株式を売却する場合です。たとえば、同族会社のオーナー一族が、相続税の納税資金を会社から引き出すために、相続した自社株を会社に売却したとき、相続税の申告期限から3年以内であれば、みなし配当部分も含めて売却額と株式簿価の差額を全額、譲渡所得扱いすることになっています（措法9の7）。こうなれば、全額が20％の課税で済みます。自己株式の上手な売り方として、この取扱いをご活用ください。

4 現物分配

> **ポイント**
> - 剰余金の配当を金銭以外の資産で行うことを現物分配（現物配当）といいます。
> - 100％出資グループ内で行われる適格現物分配では、双方とも課税関係が生じません。
> - 適格現物分配は、孫会社を子会社化する局面でよく利用されます。

◆ 金銭以外の資産による配当

剰余金の配当を金銭以外の資産で行うことを**現物分配**（あるいは現物配当）といい、会社法の施行で可能となりました。会社法454条では、剰余金の配当を行うときは、「配当財産の種類及び帳簿価額の総額」を株主総会で決議することとしています。

一方、税務上は現物分配を資産の"譲渡"とみるので、原則として時価と帳簿価額との差額に対して課税されます（法法62の5①・②）。そのことがネックとなって、平成18年5月の会社法施行後も、現物分配はなかなか普及しない状況にありました。

◆ 22年度改正で適格現物分配の制度が誕生

今では結構ポピュラーな言葉ですが、この用語がクローズアップされるようになったのは、平成22年度の税制改正で、**適格現物分配**の取扱いが設けられたためです。すなわち、グループ法人税制の導入に伴い、組織再編税制の一環として、完全支配関係（100％出資関係）にあるグループ内で行われる現物分配については、分配直前の帳簿価額で譲渡したものとし、譲渡益の計上を繰り延べることとされました。また、現物分配を受ける法人側も、分配によって生じる収益は益金に算入されません（法法62の5③・④）。

なお、この適格現物分配は、通常の配当とは異なるので源泉徴収は不要とさ

れ、また、受取配当等の益金不算入規定の適用はありません。

◆ 従来は適格会社分割で子会社化

　実務上、この制度は孫会社を子会社化する局面で、大きな威力を発揮します。従来は、課税関係が生じないよう「適格会社分割」の制度を利用しましたが、それには手続的・時間的な手間がかかるため、新たに適格現物分配の取扱いが設けられたのです。

　たとえば、子会社が親会社に配当をする際に、金銭ではなく孫会社の株式で行うとき、従来は次のように取り扱われました（孫会社株式の簿価が1,000、時価は1,500とします）。

●改正前の取扱い

親会社：	（借）孫会社株式	1,500	（貸）受取配当金	1,500	
				↓ 一部、益金不算入	
子会社：	（借）繰越利益剰余金	1,500	（貸）孫会社株式	1,000	
			株式売却益	500	
				↓ 益金算入	

　適格会社分割とせず、単なる現物分配として行えば、このように配当を行う側に課税問題が生じました。また、受取り側においても、配当額に対する負債利子控除等の計算により、全額が益金不算入になるとは限りませんでした。

◆ 孫会社の子会社化にメリット

　以上の取扱いが、22年度改正により次のように変更されました。すなわち、100％グループ内で上記のような現物分配を行った場合、次のように処理することになります。

●現在の取扱い

親会社：（借）孫 会 社 株 式　1,000	（貸）受 取 配 当 金　1,000
	全額、益金不算入
子会社：（借）繰越利益剰余金　1,000	（貸）孫 会 社 株 式　1,000

　この場合、配当は時価ではなく帳簿価額の金額で行われたこととされ、配当を行う側で譲渡益は発生しません。また、受取り側において受取り額は全額、益金に算入しないこととされています（法法23④一）。

　この現物分配により、孫会社の子会社化が、会社分割の手続きを利用しなくても容易に行えるようになりました。

4　現物分配　　203

VII 引当金

1 引当金

> **ポイント**
> - 確定債務（未払金・未払費用）と引当金の違いをしっかり理解しましょう。
> - 発生主義会計において、4要件を満たすものは引当経理しなければなりません。
> - 未払金と未払費用は債務の成立に基づき費用計上する科目ですが、引当金は債務成立前の時点で計上します。
> - 確定債務と引当金は、将来支出の確実性という点で共通しますが、金額や支払期限が確定しているか否かで相違します。
> - 未払金と未払費用の違いは、支払期限が既に到来しているかどうかにあります。

　今回のキーワードは**引当金**です。いまさら何を、と思われるかもしれませんが、法律上の観点から債権・債務の関係にとらわれて、引当金の本質を理解できていない方も少なくないようです。未払金・未払費用のような「確定債務」と引当金はどう違うのか、ここではそのあたりを中心に解説することとします。

◆ 発生主義に基づく引当経理

　発生主義会計において、費用は支出時ではなく発生時に計上しなければなりません。そのため、企業会計原則の注解18では、次の4要件を満たす場合には、引当金を計上することとされています。

●引当経理の4要件

① 将来の特定の費用または損失であること
② 発生が当期以前の事象に起因すること
③ 発生の可能性が高いこと
④ 金額を合理的に見積もることができること

◆ 製品保証引当金等は4要件を満たす

　同注解では例示として、製品保証引当金、売上割戻引当金、返品調整引当金、賞与引当金、修繕引当金などが掲げられていますが、たとえば、「製品保証引当金」について考えてみます。アフターサービス付きで製品を販売したとき、販売後に顧客から修理の依頼があれば応じなければなりません。つまり、販売という事実に起因して 要件② 、将来かなり高い確率で 要件③ 修理費という費用が発生します 要件① 。また、その金額は過去の修理実績に基づき合理的に算定できるはず 要件④ 。となると、製品保証引当金を計上しなければなりません。

◆ 引当時点では債権・債務関係なし

　ここで、とくに注意を要するのは、その発生が当期以前の事象に起因するという 要件② です。法律上、債権・債務の観点で考えると、顧客から修理の依頼があった時点で、債務が成立します。つまり、アフターサービス契約に基づいて、販売者には修理すべき義務が生じます。そこでそのことをもって、修理の依頼がある前に費用計上するのはおかしい、という見方が出てきます。

　たとえば、税法がそうです。法人税法では"損金"について、「償却費以外の費用で期末までに債務の成立しないものを除く」（法法22③二かっこ書）とされ、例外的に、貸倒引当金と返品調整引当金の2つだけ、引当て計上を認めています（法法52・53）。つまり、製品保証引当金の計上が、税務上は認められません。

◈ 債務の成立前に費用計上

これに対して企業会計では、修理の依頼があるまで（債務が成立するまで）費用を認識しないのでは遅すぎる、と考えます。顧客に販売すれば、高い確率で将来いずれ修理の依頼があるであろう。そこで、企業活動の実態を決算書に反映させるため、販売という事実に基づいて、早期の費用計上が要求されます。

◉費用・損金の計上時点

会計では、発生時点で費用を計上
税務では、債務確定時点で損金を計上

債務の成立に基づいて費用計上する科目は、「未払金」と「未払費用」です。引当金は、将来これら確定債務の生じる確率がきわめて高い場合に計上する、いわば確定債務の予備軍のような存在です。いずれは債務が成立して費用が“実現”する、それ以前に“発生”した時点で費用を計上する際に使う科目が引当金ということです。

◈ 未払金・未払費用は金額や支払期限が確定

引当金と未払金・未払費用は、いずれも将来の支出が確実という点で共通しています。しかし、金額や支払期限が確定しているか否かで性格を異にします。ついでに言えば、未払金と未払費用の違いは、支払期限が既に到来しているかどうかという点にあります。

◉未払金・未払費用・引当金の比較

	未払金	未払費用	引当金
支出性	将来支出が確実	同　左	同　左
支払期限	到来済み	未到来・確定	未到来・未確定
金額確定性	確定	同　左	未確定
法的債務性	確定債務	同　左	条件付債務(注) または債務性なし

（注）「条件付債務」とは、ある条件が満たされることで確定債務となるものをいいます。たとえば、製品保証引当金は顧客からの修理依頼があった時点で確定債務となります。

2 貸倒損失と貸倒引当金

> **ポイント**
> - 貸倒損失は、貸倒れ事実の確定した時点で損金となります。
> - 通達上は、3通りのケースで貸倒損失の処理が認められます。
>   - 法律上の貸倒れ
>   - 事実上の貸倒れ
>   - 形式上の貸倒れ
> - 中小企業等では、2種類の貸倒引当金の損金算入が認められています。
> - 不良債権に対する貸倒引当金は、形式基準で設定するのが一般的です。
> - 一般債権に対する貸倒引当金は、貸倒実績率または法定繰入率で計算します。

◆ 貸倒れ事実の認定は厳しい

　売掛金、貸付金その他の債権について貸倒れが発生したときは、貸倒れによる損失額は損金に算入されます。ただし、税務上"貸倒れ"の認定は厳しく行われる傾向にあります。貸倒れ処理は、債務者が資力喪失状態となり回収不能となった場合に限られ、単に回収が滞っているというだけで貸倒損失を計上すれば、贈与（寄附）として扱われかねません。

　会社法や会社更生法などの法的手続きで、債権自体が消滅してしまった場合はともかく、単に会社更生や民事再生手続きの申立てをしただけでは、貸倒れ処理はできません。

◆ 3通りの貸倒れ認定

　そもそも法人税法上、損金は「債務確定主義」により認識されます（法法22③二かっこ書）。では、**貸倒損失**に関して債務確定の時点はいつなのか、法令に規定はなくその解釈が通達に示されています。

　税務上、貸倒損失の処理が認められるのは、次の3通りのケースとされてい

ます（法基通9-6-1・2・3）。

●**貸倒れ事実の確定**

① **法律上の貸倒れ**……債権が法律上消滅し回収不能となったとき
② **事実上の貸倒れ**……債務者の資産状態等からみて債権が経済的に無価値化し、全額が回収不能と認められるとき
③ **形式上の貸倒れ**……売掛債権について取引停止など一定の事実が生じたとき

◆ 形式上の貸倒れは備忘価額を残して損金経理

「法律上の貸倒れ」は、法人の経理処理いかんにかかわらず、その事実が生じた事業年度の損金に算入されます。ところが「事実上の貸倒れ」と「形式上の貸倒れ」については、貸倒損失として"損金経理"した場合に限り損金とされます。

なお、形式上の貸倒れに該当し損金経理するときは、"備忘価額"（1円）を残すことが条件となっています。

◆ 別段の定めで貸倒引当金の損金算入を認める

次に、**貸倒引当金**の説明です。税務上は債務確定主義の観点から、引当て計上の処理を原則として認めておらず、例外的に「別段の定め」により、貸倒引当金の損金算入を認めています（法法52）。

(注) 大法人（資本金1億円超）は、銀行・保険業等を除き設定が認められません。

税務上の貸倒引当金には、次の2種類のものがあります（法法52①・②）。

(a) 個別評価分の貸倒引当金……不良債権について一定の設定基準により見積もった回収不能額
(b) 一括評価分の貸倒引当金……一般債権に貸倒実績率を掛けて算出した回収不能見込額

◆ 個別評価分の貸倒引当金は形式基準による設定が一般的

上記(a)の貸倒引当金の設定方法には、実際の回収不能見込額を計上するやり

方(実質基準)と、画一的に債権金額の50%を計上するやり方(形式基準)があります。

このうち「実質基準」による設定は、貸倒損失の処理と同様、おいそれとは損金算入が認められないのが実情です。そこで現実に行われている不良債権に対する貸倒引当金の設定は、次に掲げる事実が生じた時点で、「形式基準」により50%繰入れで行われるケースがほとんどです。

① 破産手続きの開始の申立てがあったこと
② 会社更生手続きの開始の申立てがあったこと
③ 民事再生手続きの開始の申立てがあったこと
④ 特別清算手続きの開始の申立てがあったこと
⑤ 手形交換所の取引停止処分を受けたこと

◆一般債権は貸倒実績率または法定繰入率で計算

不良債権以外の一般の金銭債権については、原則として、過去3年間に実際に生じた貸倒れ実績割合を使って貸倒引当金の計算をします。なお、中小法人は「貸倒実績率」と業種ごとに定めた「法定繰入率」のいずれかを選択適用することができます(継続適用は不要)。

●法定繰入率

業種区分	繰入率
卸売業・小売業	$\frac{10}{1,000}$
割賦販売小売業・割賦購入斡旋業	$\frac{13}{1,000}$
製造業	$\frac{8}{1,000}$
金融業・保険業	$\frac{3}{1,000}$
その他の事業(サービス業・不動産業 etc.)	$\frac{6}{1,000}$

3 賞与引当金

ポイント
- 発生主義会計では、将来支給のボーナスを見込んで引当て計上するのが正しい処理です。
- 税務上は、貸倒引当金のように別段の定めがないので、賞与引当金の設定は認められません。
- 中小企業でも本来は、正しい会計を行うために賞与引当金を計上し、その上で申告調整をすべきです。
- 中小企業向けの簡易な会計基準が徐々に普及し、会計基準軽視の風潮が改まりつつあります。

◆ 将来支給するボーナスを見込み計上

従業員に支給するボーナスを、支給時点で次のように処理するのは「現金主義」です。

（借）賞 与 手 当　×××　（貸）現 金 預 金　×××

これでは支給した期間に全額を費用計上することになり、「発生主義」の経理になりません。そこで、決算時点で支給対象期間などを勘案し、将来支給するボーナスの額を見込んで賞与引当金を計上する、次の仕訳をします。

（借）賞与引当金繰入　×××　（貸）現 金 預 金　×××

以上は、会計理論のイロハですが、税務ではこうはいきません。法人税法における損金計上基準は「債務確定主義」です。

◆ 税務上は引当てできない

たとえば３月決算の会社の場合、決算時点で６月のボーナス支給は確定していません。通常、翌期に入って４月以降に支給が決まります。法人税法には、

債務確定主義の例外として賞与の引当て計上を認める、「別段の定め」は設けられていません。そこで税務上、賞与引当金の設定はできません。

過去には、賞与引当金の設定が認められていました。「支給対象期間基準」または「暦年基準」による引当限度額計算の規定がありました。ところが、平成10年度の改正でその規定が削除され、5年の経過期間を経て法人税法の条文から、賞与引当金の言葉は消滅しました。

以来、大企業はともかく、多くの中小企業の経理で賞与引当金の設定は無視され、貸借対照表からその勘定科目は消えました。

◆ 中小企業では税務会計が行われる

そもそも"会計"なるものが世の中には2種類あり、大企業で行われる「企業会計」と中小企業の「税務会計」です。大企業では、税務以前に会計ありき、税務は会計の後追いという位置付けです。ところが、中小企業の周りには"正しい会計"を要求する勢力がいないため、中小企業における経理の目は税務署だけに向かいがちです。そこで税法の定めに従った会計を行い、損金算入が認められない引当て計上はしない、というのが一般的です。

◆ 中小企業も正しい会計に目を向けるべき

しかし、本来それは本末転倒です。税務では、引当て計上を認めていないのではなく、損金扱いをしないと言っているだけです。正しい会計を行うために賞与引当金を計上し、その上で申告調整を行うのが筋です。そのために別表4が設けられているのですから。

会計基準を順守する大企業では、当然のごとくそのようにします。中小企業では従来、会計基準が軽視される傾向がありましたが、最近はその風潮も改まりつつあります。中小企業向けの簡易な会計基準として現在、「中小企業の会計に関する指針」と「中小企業の会計に関する基本要領」が定められています。実務上、中堅企業を中心とした会計参与設置会社には前者、それ以外の中小零細企業には後者というかたちで、両者が使い分けられています。これらの基準は、たとえば融資を行う銀行や保証協会が、適正な会計に関する確認をす

るためチェックリストの提出を求める、といったかたちで利用されています。

　いずれの基準でも、"賞与引当金を設定すべし"とされています。そして具体的な計算方法として、かつて法人税法で用いられていた「支給対象期間基準」の算式が掲げられています。

4 洗替法と差額補充法

> **ポイント**
> - 前期末の設定額を収益に戻し入れて、改めて当期分を繰り入れるのか、前期分の上乗せで差額を追加計上するかの違いです。
> - 税務上は洗替法が原則で、差額補充法も例外的に認められています。
> - 税の恩典としての引当金処理は、期末に洗替えで行うのが原則的な取扱いです。

◆ 前期分を収益計上するかどうかの違い

引当金の設定に関して、**洗替法**と**差額補充法**の2通りのやり方があります。前期末に設定した引当金を全額そのまま収益に戻し入れ、改めて当期分を繰り入れるのか、それとも前期分に上乗せするかたちで差額を追加計上するかの違いですが、たとえば貸倒引当金では、次のように処理します。

●貸倒引当金の経理処理

[設 例]
　27年3月31日　貸倒引当金を100万円設定した。
　27年5月20日　某社に対する売掛金30万円を貸倒れ処理した。
　28年3月31日　貸倒引当金を120万円設定した。

[仕 訳]
(1) 洗替法による処理

27/5/20	(借)	貸倒損失	30万円	(貸)	売掛金	30万円
28/3/31	(借)	貸倒引当金	100万円	(貸)	貸倒引当金戻入	100万円
		貸倒引当金繰入	120万円		貸倒引当金	120万円

(2) 差額補充法による処理

27/5/20	(借)	貸倒引当金	30万円	(貸)	売掛金	30万円
28/3/31	(借)	貸倒引当金繰入	50万円	(貸)	貸倒引当金	50万円

◆ 税務上は洗替え処理が原則

　損益計算書において、差額補充法は50万円の費用計上、洗替法では収益100万円と費用150万円が両建て計上されます。いずれにせよ、結果的に当期純利益に与える影響額は同じで、貸借対照表でも貸倒引当金の残高は120万円と同じです。

　つまり、洗替法と差額補充法のいずれで処理しても結論は同じですが、税務では、原則として洗替法を要求します（法法52⑩）。しかし、公正妥当な会計基準では、仕訳は洗替法で行うとしても、損益計算書の表示は繰入額と戻入額を相殺し、繰入額の方が多いときは「販売費及び一般管理費」、戻入額が多いときには「特別利益」または「営業外収益」に計上するのが妥当と考えられています。そこでこの会計慣行を尊重し、税務でも差額補充法の処理を例外的に認めています（法基通11-1-1）。

◆ 貸倒れは債務確定時点で損金算入

　企業会計上は差額補充法が正しいとされますが、税務では洗替え処理を原則としているのは、次の事情によります。すなわち法人税法では、貸倒引当金や返品調整引当金の設定を、税の恩典として認めています。たとえば貸倒引当金の場合、企業会計では将来の貸倒れに備えて「発生主義」の観点から引当て計上を考えます。ところが、税務上は「債務確定主義」の観点から、貸倒れについてはあくまで"貸倒損失"の処理で対応することとしています。

　貸倒損失とは別の話として、「別段の定め」（法法22③）で貸倒引当金の制度を設けていますから、現実に貸倒れが生じたとき、企業会計のように引当金を取り崩す処理を予定していません。したがって、税の恩典としての損金算入処理は、期末に洗替えで行うのが税務の取扱いの原則です。企業会計上の扱いと離齬をきたさないよう、差額補充法も一応認めてはいますが、それはあくまでも特例的な取扱いです。

> **参考（要約条文）**
>
> **法法52条（貸倒引当金）**
> 10　第1項又は第2項の規定により損金の額に算入された貸倒引当金勘定の金額は、翌事業年度の益金の額に算入する。
>
> **法基通11−1−1（貸倒引当金等の差額繰入れ等の特例）**
> 　貸倒引当金その他法に規定する引当金につき取崩額と繰入額との差額を損金経理により繰り入れ又は取り崩して益金の額に算入している場合においても、確定申告書に添付する明細書で明らかにしているときは、相殺前の金額により繰入れ及び取崩しがあったものとして取り扱う。

5 ゴルフ会員権に対する貸倒引当金の設定

ポイント
- 預託金方式のゴルフ会員権は、預け金であり有価証券ではないので、評価損の設定対象外です。
- 経営破たんで預託金が返還されない事態になっても、それだけでは貸倒引当金の設定はできません。
- 退会届の提出等により預託金が、預け金から金銭債権に切り替われば、貸倒引当金の設定対象となります。

◆ 預託金方式なら評価損の設定対象外

　ゴルフ会員権には、預託金方式と株式方式の2種類があります（現実にはほとんどが預託金方式）。預託金方式のゴルフ会員権の本質は、優先プレー権です。したがって、預託金は「預け金」であって「有価証券」ではありません。会員権相場が下落しても、ゴルフ場そのものが存続しプレーのできる状態にある限り、有価証券ではないので評価損を計上しても、税務上は損金に算入されません。また、ゴルフ場の経営破たんなどで、預託金が返還されない事態になったとしても、そのままでは貸倒引当金の設定もできません。

◆ 預託金返還請求権は貸倒引当金の設定対象

　ただし、退会届の提出や預託金の一部切捨てなどによって、預託金がプレー権を保証する預け金から、返還されるべき金銭債権（預託金返還請求権）に切り替われば、**貸倒引当金**の設定対象となります（法基通9－7－12（注））。そこでゴルフ場が、たとえば民事再生法による再生手続き開始の申立てを行ったときなどは、その期のうちに退会届を提出すれば期末決算において、形式上の回収不能債権として50％の貸倒引当金を設定することが可能となります（法法52①、法令96①三）。

Ⅷ 借地権

1 借地権課税（法人税）

ポイント

- 土地の貸し借りで権利金の授受がなければ、借地人に受贈益、地主には権利金収入の認定課税が行われます。
- 地主側には、寄附金の損金不算入の取扱いを通じて課税関係が生じます。
- 認定課税を回避するには、2つのやり方があります。
  - 相当の地代方式
  - 無償返還届出方式
- 更地価額の年6％の地代（相当の地代）を授受すれば、認定課税はされません。
- 無償返還届出書を税務署に提出すれば、権利金の認定課税はされません。
- 無償返還の届出をすれば、権利金の認定課税は避けられますが、相当の地代の認定課税がなされます。

◆ 借地権者の土地使用権は借地法で保護

　土地を借りて建物を建てると、借地人にその土地の使用権が生まれ、この権利（**借地権**）は「借地法」で手厚く保護されています。現実に、大都会やその周辺で土地を借りるときには、多額の権利金を支払うのが慣行となっています。

　長期間にわたり土地の利用を制限される地主の立場としては、第三者に土地を貸す際、その見返りとして当然に"権利金"を要求します。ところが、親会社と子会社の間で貸し借りをするときは、権利金を授受しないこともあり、そ

の場合に税務上は、地主から借地人へ権利金相当額の贈与があったものとされます。

◆ 権利金の授受がなければ双方に課税

法人税法は、無償で借地権を設定した（土地を貸した）とき、次のような処理を要求します。

借地人：(借) 借 地 権　×××	(貸) 受 贈 益　×××
地　主：(借) 寄 附 金　×××	(貸) 権利金収入　×××

借地人に「受贈益」、地主には「権利金収入」の認定課税が行われます（法法22②）。そこで、借地人はもとより地主側においても、「寄附金の損金不算入」の取扱い（法法37①）を通じて課税関係が生まれます。こうした課税を回避するには、2つのやり方があります。

◆ 年6％の地代を授受すれば認定課税はない

まず、権利金を受け取らずに土地を貸した場合でも、「相当の地代」（土地の更地価額のおおむね年6％相当額の地代）を受け取っていればOK。正常な取引条件でなされたものとして、権利金の認定課税はされません（法令137、法基通13-1-2、平元直法2-2）。

なお、本来受け取るべき金額に満たない権利金しか入金していないときや、無利息の保証金のような特別の経済的利益を受けているときは、更地価額からこれらを控除した金額に対して相当の地代を計算します。

◆ 通常地代との差額は権利金の分割払い

土地を賃貸する際の地代の利回りは、通常年1％程度です。土地の上に建物を建て、家賃として受け取る場合には数％の利回りになるかもしれませんが、土地として貸すときの利回りはその程度です。そうすると、通常は1％程度で済むものを6％も支払うということになり、これはかなり割高な地代です。

相当地代と通常地代の差額は何なのか——結局のところそれは、賃貸借開始

時に一時金で支払うべき権利金を分割で支払う、ということを意味します。つまり、権利金の授受がなくても相当の地代の支払いがあれば、分割して権利金を支払うことになるので認定課税はしない、という取扱いになっているのです。

◆ 無償返還届出書を提出すれば権利金の認定課税はなし

権利金を授受せずに借地権を設定し、しかも地代の金額が相当の地代に満たない場合でも、次の2つの条件を満たせば権利金の認定課税はされません（法基通13-1-7）。

● 無償返還届出の要件

① 土地の賃貸借契約書で将来借地を無償で返還することが定められていること
② 無償で返還する旨を地主と借地人の連名の書面（「土地の無償返還に関する届出書」）で税務署に届け出ること

この取扱いは、借地契約の当事者間でその土地には借地権を発生させない、したがって権利金や立退料を授受しないことで合意している場合には、課税サイドでもそのことを追認しようとするものです。

◆ ただし相当の地代の認定課税が行われる

無償返還の届出をすれば、権利金の認定課税は避けられます。ただし以後の期間、毎年「相当の地代」の認定課税が行われます（法法22②）。つまり、相当の地代と実際に受け取っている地代の差額を、借地人に対して贈与したものとされます。

● 地代の認定課税

```
地　主：(借) 寄　附　金　　×××　　(貸) 地 代 収 入　　×××
借地人：(借) 支 払 地 代　　×××　　(貸) 受　贈　益　　×××
```

この取扱いで、借地人側は支払地代（損金）と受贈益（益金）が相殺され、結果的に税金はかかりません。一方、地主には「寄附金の損金不算入」の取扱いを通じて課税関係が生じます。

■ 借地権課税（法人税）　　219

参考（要約条文）

法法22条（各事業年度の所得の金額の計算）
2　益金の額に算入すべき金額は、別段の定めがあるものを除き、資産の販売、有償又は<u>無償による資産の譲渡</u>又は役務の提供、<u>無償による資産の譲受け</u>その

　　　　　　　　　↓　　　　　　　　　　　　　　↓
　　　　　　　権利金収入　　　　　　　　　　　受贈益

他の取引で資本等取引以外のものに係る収益の額とする。

法令137条（土地の使用に伴う対価についての所得の計算）
　借地権の設定により土地を使用させ、又は借地権の転貸その他他人に借地権に係る土地を使用させる行為をした法人については、使用の対価として権利金その他の一時金を収受する取引上の慣行がある場合においても、権利金の収受に代え、当該土地の価額(注)に照らし相当の地代を収受しているときは、当該土地の使用に係る取引は正常な取引条件でされたものとする。

法基通13−1−2（使用の対価としての相当の地代）
　法人が借地権の設定により他人に土地を使用させた場合において、収受する地代の額が当該土地の更地価額に対しておおむね年8％程度のものであるときは、その地代は令第137条に規定する相当の地代に該当するものとする。

個別通達　平元直法2−2（法人税の借地権課税における相当の地代の取扱いについて）
　当分の間、法人税基本通達13−1−2に定める「年8％」は「年6％」とする。

法基通13−1−7（権利金の認定見合わせ）
　法人が借地権の設定により他人に土地を使用させた場合において、これにより収受する地代の額が13−1−2に定める相当の地代の額に満たないときであっても、その借地権の設定に係る契約書において将来借地人がその土地を無償で返還することが定められており、かつ、その旨を借地人との連名の書面により遅滞なく当該法人の納税地の所轄税務署長に届出たときは、13−1−2に準じて計算した相当の地代から実際に収受している地代を控除した金額に相当する額を借地人に対して贈与したものとして取り扱う。

(注)　時価のこと

2 借地権課税（所得税）

> **ポイント**
> - 所得税では、権利金の認定課税は行われません。
> - 個人間の貸借では、権利金の授受がなくても、地主と借地人の双方に所得税の課税は一切ありません。
> - 地主が法人の場合、借地人たる個人に所得税（給与所得または一時所得）がかかります。
> - 個人が法人に貸す場合に無償返還の届出をすれば、法人税・所得税の課税はありません。

Ⅷ－1において、法人税の話として借地権課税を説明しましたが、今回は個人所得税における課税、すなわち地主または借地人が個人の場合の課税関係を考えます。

◆ 権利金なしでも個人地主に対する課税はない

法人税と違って所得税では、「権利金の認定課税」が行われることはありません。つまり地主が個人の場合には、貸付先が個人であれ法人であれ、現実に収入のないところに所得税の課税はしない、ということです。

一つ注意を要するのは、借地権の設定行為が資産の譲渡に該当し、さらに、所得税法59条1項（みなし譲渡課税）において、法人に対し贈与や低額譲渡（時価の2分の1未満の対価による譲渡）をしたときは、時価で譲渡があったものとみなす、とされている点です。

◆ 無償であればみなし譲渡課税の適用なし

この取扱いを盾に、地主が個人の場合でも、貸付先が法人なら認定課税があると考える向きがありますが、それは間違いです。

そもそも所得税法で、土地の権利金が「譲渡所得」とされるのは、実際に受

け取った権利金の額が更地価額の２分の１を超える場合に限られます（所法33①、所令79①）。更地価額の２分の１以下であれば譲渡所得ではなく「不動産所得」とされ（所法26①）、所得税法59条が適用される余地はありません。つまり、権利金を全く授受しない場合に収入が擬制されることはなく、収入が認識されない限り地主側に所得税の課税はない、ということです。

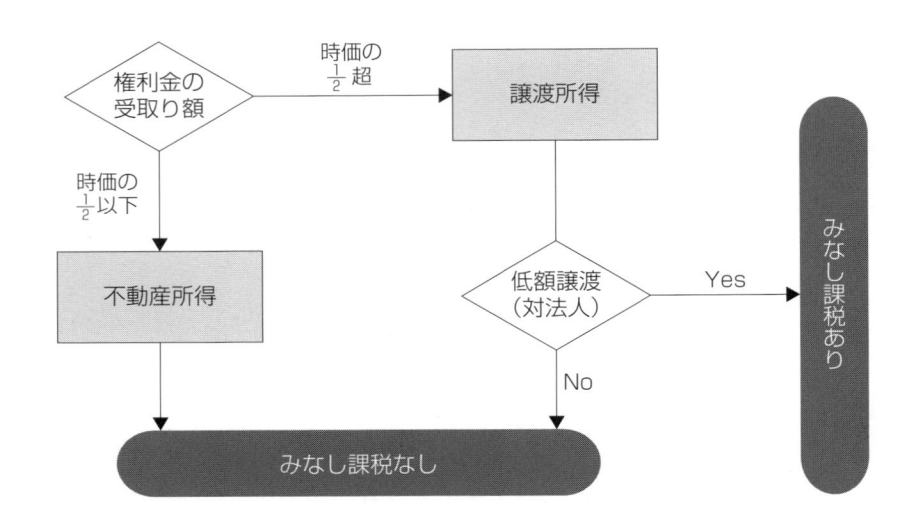

```
権利金の受取り額 ──時価の1/2超──→ 譲渡所得
      │                                │
   時価の1/2以下                    低額譲渡（対法人）
      │                           ／          ＼
      ↓                        Yes            No
   不動産所得 ─────────→ みなし課税あり  みなし課税なし
```

◆ 個人間の無償設定には所得税の課税は一切なし

　一方、借地人側には課税問題が生じます。所得の計算上、収入には金銭収入のほか現物による収入、権利による収入あるいは経済的利益による収入が含まれます。賃貸借の開始で借地人は借地権という"権利"を取得しており、そこには収入が認識されます。

　ただし、所得税法９条１項16号（非課税所得）により、相続税または贈与税の課税対象となる収入には、所得税を課税しないことになっています。個人間の贈与には贈与税がかかります。そこで、地主が個人であれば借地人たる個人に、所得税の課税はありません。結局のところ、個人間の無償による借地権の設定に対しては、地主と借地人の双方に所得税の課税は一切ない、ということです。

◆相手が個人でも法人には課税あり

なお、地主が法人の場合は贈与税が課税されず、借地人たる個人に所得税がかかります。借地人が、法人地主の役員・使用人であれば「給与所得」、それ以外の者なら「一時所得」とされます。

一方、地主である法人側には、Ⅷ-1で説明したように権利金の認定課税が行われ、次の経理処理が要求されます。

◉法人地主の処理

| （借）賞与（または寄附金） ××× （貸）権利金収入 ××× |

この場合、「役員給与の損金不算入」（法法34①）あるいは「寄附金の損金不算入」（法法37①）の取扱いを通じて、地主側には法人税がかかります。なお、当然のことながら、地主が個人であっても借地人が法人の場合、借地人側には法人税法の規定により"受贈益"の課税問題が生じます。

◉低額譲渡の取扱い（まとめ）

（ケース１）個人間取引の場合
　　地　主（個人）← **課税なし**
　　借地人（個人）← **贈与税**
（ケース２）法人対個人の場合
　　地　主（法人）← **法人税（みなし譲渡）**
　　借地人（個人）← **所得税（給与所得・一時所得）**
（ケース３）個人対法人の場合
　　地　主（個人）← **課税なし**
　　借地人（法人）← **法人税（受贈益）**
（ケース４）法人対法人の場合
　　地　主（法人）← **法人税（みなし譲渡）**
　　借地人（法人）← **法人税（受贈益）**

◆ 無償返還届出書の提出で課税関係はどうなるか

ところで、Ⅷ-**1**の解説で「無償返還の届出」の話をしました。この届出をすれば権利金の認定課税は回避され、相当の地代（年6％）の認定課税がなされるということでした（法基通13-1-7）。これは法人税法上の取扱いなので、個人どうしの土地の貸し借りには適用されませんが、たとえば地主が個人、借地人が法人の場合には、この届出が可能です。現実問題として、同族会社がオーナーから土地を借りるというケースはよくあり、その際に権利金の授受をせずこの届出を行えば、借地権課税はどうなるか——最後にこの問題を考えます。

◆ 個人が法人に貸す場合には法人税・所得税の課税は一切なし

まず、無償返還の届出をすれば権利金に関する課税問題はなくなります。ただし、相当の地代と実際に受け取る地代の差額が、借地人に対する贈与として次のように処理されます。

● 地代の認定課税

地　主（個人）：(借) 寄　附　金　×××　(貸) 地 代 収 入　×××
借地人（法人）：(借) 支 払 地 代　×××　(貸) 受　贈　益　×××

ここで地主は個人なので、所得税法の適用です。先に説明したように、法人税と違って所得税では、原則としてみなし課税はありません。実際に受け取った金額だけが収入になりますから、相当の地代との差額に所得税がかかることはありません。

一方、借地人には法人税法が適用されますが、上記の仕訳で分かるように支払地代（損金）と受贈益（益金）は相殺され、結果的に法人税はかかりません。

無償返還届出書の提出で双方とも課税は一切なし、と思いきや……実はここで伏兵の「相続税」の出番です。以下、Ⅷ-**3**で説明します。

参考（要約条文）

所法9条（非課税所得）

1　次に掲げる所得については、所得税を課さない。

　十六　相続、遺贈又は個人からの贈与により取得するもの

所法26条（不動産所得）

1　不動産所得とは、不動産、不動産の上に存する権利、船舶又は航空機の貸付け（地上権又は永小作権の設定その他他人に不動産等を使用させることを含む。）による所得（事業所得又は譲渡所得に該当するものを除く。）をいう。

所法33条（譲渡所得）

1　譲渡所得とは、資産の譲渡（建物又は構築物の所有を目的とする地上権又は賃借権の設定その他契約により他人に土地を長期間使用させる行為で政令で定めるものを含む。）による所得をいう。

所令79条（資産の譲渡とみなされる行為）

1　法第33条第1項に規定する政令で定める行為は、建物若しくは構築物の所有を目的とする地上権若しくは賃借権（以下「借地権」という。）又は地役権の設定のうち、その対価として支払を受ける金額が、次の各号の区分に応じ掲げる金額の10分の5に相当する金額を超えるものとする。

　一　建物若しくは構築物の全部の所有を目的とする借地権又は地役権の設定である場合　その土地の価額[注]

　二　（略）　◀　一部所有の場合の取扱い

（注）　時価のこと

3 借地権課税（相続税）

> **ポイント**
> - 賃貸借（地代あり）なら借地権が発生し、底地評価となります。
> - 使用貸借（地代なし）なら借地権は発生せず、更地評価されます。
> - 使用貸借であっても、法人は無償返還の届出をしなければ認定課税されます。
> - 個人が法人に貸す場合に無償返還の届出をすれば、法人税・所得税の課税はありません。しかし、相続時に土地が更地評価されるため、相続税がフルにかかります。

◆ 地代の授受がなければ使用貸借

　土地の貸借関係には「賃貸借」（民法601）と「使用貸借」（民法593）があり、地代の授受の有無で区別されます。地代を授受しない貸借関係が使用貸借ですが、授受する金額がその土地の固定資産税額程度以下であれば、それも使用貸借とされます（民法595①）。

　両者の違いは、借地権が発生するか否かという点です。賃貸借であれば借地権が発生しますが、"使用借権"には財産価値が認められないことから、使用貸借では発生しません。そこで個人間の場合、無償で土地を借りても贈与税の課税はなく（昭48直資2-189）、その代わり、相続時にその土地は更地として評価され、相続税で課税されることになります。

```
賃貸借 （地代あり）　➡ 借地権が発生する　➡ 底地評価　➡ 相続税軽減
使用貸借（地代なし）　➡ 借地権が発生しない ➡ 更地評価　➡ フルに相続税課税
```

◆ 相続時の評価額が変わる

　個人間で、賃貸借で土地を借りて権利金の授受がない場合に、地主側に権利

金を認定し所得税を課税することはありません。しかし、借地権をタダで手に入れたことに対して、借地人には"贈与税"の課税問題が生じます。その場合、贈与税の課税を受けることで借地人に借地権が発生するので、将来の相続時に、地主所有の土地は底地として評価することになります。

　贈与税の借地権課税を避ける方法には、上記の使用貸借方式のほか、相当の地代方式や無償返還届出方式（地主または借地人のいずれかが法人の場合）があり、いずれを選択するかで、相続時の土地評価額が違ってきます。

◆ 法人は無償返還届を提出しなければ認定課税

　個人間の貸借関係については以上のように取り扱われますが、法人税法上の使用貸借の取扱いは若干異なります。法人では、使用貸借契約で土地を使用させた場合も税務署に届け出ることとされ、無償返還の届出制度がそのまま適用されます。そこで、法人で使用貸借を行った場合は、無償返還の届出がなければ権利金の認定課税（借地人側には受贈益の認定課税）が行われ、また、届出があった場合でも相当の地代の認定課税は避けられません。

◆ 無償返還届出書の提出で課税関係はどうなるか

　さて、Ⅷ-2の解説の最後に、地主が個人、借地人が法人の場合（同族会社がオーナーから土地を借りるような場合）に、権利金の授受をせず、「無償返還の届出書」を税務署に提出したときの借地権課税は、次のようになると説明しました。

---

① 無償返還の届出をすれば、権利金に対する認定課税はない。
　　　　　　　　　　↓
② ただし相当の地代に対する認定課税問題が生じ、相当の地代と実際に受け取る地代の差額が借地人に対する贈与となり双方、次のように処理することになる。

地　主（個人）：（借）寄　附　金　　×××　　（貸）地代収入　　×××
借地人（法人）：（借）支払地代　　×××　　（貸）受　贈　益　　×××
　　　　　　　　　　↓

> ③ 法人税と違って所得税にはみなし課税はないので、地主個人に対して相当の地代との差額に所得税はかからない。
>
> ↓
>
> ④ 支払地代（損金）と受贈益（益金）は相殺されるので、借地人法人側にも法人税はかからない。
>
> ↓
>
> ⑤ 無償返還届出書の提出で双方とも課税は一切なし、と思いきや……実はここで伏兵の「相続税」の出番となる。

◆ 最終的に相続税で課税

　そもそも無償返還届出の制度は、将来の土地返還の際に、借地人は立退料を要求せず無償で明け渡す、その土地に対して借地人は権利を主張しない、つまりこの土地に借地権は発生しないので借地人側に受贈益は生じず、したがって賃貸開始時に法人税や贈与税の課税はしない、というものです。

　その延長線上で相続時の土地評価を考えると、借地人の権利は発生せず丸々が地主の所有ですから、その土地は更地として評価するという理屈になります。つまり、地主（個人）と借地人（法人）の間で無償返還届出の制度を利用すると、法人税・所得税・贈与税の課税は回避できるものの、最後に相続税で課税されるということです。

◆ 更地価額の80％で評価

　なお、税務上「無償返還＝借地権なし」という擬制をしても、現実問題として法律上、自らの土地に他人名義の建物が存在するので、地主は土地利用権に制約を受けます。そこでその制約を更地価額の20％相当額とみて、土地評価額を更地価額の80％とすることになっています（昭60直資2-58）。

　したがって、無償返還届出の制度を利用すれば、法人税・所得税・贈与税の課税を回避した上で、さらに相続税も20％は減額できる、という結論になります。

参考（要約条文）

民法593条（使用貸借）

使用貸借は、当事者の一方が無償で使用及び収益をした後に返還をすることを約して相手方からある物を受け取ることによって、その効力を生ずる。

民法601条（賃貸借）

賃貸借は、当事者の一方がある物の使用及び収益を相手方にさせることを約し、相手方がこれに対してその賃料を支払うことを約することによって、その効力を生ずる。

個別通達　昭48直資2-189（使用貸借に係る土地についての相続税及び贈与税の取扱いについて）

使用貸借による土地の借受けがあった場合においては、借地権の設定に際し、権利金を支払う取引上の慣行がある地域においても、当該土地の使用貸借に係る使用権の価額は、零として取り扱う。

この場合において、使用貸借とは、民法第593条に規定する契約をいう。したがって、例えば土地の公租公課に相当する金額以下の金額の授受があるにすぎないものはこれに該当し、地代の授受がないものであっても、権利金その他地代に代わるべき経済的利益の授受のあるものはこれに該当しない。

個別通達　昭60直資2-58（相当の地代を支払っている場合等の借地権等についての相続税及び贈与税の取扱いについて）

八　借地権が設定されている土地について、無償返還届出書が提出されている場合の当該土地に係る貸宅地の価額は、自用地としての価額の100分の80に相当する金額によって評価する。

（注）　使用貸借に係る土地について無償返還届出書が提出されている場合は、自用地としての価額によって評価するのであるから留意する。

4 相当の地代

> **ポイント**
> - 権利金の授受がなくても、年6％の地代を支払えば認定課税はされません。
> - 通常地代と相当地代の差額を、権利金の分割支払いと考えます。
> - 賃借期間を通じて相当の地代を支払い続けなければならず、引き下げればさかのぼって権利金の認定課税がなされます。
> - 地価の上昇局面で支払地代を据え置けば、借地権が自然発生します。

◆ 年6％の地代を支払えば借地権課税なし

　権利金を支払わずに土地を借りると、通常は「権利金の認定課税」（借地権相当額の贈与課税）を受けます。しかしその場合でも、土地の時価評価額のおおむね年6％相当額の地代（**相当の地代**）を支払っていればOK。その取引は正常な取引条件でなされたものとして、認定課税はしないことになっています。

　ここで、金額算定の基となる土地の"時価評価額"は、賃貸借開始時点における更地としての通常の取引価額（実勢時価）とされます。ただし、公示価格や相続税評価額で計算することも認められ、一般に相当の地代は「相続税評価額」の6％と理解されています。

◆ 通常地代との差額は権利金の分割払い

　ところで、一般に土地を賃貸する際の地代の利回りは、年1％程度です。その土地の上に建物を建て、家賃として受け取る場合には数％の利回りになるかもしれませんが、土地貸しの利回りはその程度です。そうすると、通常1％程度で済むものを6％も支払うということになり、これはかなり割高な地代です。

　相当地代と通常地代の差額は何なのか——結局のところそれは、賃貸借開始

時に一時金で支払うべき権利金を分割で支払う、ということを意味します。つまり、相当の地代の支払いがあれば、分割して権利金を支払っていることになるので認定課税はしない、という取扱いになっているのです。

◆ 権利金がなければ割高な地代を支払い続ける

たとえば、時価1億円の土地を借りるとき、その地域の借地権割合が70%であれば、通常1億円×70%＝7,000万円の権利金を支払うことになります。地主の立場で考えれば、7,000万円だけ財産価値が減るのですから当然、現金でそれを要求するでしょう。ところが、第三者相手ならそうなるところが、身内に貸すときはそのあたりがルーズになって、権利金を受取らないことがままあります。

その場合には、以後毎年、1億円×6%＝600万円の地代を支払うことになり、これを怠ると権利金の認定課税が待ち受けています。

◆ 地代を引き下げれば権利金の認定課税

通常の地代（世間相場の地代）が年1%だとすれば、割高部分、つまり分割払い相当額は、先ほどの例では1億円×（6%－1%）＝500万円となります。そこで、相当の地代をいつまで支払うのかと考えると、計算上は、7,000万円（権利金）÷500万円（分割支払額）＝14年間ということになります。

ところが、14年経過した時点で、地代を世間相場の水準（年100万円）に落とせば、さかのぼって権利金の認定課税を行うルールになっています。つまり、土地を借りている間は、永遠に相当の地代を支払い続けなければならない、ということです。

土地の貸し借り期間は長く、数十年間に及ぶことも珍しくありません。仮に50年間だとすれば、総額が500万円×50年＝2億5,000万円にもなります。権利金として即金で支払えば7,000万円ですむものが、分割払いだとその3.6倍もかかることになります。

相当の地代方式で土地の貸し借りをする場合は、そのあたりをよくよくわきまえて取り組んでください。

◆ **地代を据え置けば借地権が自然発生**

さて、権利金に代えて**相当の地代**を支払うこととした場合、その後、地価の上昇に合わせて地代を引き上げるか（スライド方式）、そのまま据え置くか（据置方式）は自由に選択できます。その際、据置方式を選択すれば、以後地価の上昇に伴って通常の地代が上昇していく中、実際に支払われる地代を据え置くことで、賃貸借開始時に『0』であった借地権価額が徐々に高まっていき、これを「自然発生借地権」と称します。

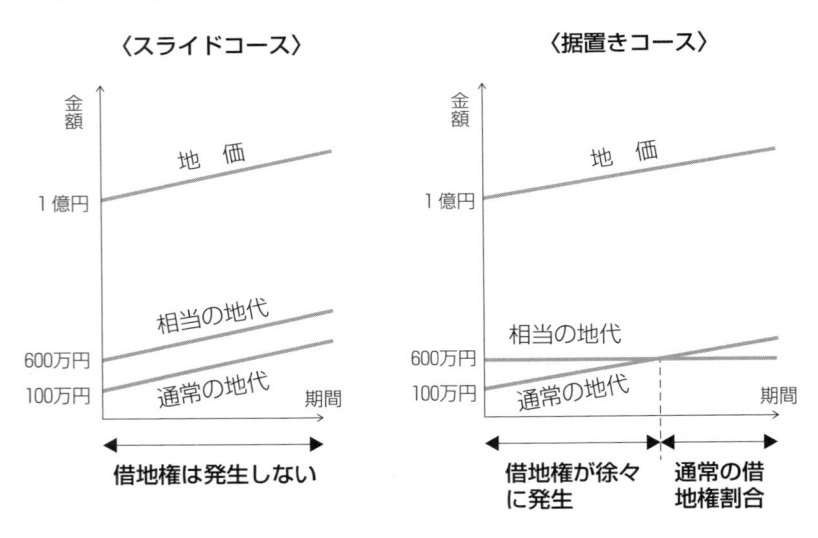

〈スライドコース〉　　　　〈据置きコース〉

```
金額                        金額
　　　 地　価                　　　 地　価
1億円 ─────              1億円 ─────

　　　 相当の地代              　　　 相当の地代
600万円─────              600万円─────
100万円 通常の地代  期間     100万円 通常の地代  期間
```

　　←―――――→　　　　　←―――→←―――→
　　借地権は発生しない　　　借地権が徐々　通常の借
　　　　　　　　　　　　　　に発生　　　地権割合

　借地権が自然発生するしくみは、次のとおりです。地代の利回りが、地主と借地人の力関係を表しているとみたとき、実際に支払う地代の金額を据え置けば、地価の上昇に伴って相対的に利回りが低下しますが、これは地主の力が弱まり、借地人の権利が高まっている（借地権が発生している）証しと考えられます。

　そこで、利回りの低下に伴って借地権割合が0％から徐々に高まり、実際に支払う地代の利回りが世間相場の水準にまで下落した時点で、通常の借地権割合（先の例では70％）に到達します。

◆ 地価が横ばいなら借地権は発生しない

　以上の話は、あくまで地価の急激な上昇を前提としています。地価が横ばいなら、借地権は発生しません。これは昭和の終わりから平成の初めにかけて、いわゆるバブル時代に大流行した節税手法です。現在では、当時のような急激な時価上昇は望めず、したがって、自然発生借地権という言葉は、いまや"死語"となりつつあります。

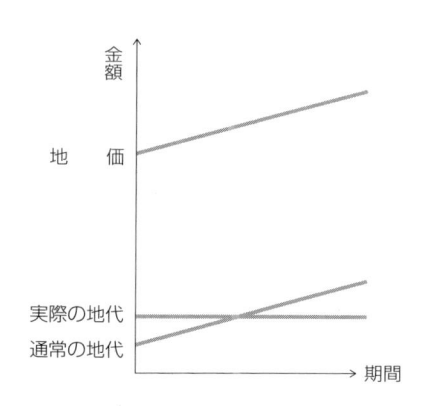

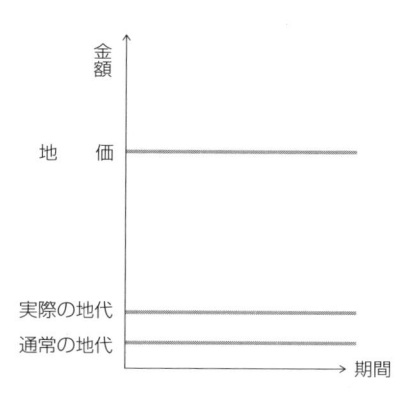

IX 新会計基準

1 税効果会計

> **ポイント**
> ●損益計算書上、法人税等の負担割合を実効税率で表示することを目的とします。
> ●法人税等の金額を、税引前当期純利益の額に合理的に対応させるための会計です。
> ●税務と会計の食い違い項目には、一時差異と永久差異があります。
> ●一時差異には将来減算・将来加算の2種類があり、これらに税効果を適用します。
> ●税効果の適用で将来回収（または納付）される税額は、資産（または負債）として貸借対照表に計上します。

◆ 会計上の一手法

上場企業など金融商品取引法の規制対象となる会社では、平成12年3月期決算から**税効果会計**が適用されています。

（注） 非上場の会社でも適用は可能ですが、強制はされません。

導入当初は、「どういう節税メリットがあるのか」などとピントはずれの議論もありましたが、さすがに今はもう、そういうことを言う人はいなくなったようです。

これはあくまで企業会計の経理処理ないし決算書の表示方法の一手法で、税金が安くなるという話では決してありません。

◆ 税金と手取りが逆転する会社がある

いま、決算利益（税引前当期純利益）が1,000万円の会社が2つあり、両社

の損益計算書が次のようであったとします。

	A 社	B 社
⋮	⋮	⋮
税引前当期純利益	1,000万円	1,000万円
法 人 税 等	320万円	480万円
当期純利益	680万円	520万円

　法人税等の実効税率は、約32％（平成27年度改正後）です。そこで決算利益に対する税負担の割合を考えるとA社の姿が自然です。ところが現実には、B社のように税負担が高い場合があり、その原因は通常、決算利益と申告所得の食い違いにあります。

　B社に関して、たとえばこういうケースが考えられます。

$$\underset{\text{決算利益}}{1,000万円} + \underset{\text{貸倒損失}}{500万円} = \underset{\text{課税所得}}{1,500万円}$$

$$1,500万円 \times \underset{\text{実効税率}}{32\%} = 480万円$$

◆ 実効税率に直すための仕訳

　不良債権500万円を貸倒損失として処理しましたが、税務上は、時期尚早で損金不算入の扱いを受けました。そこでその分、課税所得が膨らんで税負担が増加したということです。

　この場合、損益計算書で税金の負担割合を本来の実効税率（32％）どおりとするためには、次のように仕訳をすればよく、これが税効果会計の処理です。

（借）繰延税金資産	160万円	（貸）法人税等調整額	160万円

（注）　$\underset{\text{貸倒損失}}{500万円} \times 32\% = 160万円$

●税効果適用による決算書（当期）

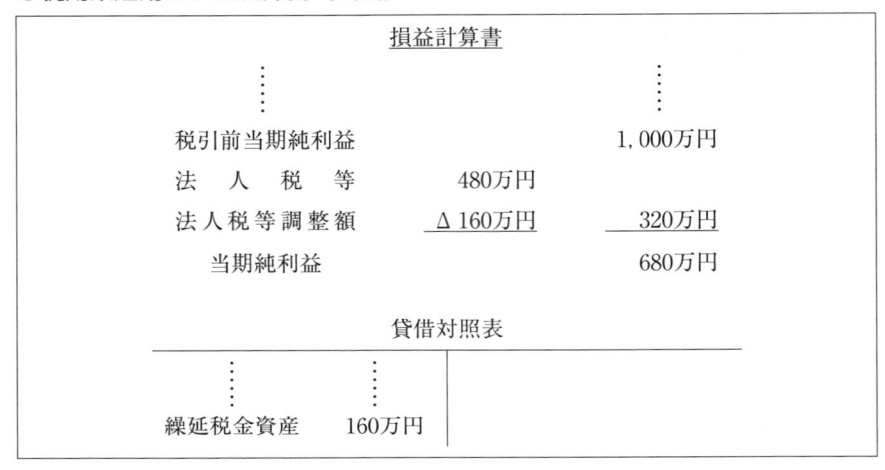

損益計算書

```
       ⋮                          ⋮
税引前当期純利益              1,000万円
法 人 税 等       480万円
法人税等調整額    △160万円      320万円
当期純利益                      680万円
```

貸借対照表

```
  ⋮     ⋮
繰延税金資産  160万円
```

◆ 納めすぎの税金は戻る

　損金不算入額（500万円）に対する税金相当額（160万円）を損益計算書から除去し、それを貸借対照表に資産として計上するという処理です。なぜ資産計上かといえば、この160万円は将来回収できる可能性があるからです。つまり翌期以降、貸倒損失が税務上の要件を満たせば損金に算入され、その年度の納税額は減少します。

◆ 回収年度の税負担割合も修正

　たとえば、翌期に損金算入が認められれば、その期の所得計算は次のようになります（決算利益は1,000万円で、他に食い違い項目はないものとします）。

　　決算利益　貸倒損失認容　課税所得
　1,000万円 －500万円 ＝ 500万円

　500万円×32％＝160万円

　この場合、損益計算書は次のとおりです。

●税効果適用前の決算書（翌期）

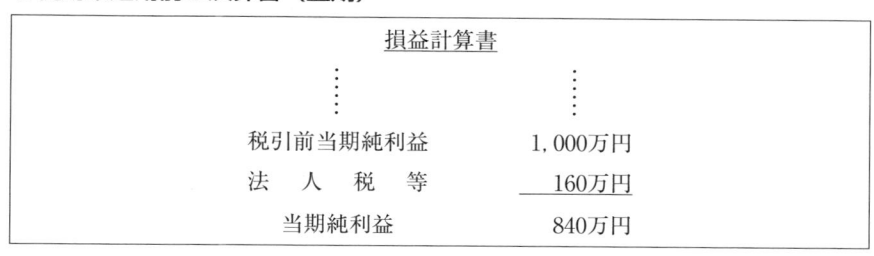

```
              損益計算書
              ⋮              ⋮
      税引前当期純利益      1,000万円
        法 人 税 等          160万円
        当期純利益           840万円
```

そうすると、ここでまた税負担割合がおかしくなります。そこで、この年度は税効果会計を次のように適用します。

| （借）法人税等調整額 | 160万円 | （貸）繰延税金資産 | 160万円 |

(注) 貸倒損失認容額　500万円 × 32% = 160万円

●税効果適用による決算書（翌期）

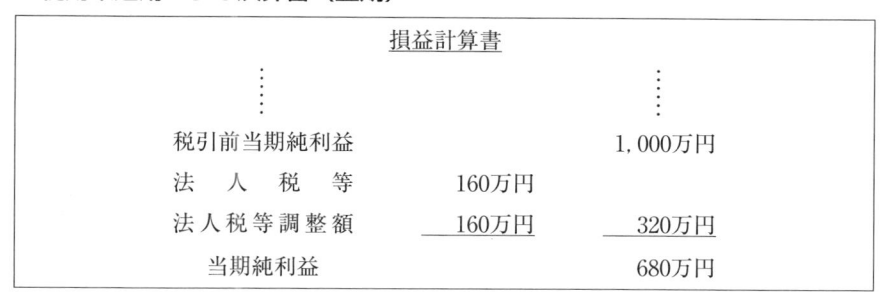

```
              損益計算書
              ⋮              ⋮
      税引前当期純利益              1,000万円
        法 人 税 等      160万円
        法人税等調整額    160万円     320万円
        当期純利益                   680万円
```

以上の処理を行うことで、当期および翌期とも、損益計算書上の税金の負担割合が実効税率の32％に直ります。このように適正な期間損益計算の観点から、法人税等の金額を税引前当期純利益の金額に合理的に対応させるための会計、それが**税効果会計**です。

◆ 永久差異には税効果を適用しない

収益と益金、費用と損金の食い違い項目を、税効果会計では次のように分類します。

```
         ┌─ 一時差異 ┌─ 将来減算一時差異
         │          └─ 将来加算一時差異
         └─ 永久差異
```

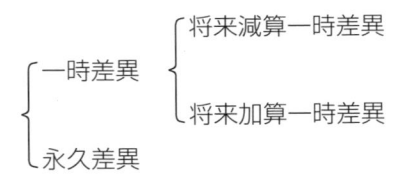

（注） 法人税法にも次のように、これとよく似た分類があります。

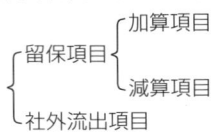

```
      ┌─ 留保項目 ┌─ 加算項目
      │          └─ 減算項目
      └─ 社外流出項目
```

食い違い項目（申告調整項目）のうち税効果会計の対象となるのは、原則として「一時差異」（留保項目）だけです。「永久差異」（社外流出項目）は対象としません。

◆一時差異は将来加減算が生じるので税効果を適用

両者の違いは、申告調整で加算または減算したものが、翌期以降に認容（減算または加算）されるかどうかです。受取配当の益金不算入や交際費の損金不算入など社外流出項目は、その期に加減算を行うだけで将来の所得計算には影響しません。

一方、減価償却費や引当金の限度超過額、貸倒損失の損金不算入額などの留保項目については、条件が整えば翌期以降に加減算が生じます。この将来の加減算に備えて調整計算を行う、それが税効果会計です。

一時差異はさらに、当期に加算し将来減算される見込みのもの（将来減算一時差異）と、当期に減算し将来加算されるもの（将来加算一時差異）に分類されます。

2 減損会計

> **ポイント**
> - 所有資産の収益性が低下すれば損失を計上し、帳簿価額を減額します。
> - 減価償却は収益性資産の費用配分手続きですから、収益を生まなくなれば償却計算の妥当性は失われ、減損会計を適用します。
> - 法人税法には直接の規定はなく、減損損失は評価損に含まれます。
> - 費用計上した減損損失は、ほとんどが損金不算入扱いで申告調整されています。

◆ 固定資産の収益性の低下で損失計上

　所有資産の収益性が低下し投資額の回収が見込めなくなったとき、企業会計では一定の条件のもとで、その資産の帳簿価額を減額する処理、すなわち**減損会計**が要求されます。これは広義には、あらゆる資産に対して適用しうる考え方ですが、会計基準では固定資産のみを対象としています。

　不動産等の固定資産の時価や収益性が著しく低下している状況下で、貸借対照表価額を過大に評価して損失を将来に繰り延べることのないよう、上場企業等を対象にこのような処理が強制適用されています（中小企業でも「中小企業会計指針」36において、簡易な減損処理を行うことが求められています）。

◆ 減価償却は収益性資産の費用配分手続き

　減損会計を適用する根拠は、次の考え方にあります。すなわち、固定資産の取得価額は、減価償却を通じて費用配分されますが、そのやり方に妥当性があるのは、その資産が耐用年数の各期間にわたって収益を生み出し続けるという前提があればこそです。そもそも減価償却は、長期間使用する固定資産から生み出される収益と、その資産の原価を対応させるための手続きですから、収益を生まなくなれば、償却計算は"費用収益対応"の観点からの妥当性を失います。

●固定資産の取得価額

- 将来収益に対応するもの　➡　減価償却により費用化
- 将来収益に対応しないもの　➡　減損処理で費用化

◆ 収益性が低下すれば減損会計

　たとえば、ある製品を生産するために、耐用年数5年の機械を購入したとします。ところが、購入後2年目の時点でその製品の生産が中止されたとすれば、もはやその機械から収益は生まれません。となると、その後の期間に減価償却で費用配分する処理には合理性がなく、そこで生産中止時点の帳簿価額を、費用に振り替える処理を行います。

　つまり、収益性の低下した資産を帳簿価額のまま評価するのは妥当でなく、収益性の低下という事実を資産の帳簿価額に反映させるために、帳簿価額を臨時的に減額するため「減損損失」を計上することとなります。

◆ 減損会計は時価会計ではない

　減損会計は、「金融商品会計」などで行われる"時価評価"とは異質のものです。金融商品会計では、保有株式等の値上りや値下りによる損益を把握し、貸借対照表に期末時価を反映させるために時価評価が行われ、明らかに取得原価主義会計から逸脱した会計処理となっています。

　これに対して「減損会計」は、固定資産の取得原価の"回収可能性"を帳簿価額に反映させることを目的としています。収益性の低下した資産については、次期以降の減価償却費に対応する収益がないので、将来いずれ損失が発生することになります。そこで、損失を将来に繰り延べないため、当期において損失計上が必要となるのです。減損会計は、取得原価会計のもとで行われる臨時的な帳簿価額の減額といえます。

　このように目的が違いますから、金融商品会計においては、時価が取得原価を上回る場合に評価益を計上しますが、減損会計では減損後に、評価益が計上されることはありません。

> - 金融商品会計 ➡ 保有株式の値上り・値下りを認識する会計
>   ➡ 評価益・評価損を計上
> - 減損会計　　➡ 固定資産の収益性低下を認識する会計
>   ➡ 評価損のみ計上（評価益は計上しない）

◆ 減損損失は一般に課税対象

　減損会計では、将来キャッシュ・フローの減少や時価の下落など、きわめて広範な事象が減損処理の対象とされますが、法人税法には「減損損失」に関する直接の規定はありません。減損損失は「評価損」に含まれると、通達に記されているにとどまります（法基通7-5-1(5)の注書）。さらに、税務上の評価損の対象は、特殊な事情で固定資産の価値が低下したものに限られており、単なる時価下落や陳腐化を理由とした評価減は認められません（法令68①三）。

　また、減損会計では資産グループ全体についての損失を認識した上で、それを各資産に配分するという考え方をとっていますが、法人税法では、資産グループについて評価損を計上することを前提としていません。

　結局のところ、費用計上した減損損失のほとんどが損金不算入扱いで、申告調整により「減価償却超過額」等として課税対象とされています。

参考（要約条文）

法法33条（資産の評価損の損金不算入等）
1　資産の評価換えをし帳簿価額を減額した部分の金額は、損金の額に算入しない。
2　災害による著しい損傷により資産の価額が帳簿価額を下回ることとなったことその他の政令で定める事実が生じた場合において、損金経理によりその帳簿価額を減額したときは、当該資産の帳簿価額と事業年度終了時における価額[注]との差額は、前項の規定にかかわらず、損金の額に算入する。

（注）　時価のこと

法令68条（資産の評価損の計上ができる事実）
1　法第33条第2項に規定する政令で定める事実は、物損等の事実（次の各号に

定める事実をいう。）及び法的整理の事実とする。
- 一　（略）　← 棚卸資産の取扱い
- 二　（略）　← 有価証券の取扱い
- 三　固定資産　次に掲げる事実
  - イ　当該資産が災害により著しく損傷したこと。
  - ロ　当該資産が1年以上にわたり遊休状態にあること。
  - ハ　当該資産がその本来の用途に使用することができないため他の用途に使用されたこと。
  - ニ　当該資産の所在する場所の状況が著しく変化したこと。
  - ホ　イからニまでに準ずる特別の事実

3 有価証券の減損処理

> **ポイント**
> - 上場株式の強制評価減に関して、企業会計と税務では規定の仕方が違います。
> - 企業会計では、株価の回復見込みが不明な場合も評価減が強制されます。
> - 税務では、株価の回復見込みがない場合にのみ評価減が可能です。
> - 回復見込みに関する判断基準は、基本的に両者とも同じです。
> - アナリスト等の専門家の意見に基づいて評価減することが認められています。

◆ 有価証券の評価損は減損損失ではない？

　減損会計の適用対象は固定資産とされ、有形・無形固定資産のほか投資等の項目も含まれます。しかし、投資等に含まれる有価証券には、「金融商品会計基準」が適用されるので"減損処理"は行わず、その代わりに"評価減"の対象とされます。

　ただし、資産価値の低下という意味では減損損失も評価損も同じなので、実務では上場株式などのいわゆる強制評価減も、一般に**減損処理**と呼ばれています。

◆ 回復見込みが不明な場合の取扱いが異なる

　用語の話はさておき、説明を上場有価証券の強制評価減に絞ります。上場株式等の時価が著しく（50％以上）下落した場合の評価減について、企業会計と税務では規定の仕方が違います。企業会計では回復する見込みが「あると認められる場合を除き」評価減が強制されますが、税務では、回復が「見込まれない場合」に評価損の損金算入が認められます。

　つまり、回復見込みが"不明"な場合に、両者の扱いが異なります。企業会

計では保守的経理の観点から、この場合も評価減を強制しますが（金融商品会計基準20）、税務では、評価損は原則として損金不算入（法法33①）であることから、回復見込みがない場合にのみ評価減が認められます（法法33②、法令68①二イ、法基通9－1－7）。

●株価回復見込みの有無

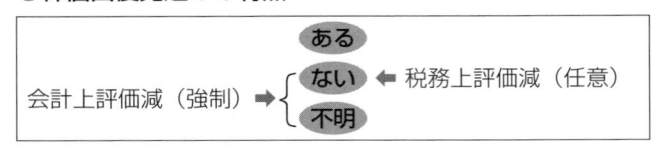

会計上評価減（強制）　→　{ ある／ない／不明 }　←　税務上評価減（任意）

◆ 回復見込みの判断は両者とも同じ

　回復の見込みに関して、企業会計では50％以上下落したときは、合理的な反証がない限りその可能性はないものとされます。また、50％未満の場合は個々に判定しますが、次のような状況にあるときは通常、回復可能性があるとは認められない、とされています（金融商品会計実務指針91）。

① 　株価が過去2年間にわたり著しく下落した状態にある場合
② 　株式の発行会社が債務超過の状態にある場合
③ 　2期連続で損失を計上し翌期もそのように予想される場合

　以上に対し税務では、過去の市場価格の推移、発行法人の業況等を踏まえ、"近い将来"において回復が見込まれない場合には評価減ができると規定され（法基通9－1－7）、具体的な判定基準は設けられていません。しかし、回復見込みの判断に関して税務固有の基準があるわけではなく、上記の企業会計上の判定基準は、税務上も尊重されるべきものと考えられます。

◆ 回復しないことを納税者側で立証

　ところで税務上、評価損が損金になるかならないか、そのポイントは回復の可能性がないことを、どのようにして立証するかです。本来、将来の株価動向は神のみぞ知るで、人智で解決できる問題ではありません。しかし、申告納税制度のもとでは挙証責任は納税者側にあり、税務当局が回復する見込みが"ある"ことを証明するのではなく、納税者側でそれが"ない"ことを立証しなけ

ればなりません。

　そこで従来は、実務でははなからあきらめムードが漂い、企業会計で評価減を行っても、税務上は自己否認（損金不算入扱い）するのが一般的でした。

◆ 専門家の意見に基づき評価減

　しかし、平成20年秋のリーマンショックを契機として、その厳しい取扱いが緩和されました。翌21年4月に公表された国税庁のQ&Aにおいて、次のような取扱いが設けられたのです。すなわち、「近い将来回復が見込まれないこと」について、法人が独自に合理的な判断を行うことが困難なときは、証券アナリストなどによる個別銘柄の分析や見通し、株式発行法人に関する企業情報などを根拠に判断することを認める旨の取扱いです。

　この取扱いで、実務はずいぶんと救われました。それまでは自己責任で解決しなければならなかったことに、他人頼みが認められたということです。今は、証券新聞・雑誌などで個別銘柄に関する悲観的な先行きの記事があれば、それを根拠として評価損を計上していいことになっています。

　なお、この取扱いに基づいて評価減を行ったときは、その記事を大切に保管しておいてください。税務調査の折、それを根拠資料として提示することになりますから。

参考（要約条文）

法法33条（資産の評価損の損金不算入等）
1　資産の評価換えをし帳簿価額を減額した部分の金額は、損金の額に算入しない。
2　災害による著しい損傷により資産の価額が帳簿価額を下回ることとなったこととその他の政令で定める事実が生じた場合において、損金経理によりその帳簿価額を減額したときは、当該資産の帳簿価額と事業年度終了時における価額との差額は、前項の規定にかかわらず、損金の額に算入する。

法令68条（資産の評価損の計上ができる事実）
1　法第33条第2項に規定する政令で定める事実は、物損等の事実（次の各号に

定める事実をいう。）及び法的整理の事実とする。
　二　有価証券　次に掲げる事実
　　イ　第119条の13第1号から第3号までに掲げる有価証券[注]の価額が著しく低下したこと。
　　ロ　イに規定する有価証券以外の有価証券について、発行法人の資産状態が著しく悪化したため、その価額が著しく低下したこと。
　　ハ　ロに準ずる特別の事実
　　　　　　　　　　　　　　　　　　　　　　　　　（注）　上場有価証券

法基通9-1-7（上場有価証券等の著しい価額の低下の判定）
　令第68条第1項第2号イに規定する「有価証券の価額が著しく低下したこと」とは、当該有価証券の事業年度終了時における価額がその時の帳簿価額のおおむね50％相当額を下回ることとなり、かつ、近い将来その価額の回復が見込まれないことをいうものとする。

4 デリバティブ取引とヘッジ取引

> **ポイント**
> - 株式、金利、為替等の金融商品から派生するものをデリバティブといい、時価変動リスクをヘッジするための商品がいろいろあります。
> - デリバティブには4種類（先渡・先物・オプション・スワップ）の取引があります。
> - 会計上、デリバティブ取引には時価主義を適用します。
> - 税務上も会計と同様に、未決済取引について期末に決済を行ったものとみて計算した利益（損失）額が、益金（損金）に算入されます。
> - ヘッジ取引については、一定の要件を満たせば、ヘッジ対象とリスク・ヘッジのためのデリバティブ取引の各損益を、同一の会計期間で認識する処理が認められています。

◆ デリバティブ取引を使ってリスク・ヘッジ

「デリバティブ」は、株式、金利、為替等の金融商品から派生する商品をいいます。株式などの保有には時価変動のリスクがあり、もっぱらそのリスクをヘッジするために、各種商品が生み出されました。

たとえば、外貨建の債権を保有すると、為替変動のリスクにさらされます。決済時点で円高になると、円貨による受取り額が減少します。そこで、このリスクを回避するために、「為替予約」というデリバティブ取引を行って受取り額を確定させ、為替リスクを解消させる（ヘッジする）ことができます。

◆ 4種類のデリバティブ取引

「金融商品会計基準」では、**デリバティブ取引**として4種類のものを掲げています。

(1) 先渡取引

将来の特定の日に特定の資産を受け渡しする契約で、契約時点において将来

の受渡し価格が決定されているものをいいます。
(2)　先物取引
　(1)と同様の内容の取引ですが、相対で行われる先渡取引に対し、先物取引は取引所を通じた取引です。先物取引は、定型化・標準化された取引であり、反対売買による決済ができる点に特徴があります。
(3)　オプション取引
　取引の当事者が、将来の特定の日に特定の商品を特定の価格で売買する"権利"を売買する契約をいいます。オプションの買い手は、権利を行使するかどうかが自由であるのに対し、売り手は買い手から権利行使されたときは、必ず履行しなければならないというリスクを負います。そこで通常、契約時にオプションの買い手は売り手に、"オプション料"を支払います。
(4)　スワップ取引
　債務の当事者間で債務の元本または利息の支払キャッシュ・フローを交換する契約で、「通貨スワップ」と「金利スワップ」の2つがあります。取引は相対で行われ、たとえば固定金利付き債務の支払利息を変動金利に、あるいは変動金利付き債務の支払利息を固定金利に実質的に変換するなど、契約時点においてキャッシュ・フローの現在価値が等価である場合に、この取引が利用されます。
　税務では、デリバティブ取引の内容を会計基準よりも細かく規定していますが、その意義や範囲に関して、企業会計と税務の間に相違はありません。

◆ デリバティブ取引には時価主義を適用

　デリバティブ取引には、契約締結時から時価の変動による価格変動リスクや信用リスクが伴います。そこで企業会計では、契約締結時に金融資産（負債）の発生を認識して貸借対照表に計上します。その際の評価差額は、ヘッジ取引のものを除いて、発生主義および時価主義により当期の損益に計上します（金融商品会計基準25）。
　法人税法でも、この企業会計の取扱いをそのまま受け入れて、次のように処理することとしています。すなわち、デリバティブ取引のうち期末時に"未決

済"のものは、金利スワップ取引などで一定の要件を満たすものを除き、期末時に決済を行ったものとみなして、そこから算出される利益または損失の額は、益金または損金に算入されます（法法61の5①、法令120①）。

◆ 相場の変動リスクを回避するためのヘッジ取引

　ヘッジ取引は、価格・金利・為替相場の変動リスクが生じる資産・負債について、その損失を相殺または減殺することを目的として行うデリバティブ取引です。この取引のうち一定の要件を満たすものについて、ヘッジ対象とリスク・ヘッジのためのデリバティブ取引の各損益を、同一の会計期間に認識し、ヘッジの効果を会計に反映させるための特殊な会計処理を「ヘッジ会計」といいます（金融商品会計基準29）。

　先に説明したように、デリバティブ取引は原則として時価評価され、評価差額が当期の損益として認識されます。ところがその処理では、デリバティブ取引がヘッジ手段として用いられ、ヘッジ対象の資産・負債が取得原価で評価されたときに、両者の損益が期間的に合理的に対応しません。また、ヘッジ対象の相場変動等による損失発生の可能性が、ヘッジ手段によってカバーされているという経済実態が、財務諸表に反映されないという問題が残ります。

◆ 税務上は有効性の判定を重視

　デリバティブ取引の例外処理としての「ヘッジ会計」は、法人税法でも認められています。具体的な処理方法として、「繰延ヘッジ処理」（法法61の6）と「時価ヘッジ処理」（法法61の7）が定められていますが、時価ヘッジ処理の適用は、売買目的外有価証券をヘッジ対象とする場合に限られます。

　繰延ヘッジ処理は、売買目的外有価証券を含めヘッジ対象を広範囲に取ることができ、会計基準と同様に税法でも、繰延ヘッジ処理が原則的な処理とされています。

　ヘッジ会計を適用するためには、いくつかの要件を満たさなければなりませんが、法人税法ではとくに、ヘッジ手段の効果の"有効性の判定"を重視し、そのことに関する詳細な取扱いが定められています。

5 リース会計

> **ポイント**
> - 税務上のリース取引はファイナンス・リースに限られ、オペレーティング・リースは賃貸借取引とされます。
> - リース取引は、賃貸人から賃借人への物件の引渡しがあった時点で、リース資産の売買があったものとして処理します。
> - 会計には300万円の重要性判定基準が設けられていますが、税務ではすべてのリース取引に売買処理が要求されます。
> - 賃借料として処理したリース料は、税務上、償却費として損金経理したものとみなされます。

◆ 2種類のリース取引

リース取引には、ファイナンス・リースとオペレーティング・リースの2つがあります。

現実には、リース取引のほとんどはファイナンス・リースで、オペレーティング・リースは、レンタルとか賃貸借と呼ばれる取引のことです。

ファイナンス・リースは、リース期間の中途または終了時に、リース物件の所有権が借り手に移転する取引（所有権移転ファイナンス・リース）と、それ以外のもの（所有権移転外ファイナンス・リース）に分類されます。

●リース取引の分類

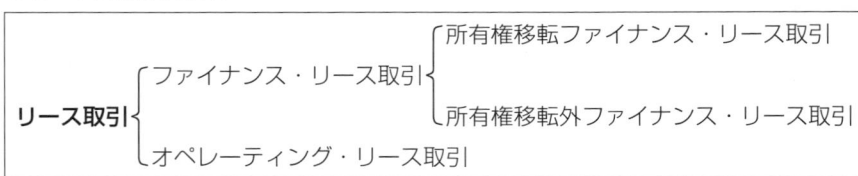

```
          ┌ ファイナンス・リース取引 ┌ 所有権移転ファイナンス・リース取引
リース取引┤                          └ 所有権移転外ファイナンス・リース取引
          └ オペレーティング・リース取引
```

◆ リース取引は売買処理

　企業会計上、リース取引は、原則として賃貸人から賃借人への引渡しがあった時にリース資産の"売買"があったものとみて、次のように処理します。

[設　例]
- リース期間　　5年
- リース料　　　総額60,000千円（半年ごとに6,000千円を支払う）
- リース物件の貸し手の購入価額　　55,000千円

[仕　訳]

〈開始時〉
　　（借）リース資産　　55,000千円　　（貸）リース債務　　55,000千円

〈第1回支払時〉
　　（借）リース債務　　5,175千円　　（貸）現金預金　　6,000千円
　　　　　支払利息　　　　825千円
　（注）　利息法（年利率3％）による支払利息の金額は、次のように計算します。
　　　　　$55,000千円 \times 3\% \times \dfrac{1}{2} = 825千円$

〈第1回決算時〉
　　（借）減価償却費　　11,000千円　　（貸）リース資産　　11,000千円
　（注）　リース期間を耐用年数とし、残存価額を0として計算します。
　　　　　55,000千円 ÷ 5年 ＝ 11,000千円

◆ 税務上もリース取引は売買処理

　以上の企業会計の取扱いに対し、法人税法では、資産の賃貸借で次の2つの要件を満たすものを**リース取引**としています（法法64の2③）。

① 賃貸借期間の中途で契約を解除することができないこと
② 賃借人がリース資産からもたらされる経済的利益を実質的に享受でき、かつ、その資産の使用に伴って生ずる費用を実質的に負担する契約であること

　企業会計と同様、税務上もリース取引については、賃貸人から賃借人への引渡しがあった時に、リース資産の売買があったものとされます（法法64の2①）。

なお、税務上のリース取引はファイナンス・リースに限られ、オペレーティング・リースはリース取引から除かれ賃貸借取引とされています。

◆ 税務と会計の食い違い

ファイナンス・リースに該当するかどうか、所有権移転と所有権移転外の区別、リース料に含まれる利息相当額の処理方法、減価償却の計算方法などについて、税務と会計の取扱いは原則として一致しています。しかし、細部では次のように若干食い違う点があります。

① 税務には例外規定がない

会計上は300万円基準を設けて、重要性の乏しい場合に賃借料処理を認めています（リース会計基準適用指針35）。一方、税務上は例外規定がなく、ファイナンス・リース取引に該当すればすべて売買処理が要求されます。

② 減価償却方法の違い

所有権移転外リース取引によるリース資産について、会計上は定額法以外の償却方法が認められていますが（適用指針28）、税務上は「リース期間定額法」しか認めていません（法令48の2①六）。

③ 賃貸借処理をした場合の取扱い

賃借人がリース料を"賃借料"として費用計上した場合、税務上は償却費として損金経理した金額に含まれます（法令131の2③）。

④ 受取利息に関する20％基準

リース料のうち利息相当額が明らかでない場合、リース契約の対価から原価を控除した金額の20％相当額を、貸し手の利息とみなして収益計上する税務上の取扱いが設けられています（法令124③）。

両者に以上のような食い違いが生じたとき、ケースによっては申告調整が必要となります。

◆ 賃借料処理でも申告調整は不要

最後に、上記③に関する税務上の取扱いの話をします。税務上、リース取引はすべて売買処理すべきものとされていますが、その経理はかなり厄介です。

そこで中小企業では、"賃借料処理"が広く行われています。そのとき申告調整がどうなるかです。

　通常、リース料の支払額は毎回一定です。そこで、利息込みのリース料全額を賃借料として処理した場合、その金額は通常、リース期間定額法による償却限度額と同額になります。その際、賃借料勘定で計上したリース料は、償却費として損金経理したものとみなされます。したがって結果的に、費用計上額と損金算入限度額が一致するので申告調整は不要、ということになります。

　なお、毎回のリース料の支払額が均等でないため、賃借料と償却限度額が異なるような場合は、償却超過または償却不足の計算を行って申告調整をしなければなりません（法基通7-6の2-16）。

6 ストック・オプション会計

> **ポイント**
> - 新株予約権のうち、取締役や従業員などに無償で付与するものをストック・オプションといいます。
> - 会計上は発生主義の適用により、ストック・オプションの公正な評価額を、権利確定前の期間に費用化します。
> - 税務上は権利行使時に損金扱いされるため、申告調整が必要です。
> - 税制適格ストック・オプションを発生主義で経理すると、税務上、永久に損金算入されません。

役員等に無償交付する新株予約権

会社が発行する株式を、あらかじめ決められた価格で取得する権利のことを「新株予約権」といいます（会社法236以下）。この権利を持つ人は、将来株価がどんなに上昇してもその価格で取得することができ、逆に株価が下落したときは通常、権利を行使せず放棄することができます。この新株予約権のうち、インセンティブ報酬として会社が取締役や従業員などに無償で付与するものを**ストック・オプション**といいます。

平成26年中にストック・オプションを与えた上場企業は約600社（全上場企業の6社に1社）あり、役員退職金を廃止して、その代わりに導入する企業も出始めました。

ストック・オプションは通常、次のような順序で行われます。

●ストック・オプション取引

権利付与 ➡ 権利確定 ➡ 権利行使 ➡ 株式譲渡

権利確定前に費用計上

ストック・オプションの発行会社が各段階でどのように処理するかは、「ス

トック・オプション等に関する会計基準」(平成17年12月)で、次のように定められています。

(1) 権利確定以前の会計処理

ストック・オプションの"公正な評価額"を、付与日から権利確定日(権利行使期間の開始日の前日)までの期間に月割りで費用計上し、その金額を権利行使(または失効)が確定するまで、貸借対照表の純資産の部に「新株予約権」の科目で計上します。

| (借)株式報酬費用　×××　(貸)新株予約権　××× |

(2) 権利確定後の会計処理

権利が行使されたとき、新株予約権を払込資本(資本金および資本準備金)に振り替えます。また、権利の不行使が確定したときは、新株予約権を収益に振り替えます。

| (借)現　金　預　金　×××　(貸)資　本　金　××× |
| 　　　新 株 予 約 権　××× |

または

| (借)新 株 予 約 権　×××　(貸)新株予約権戻入益　××× |

◆ 税務上は権利行使時に損金算入

企業会計では発生主義により、ストック・オプションの"公正な評価額"を、権利確定までの期間に費用化することとされていますが、税務の取扱いは異なります。法人税法では、新株引受権を対価として個人から役務の提供を受ける場合、個人側で「給与所得」等としての課税を受ける時点を、法人側の損金算入時期としています(法法54①)。

所得税法の取扱いでは、役員や使用人に対して付与するストック・オプションの経済的利益については、原則として「権利行使時」に給与所得としての課税を行うこととしています(所基通23～35共6、6の2)。そこで、法人側はその

時点で役務の提供を受けたものとして、権利行使日を含む事業年度の損金に算入されます。

したがって、会計上、付与日から権利確定日にかけて費用計上すれば、それは損金不算入なので申告調整で加算し、個人が給与所得課税を受けた時点でその受けた金額を減算します。また、権利が失効し収益に振り替えたときは、その金額は益金不算入なので減算することになります（法法54③）。

◆ 税制適格ストック・オプションでは損金算入されない

税務の取扱いでもう一つ注意すべきは、**税制適格ストック・オプション**です。次の要件を満たすストック・オプションについては、権利行使時に課税せず、権利行使で取得した株式を売却した時点で初めて、「譲渡所得」として課税することとしています（措法29の2①）。

① 付与決議の日後2年を経過した日から10年を経過する日までに行使されること
② 権利行使の年間合計額が1,200万円を超えないこと
③ 新株引受権の譲渡が禁止されていること
④ 権利行使で取得する株式が証券会社等に保管委託されていること

この税制適格のストック・オプションについて、上記の会計処理を行うと、そこで計上した費用は会社側で永久に損金となりません（法法54②）。なぜなら、ストック・オプション費用は、役務提供を受ける時点で損金になります。権利行使時に課税されないとなると、付与された個人がその後（株式売却時）に譲渡所得課税を受けるとしても、発行会社は株式売却の時点で役務提供を受けるわけではありません。役務の提供はすでに権利行使前に終わっています。そこでこの場合、申告調整で加算したストック・オプション費用は、認容（損金算入）される機会を永久に失います。

参考（要約条文）

法法54条（新株予約権を対価とする費用の帰属事業年度の特例等）

1　個人からの役務提供に係る費用の対価として新株予約権を発行したときは、当該個人において給与等課税事由が生じた日において当該役務の提供を受けたものとして、この法律の規定を適用する。

2　前項に規定する場合において、役務提供につき給与等課税事由が生じないときは、発行法人の当該役務提供に係る費用は、損金の額に算入しない。

3　新株予約権が消滅をしたときは、当該消滅による利益の額は、益金の額に算入しない。

7 資産除去債務会計

> **ポイント**
> - 会計上は、資産除却時の処分費用を、使用期間中に費用配分することとされています。
> - 購入時に処分見込み額を負債計上し、同額を固定資産の帳簿価額に加え、償却計算で費用化します。
> - 税務上は、除却時点に確定した支出額が損金扱いされるため、申告調整が必要です。

◆ 除却の際の解体・撤去・処分費用を期間配分

　企業が有する固定資産を除却する際、解体、撤去、処分等のために費用がかかることがあります。これらの費用は、固定資産の使用に伴って不可避的に発生するものであれば、資産の除却時点ではなく、それを使用する各期間の費用として処理すべきです。このような考え方により、企業会計基準委員会が「資産除去債務に関する会計基準」(平成20年3月) を定め、上場企業等では資産除去債務の会計処理が適用されています。

　ここで**資産除去債務**とは、有形固定資産の解体、撤去、処分等のためにかかる費用の見込額で、これを資産の購入時に、固定負債として計上することになります。そして、同額を固定資産の帳簿価額に加えることにより、**減価償却**を通じて各期間に費用として配分します。

```
〈購入時〉
  (借) 固 定 資 産    ×××   (貸) 資産除去債務    ×××
〈決算時〉
  (借) 減 価 償 却 費  ×××   (貸) 固 定 資 産    ×××
〈除却時〉
  (借) 資産除去債務    ×××   (貸) 現 金 預 金    ×××
```

◆ 資産除去債務の範囲は限定的

ところで、資産を処分する際には、多かれ少なかれ費用はかかりますが、そのすべてが債務計上の対象となるわけではありません。対象となるのは、資産の除去が法令や契約で要求される、「法律上の義務」およびそれに準ずるものとされています。企業の自発的な計画に基づく処分費用はこれに該当せず、資産の除去が特定の法令や契約で義務付けられている場合にのみ計上が要求されます。

具体例としては、資産の使用により発生する有害物質（アスベストなど）の除去が法令により定められている場合、土地の定期借地契約の中で原状回復義務が定められている場合などがあります。

このように資産除去債務の範囲が限定されるのは、対象となる処分費用が"負債"としての要件を満たすかどうかが問題となるためです。つまり、法令や契約により資産の除去が強制される場合、その費用はほぼ確実に発生することから、現時点において企業の負債であるといえます。しかし、企業の自発的な計画による場合には、費用の発生が確実ではないので負債とはいえず、これを資産除去債務として計上することは認められません。

◆ 割引計算が必要

資産除去債務は、有形固定資産を購入した時点で計上しますが、実際に支払うのは、当該資産の耐用年数が経過し処分する時点で、負債の計上から支払いまで長期間にわたります。このため、資産除去債務の計算にあたっては、"割引計算"が必要となります。

具体的な計算方法は「退職給付会計」における割引計算と同じで、まずは資産の購入時に、将来の処分費用の見込額を現在価値に割り引いた金額で負債計上します。さらに毎期、期首の資産除去債務の帳簿価額に割引率を乗じて「利息費用」を算定し、これを費用として計上するとともに、資産除去債務の帳簿価額に追加することになります。

```
〈購入時〉
　（借）固 定 資 産　　×××　　（貸）資産除去債務　　×××
　　　　　　　　　　　　　　　　　　　　　↑
　　　　　　　　　　　　　　　　　　　現在価値で計上
〈決算時〉
　（借）利 息 費 用　　×××　　（貸）資産除去債務　　×××
　　　　　↑
　　　債務残高×割引率
〈除却時〉
　（借）資産除去債務　　×××　　（貸）現 金 預 金　　×××
```

◆ 税務上は資産の除去時点で損金算入

　法人税法上、損金は"債務確定主義"（法法22③二）によって計上され、「債務の確定しないものを除く」と規定されています。この観点からすれば、除去費用は資産の購入時点で債務が確定しているとは認めがたく、実際の資産除去の時点で損金に算入されます。したがって、資産除去債務相当額に対する減価償却は認められず、また、割引計算による利息費用にも損金性はありません。会計上これらを費用に計上したときは、いずれも別表4で加算し、課税所得はその分膨らむことになります。

　また、貸借対照表に計上される資産除去債務ならびに資産の帳簿価額の上乗せ額についても、税務上は認められませんので、別表5において調整（取消し）しなければなりません。

```
〈損益計算書に計上〉
　　資産除去債務分の減価償却費と利息費用
　　　➡　損金不算入（別表4で加算）
〈貸借対照表に計上〉
　　固定資産（上乗せ部分）と資産除去債務
　　　➡　資産・負債から除去（別表5(1)に計上）
```

X 消費税

1 非課税と不課税

> **ポイント**
> - 消費税法で定める4要件を、すべて満たすものが課税取引となります。
> - 一つでも要件を外せば課税対象外とされ、通常それを不課税取引と呼びます。
> - 非課税取引は、4要件をすべて満たすけれど課税対象から除くものです。
> - 非課税と不課税の違いは、課税売上割合の計算に影響します。

◆ 非課税と不課税は違う

消費税の計算を行う際、「課税」「非課税」「不課税」「免税」「免除」——以上の違いを理解しておく必要があります。

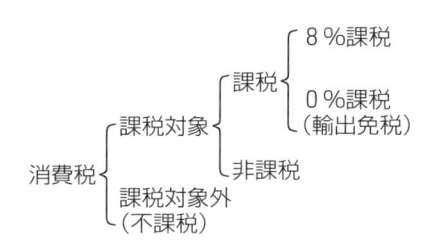

```
                              ┌ 8％課税
                        ┌ 課税 ┤
                        │     └ 0％課税
               ┌ 課税対象┤       （輸出免税）
消費税 ┤        │       └ 非課税
       └ 課税対象外
         （不課税）
```

課税・非課税の区別を、消費税がかかる、かからないの違い、と表現するのでは不正確です。そういう言い方をするなら、不課税や免税（輸出売上げ）、免除（課税売上高1,000万円以下）の場合も消費税はかからず、非課税との違いを説明できません。

◆ 課税対象以外のものが不課税

まず、消費税の課税対象とされる取引は、消費税法で定める次の4つの要件

をすべて満たすものとされています（消法2①八・4①）。

●**課税取引の4要件**

① 国内において行うものであること
② 事業者が事業として行うものであること
③ 対価を得て行われるものであること
④ 資産の譲渡、資産の貸付けまたは役務の提供であること

　いずれか一つでも要件を外せば、消費税の課税対象外とされ、通常それを"不課税"と呼んでいます。4つの要件のうち実務で特に問題となるのは、③の「対価性」の要件で、商品を引き渡して対価を受け取る、正確にいえば、資産や役務を提供し反対給付としての対価を得る取引でなければ、消費税はかかりません。

　たとえば、試供品や見本品を無償提供しても課税対象外で、また、寄附金や補助金も課税対象外の**不課税取引**とされます。お祝い金や見舞金、損害賠償金などをもらっても消費税はかからず、逆に、そういうお金を渡しても仕入税額控除はできません。この他、不課税項目には次のようにあれこれあります。

給与、保険金、共済金、配当金、寄附金、補助金、奨励金、助成金、祝い金、見舞金、損害賠償金、立退料、保証金、敷金、資産の廃棄、滅失、盗難、会費、組合費 etc.

◆ 課税対象でも課税しないものが非課税

　不課税に関して、こういうものには消費税がかからないなどと、法律には何も書かれていません。そもそも、消費税法で定めているのは、どういうものに消費税がかかり、そのうちこういうものは非課税扱いする、ということだけです。

　たとえば、サラリーマンは事業者ではなく上記②の「事業性」の要件を満たさないので、給料は不課税です。したがって、サラリーマンは会社に対し給料に8％を上乗せするよう請求することはできず、また支払う会社側も、給料を

仕入税額控除の対象とはできません。このようなことは、消費税法のどこにも書かれておらず、要件を満たさないから消費税はかからない、というだけのことです。

一方、**非課税取引**は、4つの要件をすべて満たしています。本来は課税対象となるものですから、課税対象から除くということを、わざわざ法律に書く必要があります。現行の消費税法では、土地の譲渡・貸付けや医療・福祉・教育など、次の15項目を非課税としています（消法6①、同別表1）。

◉非課税取引

[課税対象になじまないもの]
① 土地の譲渡、貸付け（一時的使用を除く）
② 社債、株式などの譲渡、支払手段の譲渡
③ 利子、保証料、保険料
④ 郵便切手、印紙などの譲渡
⑤ 商品券、プリペイドカードなどの譲渡
⑥ 住民票、戸籍抄本などの行政手数料
⑦ 国際郵便為替、外国為替

[社会政策的配慮によるもの]
⑧ 社会保険医療
⑨ 第1種および第2種の社会福祉事業、在宅福祉サービス
⑩ 助産費用
⑪ 埋葬料、火葬料
⑫ 一定の身体障害者用物品の譲渡、貸付け
⑬ 一定の学校授業料、入学検定料、入学金、施設設備費
⑭ 検定済み教科書などの譲渡
⑮ 住宅の貸付け（一時的使用を除く）

◆ 両者の違いは課税売上割合の計算に影響

ところで、平成23年度の改正により、課税売上高が5億円超の事業者には"95％ルール"を適用しないことになりました。中小企業など課税売上高が5億円以下の会社は従来どおりですが、それ以上の規模の会社にとっては、「課

税売上割合」の正確な算定が不可欠となっています。その際には、非課税と不課税の区別が重要です。

課税売上割合は、次の算式で計算します（消法30⑥）。

$$\frac{課税売上高＋免税売上高}{課税売上高＋非課税売上高＋免税売上高}$$

この計算式で注意すべきは、次の2点です。
① 分母（総売上高）には、「非課税売上高」を含むが「不課税売上高」は含まない。
② 分子と分母は、輸出取引による「免税売上高」を含む。

非課税と不課税を混同すると、正確な消費税計算ができません。また中小企業でも、不課税売上高を分子と分母に入れるか入れないかで、割合が95％以上になるかどうか、微妙な場合もあり、両者の区別には要注意です。

参考（要約条文）

消法2条（定義）
八　資産の譲渡等　事業として対価を得て行われる資産の譲渡及び貸付け並びに役務の提供をいう。
九　課税資産の譲渡等　資産の譲渡等のうち、第6条第1項の規定により消費税を課さないこととされるもの以外のものをいう。

消法4条（課税の対象）
1　国内において事業者が行った資産の譲渡等には、この法律により、消費税を課する。

消法6条（非課税）
1　国内において行われる資産の譲渡等のうち、別表第一に掲げるものには、消費税を課さない。

消法30条（仕入れに係る消費税額の控除）
6　課税売上割合とは、国内において行った資産の譲渡等の対価の額の合計額のうちに課税資産の譲渡等の対価の額の合計額の占める割合をいう。

2 税込み経理と税抜き経理

> **ポイント**
> - 売上高または仕入高に消費税額を含めるか否かの違いです。
> - 事業者にとってこの税金は通過勘定なので、理論上は税抜き経理が正しいといえます。
> - いずれで処理しても納付する消費税額は同じですが、法人税の課税所得金額が異なる場合があります。
> - 両処理の選択は自由ですが、免税事業者は税込みで処理しなければなりません。

◆ 消費税額を売上高・仕入高に含めるか否か

消費税の経理方法には、次の2つのやり方があります。

税込み経理…消費税額を売上高と仕入高に含めて処理するやり方
税抜き経理…消費税額を売上高と仕入高に含めず、区分して処理するやり方

[設例1]
① 仕 入 高　　86,400千円（うち消費税 6,400千円）
② 売 上 高　　108,000千円（うち消費税 8,000千円）
③ 納付税額　　1,600千円（8,000千円 − 6,400千円）

[仕 訳]
(1) 税込み経理の仕訳（単位：千円）
　① 仕入時
　　　（借）仕　　　　入　　86,400　　（貸）買　掛　金　　86,400
　② 売上時
　　　（借）売　掛　金　　108,000　　（貸）売　　　　上　108,000
　③ 決算時
　　　（借）租 税 公 課　　1,600　　（貸）未払消費税　　1,600
　④ 納付時

（借）未払消費税	1,600	（貸）現 金 預 金	1,600

(2) 税抜き経理の仕訳（単位：千円）
① 仕入時
（借）仕　　　　入　　80,000　　（貸）買　掛　金　　86,400
　　　仮払消費税　　　6,400
② 売上時
（借）売　掛　金　　108,000　　（貸）売　　　　上　　100,000
　　　　　　　　　　　　　　　　　　　仮受消費税　　　8,000
③ 決算時
（借）仮受消費税　　　8,000　　（貸）仮払消費税　　　6,400
　　　　　　　　　　　　　　　　　　　未払消費税　　　1,600
④ 納付時
（借）未払消費税　　　1,600　　（貸）現 金 預 金　　1,600

◆ 理論上は税抜き経理が正しい

　2つの方式を比べると、理屈の上では「税抜き経理」に軍配が上がります。なぜなら、消費税は間接税でその最終負担者は消費者ですから、価格転嫁が適正に行われれば、事業者にとってこの税金は通過勘定です。つまり、売上げ分の税金は"預り金"、仕入れ分は将来納付時に税額控除することを予定した"立替金"で、いずれも損益項目ではありません。

　また、消費税の導入（あるいは税率引上げ）の前後で、売上高や仕入高が水増しされるのは妥当でありません。財務諸表の期間比較の観点からしても、税抜き経理の方が明らかに正しいと考えられます。ただし、実務上の問題として、税抜きで経理するのはかなり手間暇を要します。そこで、事務処理の簡単な「税込み経理」が簡便法として認められています。

◆ 両方式で法人税の課税所得金額が異なる

　消費税の計算自体は、経理処理に関係なく「売上高×8％－仕入高×8％」の算式で行います。税込み経理と税抜き経理のいずれで処理しても、納付する消費税額に変わりはありません。ところが、法人税の課税所得の金額は、経理

処理いかんで相違する場合があります。

[設例2]
① 売上高　　108,000千円（うち消費税8,000千円）
② 仕入高　　64,800千円（うち消費税4,800千円）
　　（機械の購入10,800千円（うち消費税800千円）を含む）
③ 人件費　　30,000千円（消費税はかからない）
④ 納付税額　3,200千円（8,000千円－4,800千円）

[計算]

	税込み経理	税抜き経理
売上高	108,000千円	100,000千円
仕入高	54,000千円	50,000千円
人件費	30,000千円	30,000千円
減価償却費	2,160千円	2,000千円
消費税	3,200千円	―
当期純利益	18,640千円	18,000千円

（注）　減価償却費の計算（耐用年数5年、定額法）
　　　税込み経理：10,800千円÷5年＝2,160千円
　　　税抜き経理：10,000千円÷5年＝2,000千円

◆ 税込み経理の方が所得金額は大きい

　両方式で、当期純利益が640千円相違します。それは、課税仕入高の中に資産計上しているものがあるからです。これを税込みで経理すると、消費税額分だけ利益が過大に計上されてしまいます。

　[設例2]では、税込みで経理すると機械勘定が消費税の800千円分だけ過大に計上されます。ただし、償却費が160千円（800千円÷5年）余分に計上されるので、当期純利益に与える影響額は差引き640千円です。

$$\underset{資産過大}{800千円} - \underset{費用過大}{160千円} = \underset{利益過大}{640千円}$$

◆ 費用化の期間を通算すればいずれも同じ

　以上の計算で分かるように、税抜き経理よりも税込み経理の方が、当期純利益と課税所得の金額が大きくなります。ただし、[設例2]の数字でいえば、翌期から毎年、税込み経理の方が160千円だけ余分に償却費を計上できるので、当期純利益は同額だけ少なくなります。その状態が翌期以降4年間続きますから、その間合計で160千円×4年＝640千円、逆に税抜き経理の方が利益の過大計上となってしまいます。

　つまり、税込みで経理すると、初年度に計上される640千円の過大利益は、償却計算を通じてその後の耐用年数の期間で、過少利益のかたちで取り戻されます。

◆ 税抜きと税込みの選択は自由

　税法の取扱いでは、所得金額を計算する際、税抜き経理または税込み経理のいずれで処理してもかまいません（平元直法2-1）。また、税抜き経理は原則として取引のつど行うべきですが、当期分の取引をまとめて期末に一括して税抜き経理することも、経理処理の簡便化の見地から認められます。

　なお、税抜き経理は、消費税を通過勘定として認識し処理することが前提となっています。そこで、消費税の免税事業者（基準期間の課税売上高が1,000万円以下）は、課税事業者の選択をしない限り税抜き経理はできず、必ず税込みで処理しなければなりません。つまり、これらの会社が行う取引の消費税はすべて、益金または損金あるいは資産の取得価額に計上されます。

3 仕入税額控除の95%ルール

> **ポイント**
> - 原則として、課税仕入高のうち課税売上割合に対応する金額だけが仕入税額控除されます。
> - ただし、課税売上割合が95%以上なら全額の控除が認められます。
> - 平成24年4月から、課税売上高が5億円超の場合は、95%ルールを適用しないことになりました。
> - 仕入税額控除の按分計算は、個別対応方式または一括比例配分方式により行います。

◆ 仕入れの消費税を全額控除できるか

消費税の納税額は、次の算式で計算します（消法30①）。

$$課税売上高 \times 8\% - 課税仕入高 \times 8\% = 納付税額$$

売上げ・仕入れのいずれも、消費税のかかっているものを対象に計算しますが、その際、課税仕入れにかかる消費税を、すべて控除していいかどうかが問題となります。

たとえば、次のような決算内容の医療法人における消費税計算を考えます。

[設 例]
- 年間売上高：10億円（社会保険診療9億円（非課税）、自費診療1億円（課税））
- 薬代・検査代等の課税仕入高：4億円（人件費等は課税対象外）
- 医療機器の購入代（課税仕入高）：1億円

◆ 課税売上割合分だけを控除

ここで、先の計算式にそのまま当てはめて計算すると、次のように3,200万円の還付となります。

$$\text{納付税額} = \underset{\text{課税売上高}}{1億円} \times 8\% - \underset{\text{課税仕入高}}{5億円} \times 8\% = \triangle 3,200万円$$

　社会保険診療には消費税がかからず、自費診療のみ課税対象とされるので、大きな税金還付となりますが、この計算は釈然としません。消費税法ではこういう場合、課税仕入高のうち「課税売上割合」に対応する金額だけを控除することとし（消法30②・⑥）、次のような計算を要求します。

〈正しい計算〉
$$\text{課税売上割合} = \underset{\text{課税売上高}}{1億円} \div \underset{\text{総売上高}}{10億円} = 10\%$$
$$\text{納付税額} = \underset{\text{課税売上高}}{1億円} \times 8\% - \underset{\text{課税仕入高}}{5億円} \times 8\% \times \underset{\text{課税売上割合}}{10\%} = 400万円$$

　3,200万円の還付ではなく、400万円の納付となって、これで納得です。

◆ 2通りの計算方式

　課税仕入高に一律、課税売上割合をかけるこの計算を「一括比例配分方式」といいますが、もう一つ、「個別対応方式」という計算の仕方も認められています。

　これは課税仕入高を、①課税売上げのみに対応するもの、②非課税売上げのみに対応するもの、③両者に共通するものに分類し、①の全額と③のうち課税売上割合に見合う消費税額を控除するというものです。

〈一括比例配分方式〉
　　課税仕入れの消費税×課税売上割合＝控除税額
〈個別対応方式〉
　　①の税額＋③の税額×課税売上割合＝控除税額

　通常、一括比例配分方式の計算よりも、個別対応方式の方が控除額が大きくなり、納税額が少なくなって有利です。

◆ 課税売上割合が95%以上なら全額控除

　さて、非課税の売上げがある場合、先に述べたように理屈上は、仕入れの消

費税額を全額控除するのはおかしいのですが、さりとて、先の計算、とくに個別対応方式の計算はなかなか面倒です。そこで消費税法では従来、**95％ルール**を設けて課税売上割合が95％以上であれば、按分計算をせず全額控除することを認めていました。

通常の企業にとって、非課税売上げとしては受取利息があるぐらいで、大多数の企業はこの95％ルールのおかげで、納めるべきものを納めずに済ませることができ、いわゆる"益税"問題が生じていました。

中小企業では大した金額でもないでしょうが、たとえば、課税仕入高が1,000億円の会社であれば、課税売上割合が95％の場合、一括比例配分方式で計算すれば、次のように4億円もの益税となります。

$$益税額 = \underset{課税仕入高}{1,000億円} \times 8\% \times (100\% - 95\%) = 4億円$$

◆ 平成24年4月から95％ルールは廃止

そこで、平成23年度の改正により、課税売上高が5億円超の場合は95％ルールを適用しないことになりました。中小企業など課税売上高が5億円以下の会社は従来どおりですが、それ以上の規模の会社にとっては、上の計算のように、大きな税負担となります。

さらには、事務処理の負担も増大しました。一つは、課税売上割合の正確な算定、もう一つは、少しでも税負担を減らすため個別対応方式を選択する際に、課税仕入高を①課税売上げのみに対応するもの、②非課税売上げのみに対応するもの、③両者に共通するものの3種類に区分経理する作業です。

実務では、合理性のある3区分の追究、あるいは、不利を承知で一括比例配分方式の採用など、会社ごとにそれぞれ工夫した対応を行っています。

▌参考（要約条文）

消法30条（仕入れに係る消費税額の控除）
1　事業者が国内において行う課税仕入れについては、課税標準額に対する消

税額から、課税仕入れに係る消費税額を控除する。
2 　前項の場合において、課税売上高が5億円を超えるとき、又は課税売上割合が100分の95に満たないときは、同項の規定により控除する消費税額は、同項の規定にかかわらず、次の各号の区分に応じ定める方法により計算した金額とする。
　一　課税仕入れにつき、課税資産の譲渡等にのみ要するもの、その他の資産の譲渡等にのみ要するもの及び課税資産の譲渡等とその他の資産の譲渡等に共通して要するものの区分が明らかにされている場合　イに掲げる金額にロに掲げる金額を加算する方法
　　イ　課税資産の譲渡等にのみ要する課税仕入れの税額
　　ロ　課税資産の譲渡等とその他の資産の譲渡等に共通して要する課税仕入れの税額に課税売上割合を乗じて計算した金額
　二　前号以外の場合　課税仕入れの税額に課税売上割合を乗じて計算する方法
6 　第2項に規定する課税売上割合とは、国内において行った資産の譲渡等の対価の合計額のうちに課税資産の譲渡等の対価の合計額の占める割合をいう。

4 給付付き税額控除

> **ポイント**
> - 税額控除による減税策で、控除額が納税額より大きいときは現金で給付されます。
> - 先進諸国において導入済みの制度で、政策目標別に4つの類型があります。
> - わが国では、消費税率の引上げに伴う低所得者対策（逆進性の緩和策）として議論されています。
> - 番号制度（マイナンバー制度）の導入や不正受給対策の検討が必要です。

◆ 税額控除と社会保障給付を併せもつ制度

　数年前に行われた「社会保障と税の一体改革」の議論の中で、**給付付き税額控除**の導入問題が話題となりました。納税額から一定額を控除する減税策で、納税額より控除額のほうが大きいときは、その分が現金で給付されます。たとえば、納税額が10万円の人に15万円の給付付き税額控除を行う場合は、差額の5万円が現金支給されることになります。

　現行税制では、所得税の「住宅ローン控除」にこの仕組みが取り入れられています。すなわち、住宅取得のために借入れをしたときは、毎年の借入金残高の1％相当額を所得税から控除し、控除しきれない金額は住民税から控除されます。それでもなお控除しきれない金額があれば、現金給付されることになっています。

　ところで、税理士など税の専門家の立場からすると、"給付付き"という言葉には違和感があります。給付というのは福祉や社会保障の分野で使う用語で、税制面からいえば"還付付き"という言い方のほうがしっくりきます。ただし、低所得者で所得税を負担していない人には還付が生じないため、このような表現になっているようです。

用語の話はさておき、この制度は税制単独で考えるのではなく、社会保障と併せて税制をいかに構築するかという視点でとらえる必要があります。

◆ 先進諸国において導入済み

　この制度の歴史は結構古く、1975年に米国で貧困対策として導入されたのが始まりとされています。その後、英国、ドイツ、フランス、オランダ、スウェーデン、デンマーク、カナダなど先進諸国に導入されました。2003年に英国のブレア労働党政権下で、格差是正や子育て支援策として導入された施策は、同政権の代表的成功事例として今も語り継がれています。

◆ 給付付き税額控除制度の４類型

　現在、各国で導入されている制度には、政策目標別に次の４つの類型があります。

① 勤労奨励型

　　低所得者の勤労意欲を促すために、一定時間以上の就労に対して税額控除を与え、所得が上がるにつれ控除額が逓減、最終的にゼロとなる制度です。これによって、勤労より生活保護などの社会保障に依存した方が有利という、モラルハザードを防ぐことを目的としています。

② 子育て支援型

　　世帯ごとに子供の人数に応じ税額控除を行い、母子家庭の貧困対策や子育て支援を通じて、少子化対策にも役立てようとするものです。

③ 社会保険料負担軽減型

　　低所得者の税負担と社会保険料負担の緩和を主目的とし、一部の国では給付金を社会保険料と相殺し、給付は行わないこととしています。

④ 消費税逆進性対策型

　　消費税の逆進性の緩和策として、基礎的生活費にかかる消費税相当額を所得税額から控除し、控除しきれない分を給付しようとするものです。

◆ わが国では数年前から議論

　わが国における議論では、消費税率を引き上げた場合の低所得者対策として、この制度が論じられています。すなわち、食料品など生活必需品の税率を低くする「軽減税率」と並んで、現金給付と税額控除を組み合わせた「給付付き税額控除制度」の導入が議論されています。

　当初の議論では、たとえば平成20年度税制改正における政府税制調査会の答申において、消費税の逆進性対応だけでなく、若年層を中心とした低所得者支援、子育て支援、就労支援として給付付き税額控除を考えていました。また、平成22年暮れの「民主党税制抜本改革アクションプログラム」でも、この制度の導入目的として、低所得者に対する生活支援、消費税の逆進性緩和、就労促進の3つを掲げています。

◆ 番号制度導入や不正受給対策の検討が必要

　なお、この制度を導入するうえで、次のような問題点が指摘されています。まず、給付を行うには正確な所得の把握、そのためには、番号制度（マイナンバー制度）の導入が不可欠です。わが国では、平成25年5月に「番号関連法案」が成立し、27年秋に個人番号・法人番号の通知、28年1月から順次、税、社会保障、災害対策分野での利用開始が予定されています。

　国税庁では、所得税は平成28年分の申告書から、法人税は平成28年1月1日以後に開始する事業年度分の申告書から、番号記載を行うこととしています。

　もう一つ、不正受給の問題も考えねばなりません。米国では2割を超える不適切な給付（超過支払いと不正受給）があるといわれています。公平性が損なわれないよう、効果的な不正防止策の導入が求められます。また、執行面の問題として、税務当局において給付を行うための体制づくりが必要です。これまで、税は申告納税、社会保障給付は申請主義により別々に行われてきた執行体制に関し、徴収一元化の議論も必要となるでしょう。

5 消費税の軽減税率

> **ポイント**
> - 平成29年4月の10％引上げ時に、食料品の軽減税率導入が予定されています。
> - 欧州各国等では、複数税率が広く採用されています。
> - 高所得者ほど軽減の絶対額は大きくなり、逆進性対策として有効かどうか疑問です。
> - 対象品目の線引きがあいまいで、この制度を導入すると事業者、課税庁ともに事務処理負担が増大します。

◆ 税率引上げに伴う低所得者対策

　消費税の税率が平成29年4月から10％に引き上げられますが、消費税の"逆進性"が問題化しています。つまり、低所得層ほど所得に占める消費の割合が高いので、消費に対して一定の税率で課税する消費税では、所得に対する税負担割合が低所得者で高くなってしまいます。

　そこで、平成24年8月の改正消費税法では、税率引上げ時に低所得者対策を講じることを附則で定め、平成25年4月の8％引上げ時には時間的な制約もあって、一定額以下の所得者に対する簡素な給付措置が採られました。そして、平成29年4月の10％に引上げ時には、食料品に**軽減税率**を導入することが予定されています。ただし、これは確定事項ではなく、「給付付き税額控除」の導入話も消えたわけではありません。

◆ いずれも諸外国で広く導入

　給付付き税額控除については、Ⅹ–4で説明しました。先進諸国において導入済みの制度で、政策目標別に①勤労奨励型、②子育て支援型、③社会保険料負担軽減型、④消費税逆進性対策型の4類型があり、わが国では④についての検討が数年前から行われています。

一方、「複数税率」も欧州各国等で広く採用され、生活必需品を対象に軽減税率を設定しています。軽減税率は食料品を対象とすることが多く、英国やオーストラリアでは食料品の税率をゼロとしています。また、水道水や、文化を守る観点から新聞・書籍などに軽減税率を適用している国もあります。

◆ 対象品目の線引きはあいまい

　ただし、食料品であれば無条件に適用というわけではなく、各国とも対象品目を細かく定め、高級食材や外食は除外しているケースが多いようです。たとえば、食料品にゼロ税率を適用している英国では、サンドイッチを店内で食べるときと、持ち帰るときとで税率が異なります。店内での飲食はサービスの消費であり、ゼロ税率を適用せず標準税率（20％）とされます。あるいは、同じく食料品であっても、チョコレートはぜいたく品として軽減税率が適用されません。

　適用対象の線引きに関しては、あいまいなケースも多々あります。たとえばフランスでは、世界3大珍味のうちフォアグラとトリュフには軽減税率（5.5％）が適用されますが、キャビアは標準税率（19.6％）のままです。何故かといえば、フォアグラとトリュフは国内生産品（キャビアは輸入品）で、農業大国として国内の酪農家を保護するためです。

　また、マーガリンが標準税率で、バターは軽減税率とされています。ぜいたく品（バター）の方が低い税率なのは釈然としませんが、これも酪農家の保護です。つまり、バターが酪農品であるのに対し、マーガリンは工業製品なので保護の対象外となっています。

◆ 軽減税率適用品目の拡大

　ことほど左様に、食料品一つを取り上げても、軽減税率の対象範囲の線引きには困難を伴います。さらに、生活必需品全般に軽減税率を設けるとなると、食料品以外にも書籍、新聞、医薬品、公共料金、住宅等々、各業界から軽減税率を求める声が押し寄せ、収拾がつかない事態となりかねません。

　EUの課税ルールでは、標準税率以外に軽減税率を2つまで設けることが認

められ、標準税率と2つの軽減税率、そこにゼロ税率と非課税品目を別途設ける国も多々あります。そうなると、事業者も課税サイドも、消費税計算が複雑極まりなく、そうした国々は単一税率の日本がうらやましくてならないそうです。

◆事業者、課税庁ともに事務処理負担が増大

軽減税率を導入して低所得者に配慮、と言えば聞こえはいいのですが、所得の高い層ほど軽減の絶対額は大きくなり、逆進性対策として本当に有効かどうか疑問です。また、複数税率になれば、仕入税額控除の計算を正確に行うため、ヨーロッパ型の「インボイス方式」の導入が不可欠です。そうなると、事業者の事務負担の増大、免税事業者の取引排除といった問題が生じます。

食料品の税率軽減にあたっては、多くの事業者に対象品目の仕分け、レジの改造・取替えや、申告納税事務負担の増大が生じます。とくに、農家は恒常的に還付申告が可能となり、免税事業者が還付を受けるためには、課税事業者を選択し本則課税による還付申告を行わねばなりません。課税庁側も、適用対象の食料品に該当するかどうかの判定、あるいは膨大な還付申告や事後調査に多くの人手を要する事態となりかねません。

以上のことから、逆進性対策としては、平成28年1月から利用開始する「マイナンバー制度」を有効活用した上での、給付付き税額控除制度の導入が妥当という意見が、有識者の間には根強くあります。

6 インボイス方式

> **ポイント**
> - 消費税の計算方法には、帳簿方式とインボイス方式の2つがあります。
> - ヨーロッパ各国はインボイス方式を採用しています。
> - わが国は帳簿方式で行っていますが、軽減税率が導入されればインボイス方式に移行せざるを得ません。
> - 消費税の適用税率と税額を記載した書類を発行し、控除される仕入税額はそこに記載された金額のみとされます。

◆ これまで帳簿方式で納付税額を計算

　消費税率の引上げ話に伴って、**インボイス方式**という言葉をよく耳にします。"インボイス"とは元々、貨物の送り状や商品の発送明細書を意味します。消費税がらみでこの用語を理解するには、まず、消費税の計算の仕組みを知る必要があります。

　事業者が納める消費税額は、次の算式で計算します。

$$課税売上高 \times 8\% - 課税仕入高 \times 8\% = 納付税額$$

　実務上、この計算で厄介なのは"課税仕入高"の把握です。商品仕入れだけでなく、各種経費の支払いに関して、消費税のかかっているもの、いないものを選り分けなければなりません。わが国では平成元年の消費税導入以来、この計算を「帳簿方式」で行うこととしてきました。請求書等の証拠書類の保存を条件に、帳簿記録に基づいて課税仕入高を集計するというやり方です。

◆ ヨーロッパ各国はインボイス方式を採用

　事務処理の簡便性の観点から、長年この方式が採られてきました。しかし、平成29年4月に行われる消費税率10%への引上げに伴って、食料品に"軽減税率"を適用することとなったとき、現行のやり方では消費税計算を正確に行え

ないのではないか、と危惧されています。

　複数の税率が設けられると帳簿の記載が複雑となり、帳簿記録のみに基づく税額計算は煩雑となります。消費税（付加価値税）の本場であるヨーロッパ各国では、昔から複数税率が設けられ、いずれの国も帳簿方式ではなく「インボイス方式」を採用しています。

◆ インボイスがないと仕入税額控除の適用が受けられない

　インボイス方式では、課税事業者は消費税の適用税率と税額を記載した書類（インボイス）を発行し、その控えを保管することが義務付けられます。そして、納税者が納付税額を計算する際に控除できる仕入税額は、インボイスに記載された税額のみとされます。つまり、インボイスに書かれている金額を集計して仕入税額控除の計算を行うこととされ、インボイスがないと仕入税額控除の適用が受けられない仕組みになっています。

　単一税率の下では、請求書等に税額が別記されていなくても、仕入税額控除の計算に支障はないでしょう。しかし将来、取引ごとに異なる税率が採用されたときは、適用税率と税額を記載したインボイスがなければ、事業者は事務処理の負担に耐えられず、正確な仕入税額控除の計算は困難となります。

◆ インボイスを使って価格転嫁

　なお、ヨーロッパ各国では、免税事業者と区別するため課税事業者に固有の番号を付与し、インボイスにその番号を記載することを義務付けています。免税事業者はインボイスを発行することができず、免税事業者からの仕入れについて仕入税額控除を行うことはできません。

　そうなると、価格が同じであれば免税事業者からの購入を避けるので、免税事業者は取引から排除される、という意見が出てきます。そこでインボイス方式は、零細事業者に不利な制度という印象を受けますが、必ずしもそうではないようです。インボイスは金券の役割を果たし、零細事業者も販売時にそのインボイスを利用することによって、税額分だけ価格を引き上げることができます。つまり、インボイスによって零細事業者も、税額を次段階に転嫁できる、

という側面があります。

◆ インボイスで脱税行為を防止

　さらに、現行の帳簿方式は事業者の自己申告に頼っているため、徴税面で脱税行為の牽制になっていないとの意見もあります。そうだとすれば今後わが国で、社会保障の財源として消費税率を引き上げようとしても、消費税の制度そのものに対する国民の不信感が高まることが懸念されます。

　その点、取引単位で名寄せができるインボイス方式であれば、売り手が売上げを過少に申告する、という脱税行為を防止することができます。平成15年度の改正で、消費税の免税点が3千万円から1千万円に引き下げられていることもあり、趨勢的に軽減税率の導入問題とは切り離して、わが国もいずれインボイス方式に移行するものとみられます。

7 消費税の経過措置

> **ポイント**
> ●経過措置は選択ではなく強制で、仕入れ側にも強制適用されます。
> ●経過措置の適用があれば、売り手は旧税率で納付し、買い手は旧税率で仕入税額控除しなければなりません。
> ●売上げと仕入れは表裏一体なので、両者に同じ税率が適用されます。

◆ 消費税率の引上げに伴う経過措置

　平成29年4月に、消費税率が10％に引き上げられることになっています。間近になればまた、平成26年4月における5％から8％への引上げ時と同様、**経過措置**の存在がクローズアップされることでしょう。施行日（4月1日）以後の取引でも一定の条件を満たせば、旧税率を適用するというものです。これを請負業など一部の業種にとっての税の恩典で、多くの事業者には関係のないことと思っている人が多いのですが、決してそれだけの話ではありません。

◆ 経過措置は仕入れ側にも強制適用

　住宅を建てたり買ったりする場合、前年9月末までに契約すれば、引渡しが4月以降でも引上げ前の消費税率5％のままでいいということで、26年4月の8％引上げ時の前、住宅業界などは「今が買い時」と盛んに売り込みをかけました。

　こうした経過措置は、施行日以降の引渡しゆえ本来は新税率となるものを、旧税率で取引してもいい（選択適用）という話ではなく、該当する取引には旧税率を適用しなければならない（強制適用）のです。

　また、経過措置に該当する取引の場合、購入側にも旧税率が適用され、その税率で仕入税額控除の計算をしなければなりません。つまり、販売側は8％の消費税を納め、購入側は10％の税率で税額控除する、などという処理は認められません。

●経過措置の適用

- 売り手は旧税率で納付
- 買い手は旧税率で仕入税額控除
 （いずれも強制適用）

◆ 翌期分の売上げでも税率は8％

ところで、通常の売上げ・仕入れは"引渡基準"で処理されますから、施行日の前日までに契約していても、引渡しが施行日以後であれば、経過措置に該当するものを除き、新税率が適用されます。

そこで、たとえば毎月20日を売上げの締切日としている場合、平成29年3月21日～4月20日分の売上げについて、3月21日～3月31日の間の売上げには8％、4月1日～4月20日分には10％が適用されるので、請求書等で両者を区別する必要があります。

また、20日を"決算締切日"とする取扱いを受ける3月決算法人は、平成29年3月21日～3月31日の間の売上げを翌月4月分の取引として、翌年の消費税申告に回すことができます。その場合でも消費税の納税額は、平成29年3月21日～3月31日の間の取引分は、8％で計算することとなります。

●決算締切日（3月20日）の適用

- 平成29年3月21日～3月31日の間の売上げ　←　旧税率
- 平成29年4月1日～4月20日の間の売上げ　←　新税率

◆ 売上げと仕入れは表裏一体

さて、販売側と購入側の適用税率の不一致に話を戻します。双方とも3月末決算の会社で、商品売買の処理に関して、売り手は"出荷基準"、買い手は"検収基準"を採用しているとします。そのとき、平成29年3月31日に出荷された商品を、次のように処理することは認められるでしょうか。

〈売り手〉
　　出荷基準で平成29年3月31日に売上げ計上し、8％の消費税を納税
　　（借）売　掛　金　　108　　（貸）売　　　　上　　100
　　　　　　　　　　　　　　　　　　　仮受消費税　　　8
〈買い手〉
　　検収基準で平成29年4月以降に仕入れ計上を行い、10％で税額控除
　　（借）仕　　　　入　　99　　（貸）買　掛　金　　108
　　　　　仮払消費税　　　9
　　（注）$108 \times \dfrac{10}{110} = 9.8 \rightarrow 9$

　売り手はともかくとして、引っかかるのは買い手側の処理です。売り手が8％分しか税金を納めていないのに、買い手側において、納付する税額から10％分の控除を行っていいのか。消費税法上、8％で請求されたものは8％で税額控除しなければならないとする規定はなく、その処理で構わないと考える向きもあります。

　しかし、常識的に考えて、そもそも売上げと仕入れは表裏一体の関係にあります。ですから、請求書に「総額○○円」と税込みの金額しか書かれていない場合はともかくとして、相手方から旧税率（8％）の表示で請求が来た場合は、旧税率で税額控除をするのが穏当で素直な処理と考えられます。国税庁では、平成26年4月の8％引上げ時にそのような解釈指針（Q&A）を出しており、実務ではそのように処理するのが通常です。

XI その他

1 株式のクロス取引

ポイント
- 同一銘柄・同一株数の株式の同時売買をクロス取引といいます。
- 決算対策で利益を膨らませたいとき、または、節税目的で含み損を損金算入したいときに、クロス取引が行われます。
- 実質上、評価益・評価損の計上であり、会計上その処理は認められません。
- 法人税法上も、クロス取引による売却損は損金不算入、売却益は益金不算入とされます。
- 所得税法ではクロス取引を認めており、源泉分離課税の廃止時（平成14年）とみなし取得費の導入時（平成22年）に、この取引が広く行われました。

◆ 同一銘柄・同一株数の同時売買

　同一銘柄の株式を、売却直後に同一株数で購入する、または、購入直後に売却する取引を**クロス取引**といいます。このような不可解な取引を行う動機には、2通りあります。

　一つは決算対策で、利益を膨らませたい場合です。含み益のある株式を売れば利益が出るけれど、今後さらに値上がりが見込まれるので今、手放すのはもったいないというとき、クロス取引をすれば、実質上、この株式を保有したまま"評価益"を計上することが可能となります。

　もう一つは節税目的で、含み損を抱えている株式に関して、決算で損金を計上したい場合です。売却してしまえば損失が実現し話は簡単ですが、将来株価が回復するかもしれないから、今売ってしまうのはもったいないというとき

に、クロス取引で実質的な"評価損"を計上することができます。

> ●クロス取引の動機
> - 決算対策：売却で利益計上　➡　再購入で実質上の評価益計上
> - 節税目的：売却で損金計上　➡　再購入で実質上の評価損計上

◆ 会計上・税務上ともに否認

　クロス取引に対して、企業会計では、再購入や再売却の契約があるときは、支配権が移転したとはみられないので、"金融資産の消滅"の認識要件を満たさないことから、売買処理をしないこととされています（金融商品会計実務指針42）。したがって、完全に手放すまで値上り益や値下り損は計上されず、帳簿価額がそのまま据え置かれます。

　法人税法上もこの取扱いを受けて、クロス取引を行ったときその取引はなかったものとされます。クロス取引による売却損を損金に算入することはできず、また、売却益も益金に算入されません（法基通2-1-23の4）。

> ●クロス取引の取扱い
> - 売却損　➡　損金不算入
> - 売却益　➡　益金不算入

◆ 個人の株式売買ではクロス取引が認められる

　以上が、法人におけるクロス取引の取扱いです。一方、個人が行うクロス取引については別の取扱いがあり、所得税法ではクロス取引を売買として認めています。これには歴史的な経緯があって、話は平成13年度に行われた証券税制の改正にさかのぼります。

　個人が上場株式を譲渡したとき、それまでは「申告分離課税」と「源泉分離課税」のいずれかを、取引ごとに選択できることになっていました。申告分離課税は現行の制度と同じで、売却価額から取得費を控除した売却益に『20％』（住民税込み）の税率で課税するという制度です。

一方、源泉分離課税というのは、売却価額の『1.05％』相当額を、証券会社で源泉徴収するだけで所得税の納税が完結する（住民税はかからない）というものです。手間暇いらずで、しかも税金も安上がり（手数料並み）ということで、ほとんどの人がこの制度を利用していました。

◆ 取得費をどう計算するか

　この極めて魅力的であった源泉分離課税の制度が、平成14年12月31日で廃止されることになり、そこで皆がハタと困ったのは"取得費"の計算です。源泉分離であれば売却価額さえ決まれば税額が計算できますが、申告分離は売却益に対する課税なので、取得費が分からないと計算できません。

　個人の場合、会社のように株式売買を記録した帳簿など付けていません。購入時の計算書を大切に保管している人も少数派でしょう。親から相続した株式は、親が昔に購入した価額が取得費とされますから、こうなると取得費の計算はお手上げ状態です。所得税法上、もし買値が分からなければ売却価額の５％とみる（所基通38-16）、という取扱いに行き着いてしまいます。

◆ 制度変更時にクロス取引が利用される

　そこで行われたのが、平成14年中に売却して売却代金×1.05％の税金を納め、同時に買い戻すことで、その後に売却する際の取得費を確定させるという高等戦術（**クロス取引**）です。この動きに対して国税庁は、平成12年３月に「個人が上場株式を売却するとともに直ちに再取得する場合の当該売却に係る源泉分離課税の適用について」という通達を出し、「証券会社を通して売買する取引ならOK」としました。

　その後、「みなし取得費」（平成13年10月１日の終値の80％相当額を取得費とみなす）の制度が、平成22年末で期限切れとなる際にも、クロス取引が再流行しました。上記の通達は現在も適用されているので、所得税法上は今でも、クロス取引OKということになっています。

2 使途不明金と使途秘匿金

> **ポイント**
> - 使途不明金は損金不算入（社外流出扱い）とされます。
> - 受取り側に課税するリベート・手数料等に対する税金を、支出者側に身代り負担させるための取扱いです。
> - 使途秘匿金には損金不算入、かつ、追加課税の取扱いが別途、設けられています。
> - 渡切り交際費は、法人・個人でダブル課税されますが、これは使途不明金とは別物です。

◆ 使途不明金は損金不算入

　交際費、機密費、接待費などの名目で支出した金銭でその費途が明らかでないものは、損金に算入されません（法基通9-7-20）。一般に、これを**使途不明金**といいますが、ここでいう使途不明とは、第三者がその法人の使途を把握できない状況のことですから、これは正確には"使途秘匿金"または"使途説明拒否金"と称するのがふさわしい性格のものです。

　内容的には大半がリベートや手数料、交際費などで、相手方の課税問題を配慮して支出先を秘匿するものであり、本来ならその金銭を受け取った側に課税がなされるべきところを、支出者側で損金性を否認することにより、税金を身代り負担するための取扱いとなっています。

◆ 使途不明金は別表4の社外流出欄で加算

　使途不明金を申告調整で加算する際、これは「社外流出」の扱いになります。したがって、使途不明金を仮払金などの資産勘定に計上しているときは、仮払金等を別表4で減算（留保欄）した上で、使途不明金を加算（社外流出欄）します。使途不明金を土地、建物等の固定資産勘定に計上しているときも同様で、この場合は将来、減価償却や売却に伴う損金算入額が、減算留保され

ている金額分だけ帳簿価額より少なくなります。

◆ 別途、使途秘匿金の追加課税制度もある

　上記の使途不明金は通達上の取扱いですが、それとは別に租税特別措置法において、平成6年4月1日以後に支出する**使途秘匿金**について、使途不明金としての損金不算入扱いとともに、さらにその金額の40％相当額だけ法人税の追加課税を行うという、過酷な税制が設けられています（措法62①）。

　使途不明金の一部が使途秘匿金としての取扱いを受け、通達と法律で用語を使い分けています。使途不明金の取扱いは従来からありましたが、平成5年頃に大掛かりなゼネコン汚職事件があり、それを契機に使途秘匿金制度が導入されました。

　この取扱いの対象とされる使途秘匿金は、金銭による支出（贈与等で金銭以外の資産を引き渡した場合を含む）のうち、相当の理由がなく相手方の住所、氏名およびその事由を帳簿書類に記載していないもので、資産譲受けなどの取引の対価の支払いであることが明らかなものは除かれます（措法62②）。

◆ 使途不明金と渡切り交際費は違う

　さて、使途不明金や使途秘匿金と似て非なるものに「渡切り交際費」があります。これは、役員や使用人に対して機密費、接待費、交際費、旅費などの名目で支給した金銭で、その費途が不明であるもの、あるいは法人の業務に関係がないと認められるものは給与とする取扱いです。

　両者は資金使途が不明という点で共通しますが、渡切り交際費の場合は、法人から役員や使用人の手にいったん金銭が渡っている、という点に違いがあります。

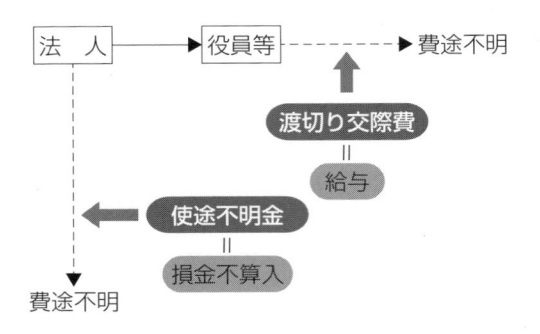

```
法 人 ──→ 役員等 ----→ 費途不明
                  ↑
              渡切り交際費
                 ＝
                 給与

       ←── 使途不明金
              ＝
            損金不算入
  ↓
費途不明
```

◆ 渡切り交際費ならダブル課税

　渡切り交際費の取扱いとして、それを役員に対して一時に支給すれば、「定期同額給与」とはならないので損金不算入の扱いを受け、さらに、役員個人には所得税が課されます。

　過去の裁判例では、同族会社の簿外資産に関し合理的な使途の説明がない限り、代表者に対する給与と推認せざるを得ないとする事例、逆に、課税当局による推認の根拠が十分とはいえないので、認定賞与に対する源泉所得税の課税処分を違法とする事例など、ケースバイケースで判決が下りています。

　渡切り交際費はあくまで、金銭が役員の手に渡っていることが前提ですから、いかに使途不明であろうと、そのことをもって即、ダブル課税とはなりません。ただ、中小の同族会社では、得てしてお金にルーズな面があるのは否めず、税務調査でその弱点を突かれて、代表者が懐に入れたものとして否認を受けるケースもままありますから、ご注意ください。

3 圧縮記帳

> **ポイント**
> - 圧縮損の損金算入で、売却益が相殺され課税関係が消滅します。
> - 課税を免除するものではなく、課税を延期（猶予）するための措置です。
> - 圧縮損には費用性はないので、会計処理は剰余金処分で行うのが妥当です。
> - 圧縮記帳の制度は、法人税法と租税特別措置法のそれぞれに設けられています。

◆ 税務固有の取扱い

たとえば、帳簿価額1,000万円の土地を5,000万円で売却し、その売却代金で新たな土地を購入すれば、次のように処理します。

```
〈売却時〉
    （借）現 金 預 金    5,000万円    （貸）土      地      1,000万円
                                          土地売却益        4,000万円
〈購入時〉
    （借）土      地    5,000万円    （貸）現 金 預 金    5,000万円
```

その結果、損益計算書に収益が4,000万円計上され、会計上の処理はこれで終了です。ところが、税法ではさらに次の仕訳を行うことが認められます。

◉ 圧縮記帳の処理

```
    （借）土地圧縮損    4,000万円    （貸）土      地    4,000万円
```

この処理のことを**圧縮記帳**といい、これは税務固有の考え方に基づく取扱いです。

◆ 課税の免除ではなく課税の繰延べ

　税務上、「圧縮損」は損金に算入されます。そこで「売却益」が益金に算入されても、益金と損金が両建て計上で相殺されます。この処理によって課税関係が消滅するので、これは税の大きな恩典となっています。

　ただし、この取扱いは"課税の免除"ではない、という点に注意を払う必要があります。上記のように圧縮記帳を行った後、たとえばその土地を8,000万円で再売却すれば、次のように処理されます。

〈再売却時〉
（借）現 金 預 金	8,000万円	（貸）土　　　　地	1,000万円
		土地売却益	7,000万円

　通常なら売却益は3,000万円（8,000万円－5,000万円）です。ところが、土地の取得価額を5,000万円から1,000万円に"圧縮"したがため、過去に圧縮損で打ち消した売却益4,000万円が、再売却の時点で再現してしまいます。つまり、圧縮記帳は課税を免除するものではなく、課税を延期（猶予）するための措置だということです。

　　●圧縮記帳の仕組み

```
購　入　1,000万円 ┐
                 ├ 売却益　4,000万円 ┐
売　却　5,000万円 ┘                 │
                                    ├ 通算売却益　7,000万円
買換え　5,000万円 ┐                 │
                 ├ 売却益　3,000万円 ┘
再売却　8,000万円 ┘
```

　なお再売却後に、売却代金の8,000万円を再び新たな土地の購入に充てたときは、条件が整えばその時点でもう一度、圧縮記帳することは可能です。

◆ 圧縮記帳は剰余金処分で行うのが妥当

　圧縮記帳で計上される「圧縮損」は損金に算入されます。しかし、会計上これに費用性は認められません。また、土地などの取得価額が圧縮されることについても、会計上の理屈は立ちません。そこで会計では、特別償却の場合と同

様、圧縮記帳を損益計算から切り離して（損益計算書に費用として計上せず）、次の仕訳によって剰余金の処分で積立金を設定することにより行うのが妥当とされています。

◉剰余金処分方式

| （借）繰越利益剰余金 　×××　 （貸）圧縮記帳積立金 　××× |

この処理をしたときは、税の恩典を受けるため、申告書の別表4において申告調整で減算します。現実には、中小企業などでは費用処理で圧縮記帳を行うケースも多く、その場合には、圧縮損は損益計算書の「特別損失」の区分に計上するのが妥当です。

◆ 圧縮記帳の制度は税法で限定列挙

税法で認められている**圧縮記帳**の制度には、次のようなものがあります。

◉圧縮記帳の適用例

(1) 法人税法で認められているもの
　① 国庫補助金等で取得した固定資産の圧縮記帳（法法42）
　② 工事負担金で取得した固定資産の圧縮記帳（法法45）
　③ 保険金等で取得した固定資産の圧縮記帳（法法47）
　④ 交換により取得した資産の圧縮記帳（法法50）etc.
(2) 租税特別措置法で認められているもの
　① 収用等に伴い取得した代替資産の圧縮記帳（措法64）
　② 特定の資産の買換えの場合の圧縮記帳（措法65の7）etc.

同一資産について、租税特別措置法上の課税の特例を重複して適用することは認められません。そこで、租税特別措置法上の圧縮記帳の適用を受けた資産については、特別償却の適用はありません。ただし、法人税法上の圧縮記帳にはこの制限規定がないので、特別償却の適用も可能です。

4 欠損金の繰越しと繰戻し

> **ポイント**
> - 欠損金について、繰越し控除と繰戻し還付の2つの制度が設けられています。
> - 当期に生じた欠損金は、翌期以降9年間の各期の所得金額から控除できます（繰越し控除）。
> - 大法人では、繰越し控除前の所得金額の65%が控除限度額とされています。
> - 当期に生じた欠損金を前期に繰り戻して、前期に納めた法人税の還付を受けることもできます（繰戻し還付）。
> - 大法人では現在、繰戻し還付制度は停止され適用できません。
> - 地方税法には繰戻し還付の制度がないので、法人税の繰戻し還付を受けたとき、事業税や住民税の計算が若干ややこしくなります。

◆ 赤字が出れば国が補塡する

　会計上、損失が発生したとき、それはその年限りの話です。他の年度の損益計算に影響を与えることはありません。税務上の所得計算も、基本的に単年度ごとの計算ですが、それだけの扱いでは問題が残ります。所得が出れば課税しながら、赤字の年は所得がゼロなので課税なし、というだけでは釈然としません。そこで、黒字のときは納税がある代わりに、赤字が出たときは国が面倒をみる（補塡する）、という態度を示します。

　具体的に法人税法では、ある年度に生じた欠損金について、次年度以後9年間の所得金額で補塡（**欠損金の繰越し控除**）、または、前年度の所得金額との相殺（**欠損金の繰戻し還付**）の制度を設けています。

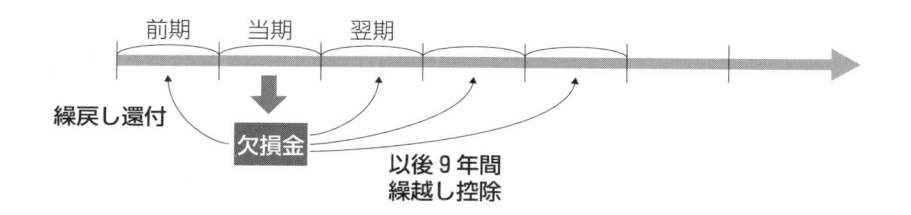

◆ 青色申告で生じた欠損金は9年間繰り越せる

　まず、**繰越し控除**の説明です。前期以前9年間（正確にいえば、当期の開始の日前9年以内に開始した各年度）に生じた欠損金は、当期の所得計算で損金に算入されます（法法57①）。いいかえれば、当期に生じた欠損金は、翌期以降9年間の各年の所得金額から控除できます。

　（注）　平成29年度以降に生じる欠損金については、繰越期間が9年から10年に延長されます。

　ただし、欠損金を翌期以降に損金とするためには、欠損金の生じた年度が青色申告で、かつ、その後も連続して確定申告（白色でも可）していることが必要です。その間に無申告の年度があれば、この取扱いは適用されません。

◆ 大法人は控除額が制限される

　なお、大法人（資本金1億円超）については、繰越し控除を行う前の所得金額の65％相当額が、繰越し控除の限度額とされています（法法57①ただし書）。ということは、仮に繰越控除額が5,000万円あっても、当期の所得金額が4,000万円あれば、そこから控除できる金額は4,000万円×65％＝2,600万円どまりで、差引き1,400万円に対する税金は納めなければなりません。

　（注）　平成27年度改正により、従来80％であった控除限度の割合が、平成27・28年度は65％、29年度以降は50％に引き下げられました。

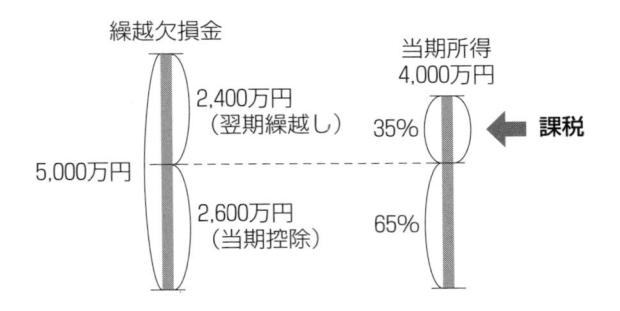

```
繰越欠損金                当期所得
                        4,000万円
       2,400万円
       （翌期繰越し）    35%    ← 課税
5,000万円
       2,600万円
       （当期控除）      65%
```

なお、中小法人（資本金1億円以下）や公益法人などでは、4,000万円まるまるが控除され、当期の納税額はゼロとなります。

◆ 繰越欠損金は古い年度分から順次控除

繰越欠損金の控除は、各期間に重複して認められるものではなく、次の金額を控除した金額が繰越し控除の対象額です（法法57①かっこ書）。

① すでに損金に算入された欠損金額
② 繰戻し還付の計算基礎とされた欠損金額

繰越欠損金が2以上の年度で生じているときは、古い年度に生じた欠損金額から順次損金算入します（法基通12-1-1）。

会計上、各年度に生じた赤字を資本剰余金や利益剰余金で補填し、繰越損失として貸借対照表に表示していないときも、その補填された欠損金が上記の要件を満たすものなら、所得金額の計算上は損金に算入されます。

◆ 欠損金を前期に繰り戻して法人税の還付を受けることもできる

次に、**繰戻し還付**の説明に移ります。青色申告の会社で生じた欠損金は、前期（正確にいえば、欠損金が生じた期間（欠損年度）の開始の日前1年以内に開始したいずれかの期間（還付年度））に繰り戻して、過去に納めた法人税の還付を受けることができます（法法80①）。

還付金額は、次の算式で計算します。

$$還付年度の法人税額 \times \frac{欠損年度の欠損金額}{還付年度の所得金額} = 還付金額$$

◉繰戻し還付の計算例

[設 例]
- 欠損年度の欠損金額100万円
- 還付年度（前期）の所得金額500万円、法人税額75万円

[計 算]
$$還付金額 = 75万円 \times \frac{100万円}{500万円} = 15万円$$

◆ 大法人の繰戻し還付制度は停止中

　欠損金の繰戻しによる還付請求をするためには、還付年度から欠損年度まで連続して青色申告していることが必要です（法法80③）。この場合、確定申告書に加えて「欠損金の繰戻しによる還付請求書」を税務署に提出しなければなりません（法法80⑤）。

　なお、昨今の厳しい国家財政事情や税収動向などを勘案して、大法人（資本金1億円超）については、会社を解散した場合などを除き、この繰戻し還付制度は適用されません（措法66の13①）。

◆ 地方税法には繰戻し還付の制度はない

　上記の「繰戻し還付制度」は国税のみの取扱いで、地方税法には設けられていません。そこで、法人税の繰戻し還付を受けたとき、法人税と事業税の計算でそれぞれの所得金額が食い違うことになります。また、住民税の"法人税割"の計算では、還付法人税額を控除した金額が課税標準とされます。

◉欠損金に関する地方税法の取扱い

[設 例]
- 第1期の所得金額　　　200万円
- 第2期の欠損金額　　　△300万円

- 第 3 期の所得金額　　　500万円

この場合、各期における各税目の税額計算は次のようにします。

[計　算]

(1) 法人税額（税率15％）

第 1 期：200万円×15％＝30万円（納付）

第 2 期：欠損金の繰戻し還付

$$30万円 \times \frac{200万円}{200万円} = 30万円（還付）$$

欠損金の繰越し額　300万円－200万円＝100万円

第 3 期：（500万円－100万円）×15％＝60万円（納付）

(2) 事業税額（税率10％）

第 1 期：200万円×10％＝20万円（納付）

第 2 期：納付税額　　0

欠損金の繰越し額　300万円

第 3 期：（500万円－300万円）×10％＝20万円（納付）

(3) 住民税の法人税割額（税率20％）

第 1 期：30万円×20％＝6万円（納付）

第 2 期：納付税額　　0

第 3 期：（60万円－30万円_{還付法人税}）×20％＝6万円（納付）

参考（要約条文）

法法57条（青色申告書を提出した事業年度の欠損金の繰越し）

1　各事業年度開始の日前 9 年以内に開始した事業年度において生じた欠損金額（当該事業年度前の年度の損金の額に算入されたもの及び繰戻し還付金額の計算の基礎となったものを除く。）は、損金の額に算入する。ただし、当該欠損金額が所得金額の100分の65相当額を超える部分の金額については、この限りでない。

11　第 1 項において次に掲げる法人に係る同項ただし書の規定の適用については、「所得金額の100分の65相当額」とあるのは、「所得金額」とする。

一　普通法人のうち、資本金額が 1 億円以下であるもの（第66条第 6 項第 2 号

又は第3号に掲げる法人(注1)を除く。)又は資本を有しないもの
二　公益法人等又は協同組合等
三　人格のない社団等

法法80条（欠損金の繰戻しによる還付）
1　青色申告書である確定申告書を提出する事業年度において生じた欠損金額がある場合には、当該申告書の提出と同時に、欠損事業年度開始の日前1年以内に開始したいずれかの事業年度(注2)の所得に対する法人税額に、還付事業年度の所得金額のうちに占める欠損事業年度の欠損金額の割合を乗じた金額の還付を請求することができる。

措法66条の13（中小企業者等以外の法人の欠損金の繰戻しによる還付の不適用）
1　法人税法第80条第1項の規定は、次に掲げる法人以外の法人には適用しない。ただし、清算中に終了する事業年度及び同法第80条第4項(注3)の規定に該当する場合はこの限りでない。
一　普通法人のうち資本金が1億円以下であるもの（同法第66条第6項第2号に掲げる法人を除く。）又は資本を有しないもの
二　公益法人等又は協同組合等
三　法人税法以外の法律によって公益法人等とみなされているもの
四　人格のない社団等

（注1）　資本金5億円以上の法人の100％子会社
（注2）　決算期が1年未満の場合
（注3）　解散・事業譲渡・更生手続き開始 etc.

5 分割型分割と分社型分割

> **ポイント**
> - 会社分割に際して発行する株式の割当先が、分割会社の株主なら分割型分割、分割会社自身であれば分社型分割です。
> - 会社法には分割型分割の規定がないので、いったん分社型分割を行った後、現物分配で株式を分割会社の株主に割り当てます。
> - 適格組織再編成では資産の簿価引継ぎが認められ、譲渡損益を繰り延べることができます。
> - 株主側も、株式のみ取得し金銭等の交付を受けないときは、投資が継続しているものとみて譲渡損益の計上が繰り延べられます。

◆ 承継会社株式の割当先の違い

　平成12年5月の旧商法改正で「会社分割制度」が導入され、その内容はそのまま会社法に引き継がれています。これは既存の会社の営業の全部または一部を、他の会社に承継させるための制度です。

　会社分割には、①新設分割と吸収分割、②分割型分割と分社型分割の2通りの分類があります。①は分割をする会社（分割会社）の営業を、新設または既存のいずれの会社に承継させるかの違いです（会社法2二十九・三十）。また、分割に際し発行する株式の割当先の違いにより、②のように分類されます。すなわち、分割を受ける会社（承継会社）の株式を、分割会社の株主に割り当てるのが**分割型分割**、分割会社自身に割り当てるのを**分社型分割**といいます。

◆ 会社分割の4類型

　以上により、会社分割は次の4つの類型に分類されます。

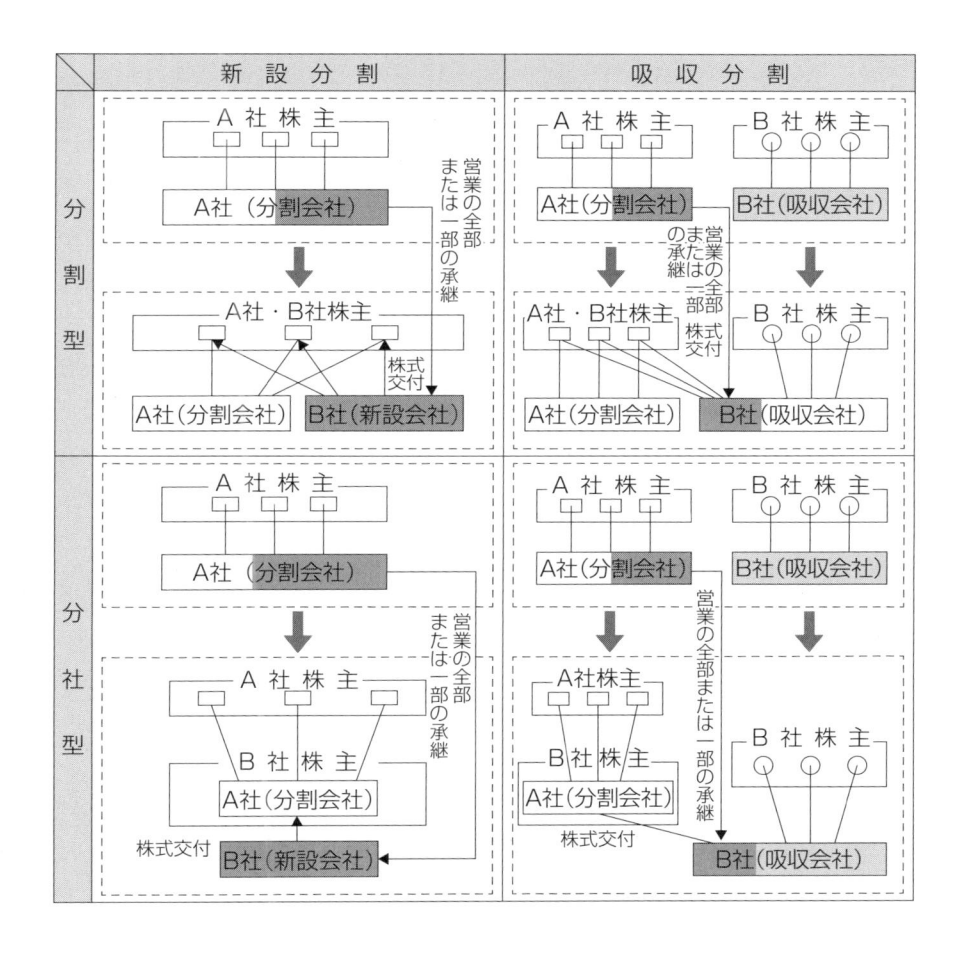

	新設分割	吸収分割
分割型	A社株主 → A社（分割会社） ／ 営業の全部または一部の承継 ／ A社・B社株主 → A社（分割会社）、B社（新設会社） ／ 株式交付	A社株主、B社株主 → A社（分割会社）、B社（吸収会社） ／ 営業の全部または一部の承継のまま ／ A社・B社株主 → A社（分割会社）、B社（吸収会社） ／ 株式交付
分社型	A社株主 → A社（分割会社） ／ 営業の全部または一部の承継 ／ A社株主 → A社（分割会社）→ B社株主 → B社（新設会社） ／ 株式交付	A社株主、B社株主 → A社（分割会社）、B社（吸収会社） ／ 営業の全部または一部の承継 ／ A社株主 → A社（分割会社）→ B社株主 ／ B社株主 → B社（吸収会社） ／ 株式交付

　なお会社法には、分割型分割の規定は設けられていません。しかし実務的には、承継会社の株式をいったん分割会社自身に交付（分社型分割）し、次に、分割会社の株主に剰余金の配当として割り当てる（現物分配）ことにより、結果的に分割型分割と同様の効果が得られます。

◆会社分割制度の導入により組織再編税制が創設

　旧商法で会社分割制度が導入されたのを機に、平成13年度の税制改正で、「企業組織再編税制」が設けられました。旧税制との比較でその内容を概観す

ると、ポイントは次のとおりです。

分割会社と承継会社における課税問題

◆ 税制適格であれば課税を繰延べ

従来の合併税制では、旧商法と同様、時価以下であれば任意の価額で資産を引き継ぐことができました。ところが新税制では、分割、合併等で資産を他に移転する場合、原則として時価取引とされ、譲渡損益を計上しなければなりません。ただし、企業グループ内の組織再編成の場合には、一定の要件を満たせば（税制上の「適格組織再編成」に該当すれば）簿価による引継ぎが認められ、譲渡損益を繰り延べることができます。

適格組織再編成においては、移転資産に適用される諸制度や引当金の引継ぎについても、従来の課税関係がそのまま継続されます。また、従来は合併において一切認められなかった繰越欠損金の引継ぎが、一定の要件を満たせば可能となっています。

株主の課税問題

◆ 税制適格ならみなし配当は生じない

分割型分割や合併により、分割会社や被合併会社の株主が新たに株式の交付を受ける場合、原則として旧株式の譲渡損益を計上しなければなりません。ただし、株式のみ取得し、他に金銭等の交付を受けないときは、投資が継続しているものとみて譲渡損益の計上が繰り延べられます。

「みなし配当課税」に関しては、新税制で次のように取り扱われます。まず、税制上適格な分割型分割や合併の場合は、利益積立金が承継会社に引き継がれますから、みなし配当は生じません。一方、非適格の場合には、分割会社や被合併会社の株主が交付を受けた株式等の価額のうち、利益を原資とする部分（資本金等の額を超える部分）はみなし配当とされます。

その他の課税問題

◆ 組織再編は消費税不課税

　会社法の会社分割による資産の移転は、合併の場合と同様、消費税法上の資産の譲渡等に該当しません。したがって、税制上の適格・非適格を問わず、会社分割は消費税の課税対象外です。

　また、会社分割で取得する不動産に対する不動産取得税も、一定の要件を満たせば非課税とされます。特別土地保有税、自動車取得税も同様です。

　さらに、分割に関する登録免許税は、税制適格・非適格を問わず、合併と同じ水準とされています。会社設立等の商業登記だけでなく、所有権の移転等の不動産登記についても同様に措置されています。

6 株式交換と株式移転

> **ポイント**
> - 株式交換とは、他社を100％子会社とするために、その会社の全株主から株式を取得し、対価として自社の株式を交付する手法です。
> - 株式移転とは、自社の株式を100％保有する持株会社を設立するために、株主の保有株式を新設会社の株式に移転する手法です。
> - 保有株式を100％親会社に売却する際、対価がその親会社の株式だけであれば、簿価引継ぎにより、課税の繰延べが認められます。
> - 株式交換で100％親会社が自己株式を交付する際、その簿価を時価とみて売却損益に対する課税は行われません。
> - 株式移転後に、100％子会社が所有する他の子会社株式を100％親会社に売却する際、一定の要件を満たせば、売却益相当額を損金に算入することが認められます。

◆ 株式交換で他社を100％子会社化

　株式交換と株式移転の制度は、平成11年8月の旧商法改正で創設されました。現在は会社法767条以下で規定されていますが、持株会社方式による企業グループの形成のほか、M＆Aや事業のリストラなどいろんな局面で利用されており、それぞれ次のような手法です。

　まず、**株式交換**は、既存の会社（A社）が他の会社（B社）を100％子会社にするために、その会社（B社）の全株主からすべての株式を取得し、対価として自社の株式を交付するやり方です（会社法2三十一）。

株式交換の結果、上図のようにA社が「完全親会社」、B社は「完全子会社」となります。そして、従来B社の株主であった者はA社の株主に変わりますが、100％子会社にすることで子会社経営への発言力を強化し、グループ企業の経営一体化を進めることが容易となります。

◆ 株式移転で100％親会社を設立

　一方、**株式移転**とは、既存の会社（B社）が自社の株式を100％保有する持株会社（A社）を設立するやり方をいいます（会社法2三十二）。

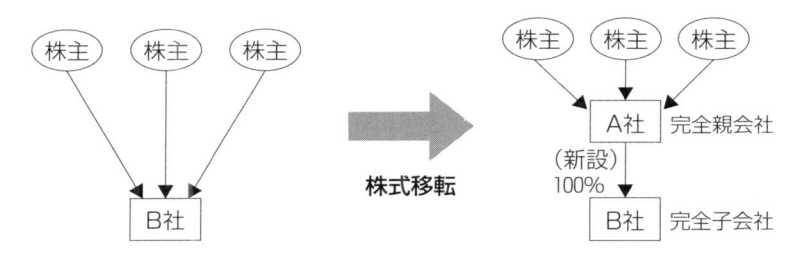

　ここで新しく設立される完全親会社（A社）は、通常、純粋持株会社が想定されます。そこで、A社が企業グループの経営を統括する存在であるためには、従来B社が有していた子会社（C社、D社）を兄弟会社化する必要があります。

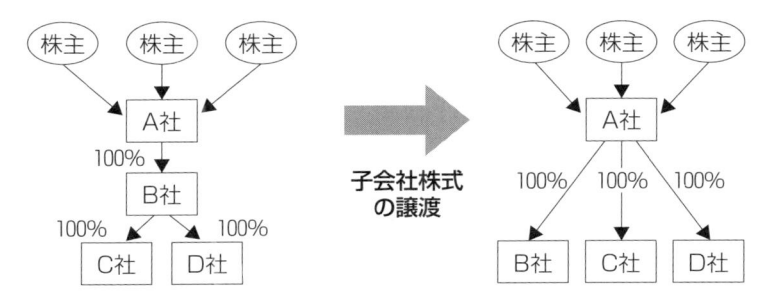

　この手法を使えば、複数の会社（B社、C社、D社）が共同で株式移転を行い、共同持株会社たる完全親会社（A社）を設立することも可能です。

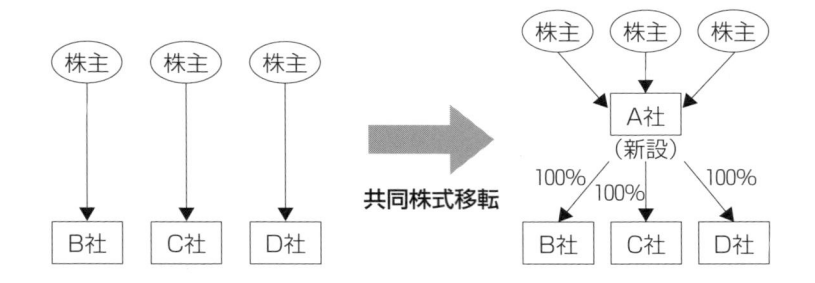

株式移転の制度は、純粋持株会社の設立によるグループ経営の効率化や、グループ外の企業集団との資本的結合などの局面でよく利用されています。

◆ 税制適格の株式交換・株式移転は課税繰延べ

株式交換と株式移転の制度に対して、税務上、次のような特例が設けられています。

⑴　完全子会社の株主の課税関係

　完全子会社（B社）の株主が、保有株式を完全親会社（A社）に売却すれば売却損益が生じます。これについて、売却の対価が完全親会社の株式だけであれば、株式の帳簿価額を引き継ぐことにより、課税の繰延べが認められます（法法61の2⑧）。

⑵　完全親会社が自己株式を交付する際の課税関係

　株式交換で完全親会社が、新株発行に代えて自己株式を交付する場合があります。その際も、完全親会社における帳簿価額を時価とみて、その自己株式の売却損益に対する課税は行われません（法法61の2⑨）。

⑶　子会社を兄弟会社化する際の課税関係

　株式移転後に、完全子会社が従来から所有していた既存の子会社株式を、完全親会社に売却する場合があります。このとき一定の要件を満たせば、完全子会社において売却益相当額を損金算入することが認められます（法法61の2⑩）。

索引

あ
圧縮記帳 …………………………… 291
洗替法（貸倒引当金）………… 213

い
一時差異（税効果）…………… 238
一括償却 …………………… 151, 154
一括比例配分方式 ………………… 270
一般社団・財団法人 ……………… 45
飲食費 ………………… 144, 145, 147
インボイス方式 ………………… 279

う
受取配当の益金不算入 ………… 190
売上割戻し ………………………… 94

え
永久差異（税効果）…………… 238
益金 ………………………………… 72
延滞税 ……………………………… 11

お
オペレーティング・リース ……… 250

か
外形標準課税 ……………………… 48
外国子会社 ………………………… 195
外国子会社株式 …………………… 192
会社分割 …………………………… 300
改定償却率 ………………………… 164
確定決算主義 ……………………… 18
加算税 ……………………………… 11
貸倒実績率 ………………………… 209

か（続き）
貸倒損失 …………………………… 207
貸倒引当金 ………………………… 208
過少申告加算税 …………………… 12
課税売上割合 ………………… 263, 269
過大役員給与 ……………………… 134
過大役員退職金 …………………… 137
株式移転 …………………………… 305
株式交換 …………………………… 304
仮払経理 …………………………… 80
完全子法人株式 …………… 192, 193
完全支配関係 ……………………… 56
関連法人株式 ……………… 191, 193

き
期間損益通達 ……………………… 100
寄附金控除 ………………………… 34
95％ルール（消費税）………… 269
旧定率法 …………………………… 159
給付付き税額控除 ………………… 273
強制償却 …………………………… 174
業績悪化改定 ……………… 124, 126
均等償却 …………………………… 152

く
繰延資産（会計上）……………… 186
繰延資産（税務上）……………… 187
繰延税金資産 ……………………… 235
グループ法人税制 ………………… 55
クロス取引 ………………………… 285

け
経過措置（消費税）……………… 282
軽減税率（消費税）……………… 276
軽減税率（法人税）……………… 62
形式基準（過大役員給与）…… 134

決算調整	26
欠損金の繰越し控除	294
欠損金の繰戻し還付	296
決定	9
限界税率	62
減額更正	9
減価償却	150
源泉徴収方式	5
減損会計	239
減損処理（有価証券）	243
現物分配（現物配当）	201
権利確定主義	22, 72
権利金の認定課税	218

こ

公益社団・財団法人	45
交際費課税	139
交際費課税の変遷	142
工事完成基準	92
工事進行基準	93
更正	8
更正の請求	14
功績倍率	137
個別対応方式	270

さ

再更正	9
債務確定主義	22, 77
差額補充法（貸倒引当金）	213
残存価額	168

し

仕入税額控除	269
仕入割戻し	95
支給対象期間基準	212

資産除去債務	258
自然発生借地権	233
事前確定届出給与	128
実現主義	22, 72
実効税率	59
実質基準（過大役員給与）	134
使途秘匿金	289
使途不明金	288
資本金等	111
資本的支出	182
資本的支出と修繕費	182
資本割	49
借地権課税（所得税）	221
借地権課税（相続税）	226
借地権課税（法人税）	217
社内飲食費	148
収益	72
収益事業	46
収益的支出	182
重加算税	12
修正申告	11
住宅ローン控除	34
少額減価償却資産	153
少額の減価償却資産	153
償却	150
償却可能限度額	168
償却超過額	173
償却不足額	173
償却不足の取戻し	176
償却率	157
条件付債務	206
使用貸借	226

使用人兼務役員	121
剰余金処分方式	180, 293
職権更正	9
所得控除	29, 33
所得割	49
所有権移転外ファイナンス・リース	250
申告調整	26
申告納税方式	5

す

ストック・オプション	254

せ

税額控除	29, 34
税効果会計	234
税込み経理	265
税制適格ストック・オプション	256
税抜き経理	265
税務上の繰延資産	186
接待飲食費	147

そ

増額更正	9
総合償却	151
総合耐用年数	171
総資産按分法	192
相当の地代	218, 230
即時償却	151
租特透明化法	67
損金	77
損金経理	79
損金経理要件	81

ち

地代の認定課税	219

中小企業者	38
中小法人	38
賃借料処理（リース取引）	253
賃貸借	226

て

低額譲渡	85
定期給与	123
定期同額給与	123
定率法	160
低廉譲渡	83
適格現物分配	201
適用額明細書	68
デリバティブ	247

と

同族会社	52
特定中小企業者	39
特定同族会社	52
特別償却	150, 178
特別徴収方式	6

に

任意償却	174
任意調整事項	27

の

納税充当金	108

は

発生主義	22, 76

ひ

非営利型法人	46
非課税（消費税）	261
引当金	204
非支配目的株式	193
非中小法人	41

必須調整事項 …………………… 27	保証率 ……………………………… 164
費用 ………………………………… 76	**み**
評価益 ……………………………… 97	みなし償却 ……………………… 152
評価損 ……………………………… 97	みなし譲渡 ………………… 89, 221
ふ	みなし贈与 ……………………… 87
ファイナンス・リース ………… 250	みなし配当 ……………………… 197
賦課課税方式 ……………………… 5	みなし役員 ……………………… 118
付加価値割 ……………………… 49	未納法人税等 …………………… 108
不課税（消費税） ……………… 261	**む**
負債利子控除 …………………… 192	無償返還届出書 ………… 219, 227
普通償却 …………………… 150, 178	無申告加算税 …………………… 12
部分完成基準 …………………… 93	**や**
ふるさと納税 …………………… 36	役員給与（会社法） …………… 115
分割型分割 ……………………… 300	役員給与（法人税法） ………… 117
分社型分割 ……………………… 300	**り**
へ	利益剰余金 ……………………… 103
ヘッジ会計 ……………………… 249	利益積立金 ………………… 103, 106
別表4（法人税申告書） ……… 109	利益連動給与 …………………… 131
別表5(1)（法人税申告書） …… 110	リース会計 ……………………… 250
ほ	留保金額 ………………………… 53
法人擬制説 ……………………… 4	留保金課税 ……………………… 52
法人実在説 ……………………… 3	臨時改定 ………………………… 124
法人税等調整額 ………………… 235	**わ**
法定繰入率 ……………………… 209	渡切り交際費 …………………… 289
法定耐用年数 …………………… 171	

〈著者紹介〉

鈴木　基史（すずき　もとふみ）

　　昭和48年　　神戸大学経営学部卒業
　　現　　在　　甲南大学会計大学院教授
　　　　　　　　公認会計士・税理士

　　平成15～17年　税理士試験委員
　　平成21～24年　公認会計士試験委員（租税法）

　　著　書　「（対話式）法人税申告書作成ゼミナール」「法人税申告書別表4・5ゼミナール」「法人税申告の実務」「（対話式）消費税申告書作成ゼミナール」「根拠法令から見た法人税申告書」「法人の修正申告実務」（以上　清文社）「最新法人税法」（中央経済社）「やさしい法人税」（税務経理協会）他

　　事務所　大阪市北区中之島5-3-68
　　　　　　　リーガロイヤルホテル1453号室
　　　　　　　　　電話　06-6225-9420

鈴木基史の　キーワード法人税法

2015年6月15日　発行

著　者　　鈴木　基史 ⓒ

発行者　　小泉　定裕

発行所　　株式会社　清文社
　　　　　東京都千代田区内神田1-6-6（MIFビル）
　　　　　〒101-0047　電話03(6273)7946　FAX03(3518)0299
　　　　　大阪市北区天神橋2丁目北2-6（大和南森町ビル）
　　　　　〒530-0041　電話06(6135)4050　FAX06(6135)4059
　　　　　URL http://www.skattsei.co.jp/

印刷：亜細亜印刷㈱

■著作権法により無断複写複製は禁止されています。落丁本・乱丁本はお取り替えします。
■本書の内容に関するお問い合わせは編集部までFAX（06-6135-4056）でお願いします。
■本書の追録情報等は、当社ホームページ（http://www.skattsei.co.jp）をご覧ください。

ISBN978-4-433-50905-7